World as a Perspective

世界做為一種視野

普通人

第一〇一後備警察營與納粹在波蘭的最終解決方案

ORDINARY MEN

RESERVE POLICE BATTALION 101 *and the* FINAL SOLUTION *in* POLAND

CHRISTOPHER R. BROWNING

㊔

克里斯多福·布朗寧

㊦

陳雅馨

獻給

勞爾・希爾伯格（Raul Hilberg）

瑞典
里加
拉脫維亞
波羅的海
美麥
立陶宛
東方專員轄區
科尼斯堡
格但斯克(但澤)
蘇瓦烏基
東普魯士
德國
比德哥什奇
(布倫伯格)
比亞維斯托克
維斯瓦河
特雷布林卡
波茲南(波森)
西布格河
海烏姆諾
(庫倫霍夫)
華沙
武庫夫
波 蘭
沃茨
卡利什
索比堡
奧得河
拉多姆
盧布林
烏克蘭專員轄區
萊比錫
總 督 府
馬伊達內克
西里西亞 奧本
(奧波列)
拉多姆區
盧布林區
貝烏熱茨
卡托 維茲
奧斯威辛
(奧許維茲)
克拉科夫
(克拉科夫區)
利沃夫
(蘭貝格)
蘇聯
加利西亞
捷克斯洛伐克
維也納
羅馬尼亞
奧地利
布達佩斯
匈牙利
多瑙河
波蘭地圖 1942-1943
1939.9.1前的波蘭疆界
合併領土
在德國民政當局治下
滅絕營
0 200英里

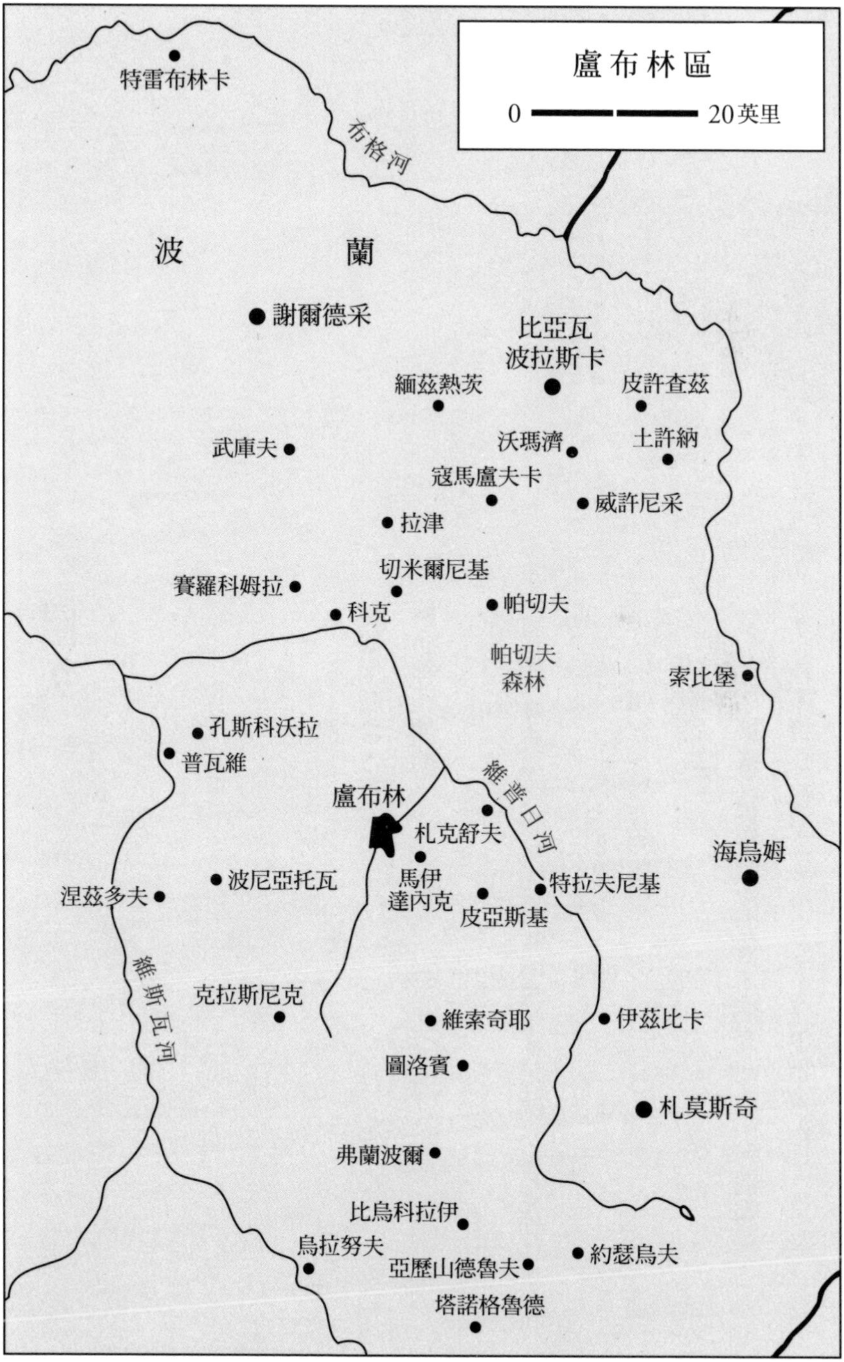

盧布林區
0 20英里
特雷布林卡
布格河
波
蘭
謝爾德采
比亞瓦
波拉斯卡
緬茲熱茨
皮許查茲
武庫夫
沃瑪濟
土許納
寇馬盧夫卡
威許尼采
拉津
切米爾尼基
賽羅科姆拉
帕切夫
科克
帕切夫
森林
索比堡
孔斯科沃拉
普瓦維
維普日河
盧布林
札克舒夫
海烏姆
馬伊
達內克
波尼亞托瓦
涅茲多夫
特拉夫尼基
皮亞斯基
維斯瓦河
克拉斯尼克
維索奇耶
伊茲比卡
圖洛賓
札莫斯奇
弗蘭波爾
比烏科拉伊
烏拉努夫
亞歷山德魯夫
約瑟烏夫
塔諾格魯德

目次

【導讀】

歷史學家對於大屠殺的根本性提問

⊙夏克勤

納粹德國存在短短十二年，在國內外犯下的種種暴行，尤其是對猶太人的滅絕式大屠殺（the Holocaust／Shoah；以下簡稱大屠殺或猶太大屠殺），已成西方世界主流國際政治與普世人權體系的歷史參考與出發點。對歐洲主要國家而言，承認猶太大屠殺事實以及歐洲人的集體道德與記憶責任，也成為除了少數極端派外，不分黨派的基本共識；甚至可以說是一九八九年後，歐洲統合與歐盟政治秩序（以史為鑑）的道德定錨與記憶政治重心之一。

納粹德國的歷史與暴行，透過歐美的文學、藝術與大眾文化商品，早已進入臺灣人的視野。納粹與第三帝國相關名詞與概念，在臺灣雖並未像在歐美一般滲透日常生活語彙，成為邪惡、錯誤、不道德等負面譬喻或代名詞，但相關的資訊與作品，無論是對納粹惡行的理論反省，個人回憶錄或目擊證言等寫作，已直接或間接地滋養了臺灣思想與文化界。最近十年常被提起的「平庸的邪惡」就是很好的例子。更別說部分借道日本，部分直接來自舊德國軍事傳統（一九四五年前中日兩國與普魯士—德國軍事交流的遺緒），在某些軍武迷或動漫迷等次文化中流傳的納粹德國相關資訊、影像、符號，透過意想不到的形式與場合，偶爾也會造成爭議。納粹德國、猶太人大屠殺也是臺灣閱聽人歷史意識的一部分，雖然印象模糊而破碎。

意識模糊而破碎不只偶爾帶來令人尷尬的言行，也會構成有形無形的知識藩籬與各種「國際化」的障礙。對於納粹德國、猶太人大屠殺、德語圈民族主義與種族主義等重大歐洲現代史課題，我們需要系統地引介與認識。可惜的是，接觸過相關專業的臺灣歷史學家，不但數量稀少，也未必有機會影響臺灣讀者。相較於歐美巨量且在方法、理論、史料發掘、事實確立等各方面突飛猛進的相關專業歷史研究，臺灣雖不時有新譯納粹相關書籍、文化產品可參考，但商業考量與版權交易的隨機性質，甚至是陰晴難測的中國政治審查（如果將數量不小、品質參差的簡體中文產品納入的話），決定了我們看到的資訊。想要有脈絡地吸收專業史學研究成果，甚至進行相關議題的深度討論，仍需較易上手的法門。

普通人一對一殺戮普通人如何可能？

閱讀《普通人》的中譯本是個良機。一九九二年首次出版的《普通人》，早已是大屠殺研究領域中的小經典。美國歷史學家布朗寧撰寫的這本書，不但是個案的深度研究，也讓讀者在不知不覺間，透過書中帶入的大量相關研究來探討他的主題：來自漢堡的中年後備警察們，於一九四一到一九四三年間，在被納粹德國占領的波蘭中部參加大屠殺。他講的故事，看似只是巨大人造慘劇中的小細節；但實際上卻是大屠殺背後的最基本問題之一：為什麼德國人願意重複地執行大規模、慘無人道的集體屠殺？這不是科層制、分工、切割等「現代性」負面結果或「平庸的邪惡」；而是普通人對（有面孔的）其他普通個人，不分老幼性別，重複施暴與進行一對一殺戮如何可能的問題。

除了看似一招卻暗藏眾人功力，藉個案探討大屠殺的基本問題外，作者布朗寧在一九九八年與二〇一七年更兩次撰寫分量十足的後記，討論一九九二年之後的相關研究，幫助讀者沿著他協助開創的途徑，跟上其他學者的新研究成果。作為小經典，這本書不只可以幫我們補課，也在出版二十五年後繼續刺激讀者思考。

猶太大屠殺這種在智識與道德上都極端困難，對某些人而言非常痛苦的主題，不可能有簡單、單一因素的解釋。但本書對讀者的體貼值得稱道。布朗寧以簡潔精鍊的文筆，清晰的思路，不帶術語的流暢敘事，與條理分明、步步進逼的分析，甚至短小精悍的篇幅，邀請非專業的讀者加入探索與思考。他希望將如此重要議題的專業研究，帶到學院之外的場域。這樣的處理，也提醒我們大屠殺在歐美文化界的重量與地位；它不是學者的禁臠，需要專家以易懂的方式，將專業研究帶入社會對話，深化各方理解與思辯。布朗寧在初版的最後一章（第十八章）與一九九八年版的〈後記〉，很明白地點出在本書處理的歷史問題背後，呼之欲出的現實意義。

屠夫的養成

《普通人》的核心問題，是解釋一般德國人為何成為大屠殺的第一線劊子手。一九六〇年代西德檢察官調查第一〇一後備警察營戰時暴行，所累積二百一十名該營成員的審訊紀錄，難得地反映基層的經歷與視角。其中一百二十五人較豐富的證詞內容，是這本書的核心材料。第一〇一營的成員提供了少見的「普通人」樣本：他們絕大多數是（希望避免前線野戰兵役的）有家庭的中年人，來自納粹化程度最低的工業大港漢堡。人到中年，表示他們的政治認同與價值觀在第三帝國之前已定型，並不是納粹式教育和環境獨霸下的產物。出身自北方工人階級，表示他們在一九三三年前，比較可能受到社會民主黨或共產黨反納粹文化的影響。各種證據顯示，第一〇一營的後備警察非但不是特別挑出的殺手，甚至不是隨機的德國社會取樣。他們是挑選執行大屠殺劊子手時，最可能被排除的人。之所以在一九四二年被交付各種屠殺猶太人任務，是因為德國占領區可用人力捉襟見肘。職涯野心、意識形態、個人的權威性人格，甚至是先前戰爭經驗導致殘暴化的說法，都很難解釋他們在波蘭中部一年多，就射殺三萬八千人、驅逐四萬五千人至死亡營的積極「表現」。

精細比對分析後備警察的供詞，輔以占領區上級單位、鄰近單位、類似單位的檔案（第一〇一營本身的檔案已不存），布朗寧記述的是一群普通人變成職業屠殺者的演化過程，而不是一群嗜血納粹宿願得償的故事。戰後西德的司法調查與史學研究，無法找到德國軍警特人員因拒絕參與屠殺招致殺身之禍或身陷集中營的例證，這在第一〇一營的經驗中再次得到驗證。營長特拉普（Trapp）在一九四二年七月約瑟烏夫村第一場系統性殺戮開始前，留著眼淚，明確地讓全營知道他對於屠殺老弱婦孺任務之不滿。而且他公開邀請不願殺人者退出之舉，定下了先例：第一〇一營的成員如果因各種原因不能或不想直接殺人，是有選擇、可以避開的。在大多情況下，他們甚至能中途溜走並避免處罰。但據布朗寧估計，大約只有不到二〇%左右的成員明確地拒絕加入屠殺。其餘八〇%的成員，多半是聽命行事（但能避就避），而有三成左右的人顯露對暴力的狂熱。這個比例，與一九七〇年代社會心理學實驗的結果驚人相似。這顯示第一〇一營的普通人們，參與屠殺的行為與動機，要透過觀察他們在一次次任務之後的心態與行為變化，才能得到比較妥當的解釋。

詳細敘述第一〇一後備警察營一九四二到一九四三年間，在波蘭盧布林區執行的各種大屠殺任務，對讀者有兩層重要功用。第一層或可稱為「屠夫的養成」的故事，幫助我們瞭解普通德國人逐漸習慣殺戮，視大屠殺為例行公事的過程。約瑟烏夫屠殺後，第一〇一營成員普遍有沮喪、挫折、緊張、怨恨、易怒、士氣低落等心理甚至生理上的創傷症狀。之後的屠殺任務，第一〇一營熟能生巧，變得更有效率，也更有意識地降低殺害手無寸鐵老弱婦孺的心理負擔。他們改變工作（殺人）程序，用各種手段消除受害者的個人性，並鼓勵執行者的酗酒、輪班、休息等作為。而且，當長官不再給予公開的選擇機會，亦即所有的人理論上都要輪班參加，移除了個人道德選擇的心理負擔，又訂下應該認真執行的基調後，有人逐漸變得麻木不仁，甚至熱中此道。其他人還是能躲就躲，盡量減少參與。但在被視為不合群、軟弱、不夠「男人」（懦夫），又有被控失職或抗命的風險，甚至被長官或同僚小動作惡整（例如週日勤務）的情況下，只有極少數第一〇一營成員自始至終都拒絕參與殺戮。隨著經驗增加，自願參加殺戮者眾，而且心理及生理負面反應也減少，分派任務的軍官與士官不用擔心沒有足夠的志願者充當一線劊子手。布朗寧提醒我們，從事極端暴力的動機，很可能來自於對合法權威的服從，以及巨大的從眾壓力。透過無所不在的納粹種族主義宣傳與便宜行事的戰爭情境，愈來愈習慣殺人的普通人也不乏自我正當化的藉口。大屠殺的第一線劊子手是習慣與謀殺共存的普通人，他們不是天生殺人魔，也非納粹意識形態戰士。

巨大而殘酷、「邊做邊學」的殺人工程

在第二層，第一〇一後備警察營的經歷，幫助讀者更全面地認識猶太大屠殺的整體性質與方法。在東歐進行的大屠殺，一開始並不是精準而全盤地執行上級的長期政策。殖民幻想、戰時經濟剝削、種族主義式生存空間的「淨化」與重塑等種種可能互相矛盾的目標，在納粹領導人或大而化之地鼓勵或清晰地引導下，隨納粹各派系山頭勢力與時勢變化，帶來政策與執行方法的演進。布朗寧藉著第一〇一營的相關行動，以小見大，論證大屠殺其實是日漸殘暴與系統化，充滿混亂與臨時應變的過程。常常是隨東線戰事陷入僵局甚至對德國不利的情況下，上級訂出愈來愈極端的目標，而地方與基層得在短時間想出執行的方法，並找到所需的人力與資源。

猶太人大屠殺可以說是德國一九四一年六月入侵蘇聯，緊跟著正規軍（Wehrmacht）後，由沿途大規模槍殺猶太平民的菁英「特別行動隊」（Einsatzgruppen）與常備秩序警察（Ordnungspolizei）營揭開序幕。臺灣讀者比較熟悉的滅絕營毒氣室，其實是為因應大規模槍決帶來的心理負擔與屍體處理問題，並提升殺人「效率」，參考數個較小規模先例（例如針對身心障礙德國人的「安樂死」計畫）而設立，逐漸成為主要的大規模謀殺手段。要將散居歐洲各處，數以百萬計的猶太人（與其他納粹想要屠殺的人群），集中運送到位在波蘭境內六個主要滅絕營，也是巨大而殘酷、「邊做邊學」的工程。

第一〇一後備警察營首先執行的是原始模式的屠殺：拂曉開進占領區村鎮，把當地猶太居民趕出來，帶到村外森林中由行刑隊一人一人射殺。而村中行動不便或反抗者則當場射殺。只有少數壯丁或工匠因為生產需要，可能會被押送至苦勞營，暫時逃過一死。這種與老弱婦孺受害者面對面，甚至因為被槍殺的對象是之前被驅逐至波蘭的德國甚至漢堡猶太人，而和被害人有對話的經驗，如前所述，造成許多後備警員必須「克服」的道德、心理與生理障礙。

其後，第一〇一營陸續參加大規模驅逐猶太人至中轉營的「清空」（liquidate）猶太聚落與隔離區任務，或重回集中、包圍、就地大規模槍決的行動。他們也從其他區域接收被驅逐的猶太人，像生產線般一步步將散布在東歐各地的猶太人集中到已「清空」的猶太隔離區，之後再將之轉送死亡營或就近槍殺。同時，第一〇一營的後備警察也執行搜捕逃亡或躲藏的猶太人的任務。這種就地槍殺的「搜獵」，也造成大量死亡。歷史學家估計，在大屠殺約六百萬的歐洲猶太人受害者中，可能高達二百萬人是因此類面對面槍擊而亡。在以毒氣室進行「高效率」工業化屠殺之時，甚至是之前，許多受害者是被德國各種單位（正規軍、黨衛隊〔SS〕、武裝黨衛軍〔Waffen-SS〕、黨安全局〔SD〕、各種警察單位等）以及他們的東歐幫手（地方原有警力、新招輔警、東歐「志願者」單位）一槍一槍謀殺的。

這種「原始」而粗暴的殺戮，作為猶太大屠殺重要的一環，可能是臺灣讀者最不熟悉的部分。

它的「原始」性和普遍性，挑戰了各種以「現代性」社會理論中的科層制與分工等現象，解釋德國人何以對大屠殺視而不見，或當成例行公事地心安理得參加。布朗寧書中，引述了行刑隊警員抱怨因「趕工」壓力或沒經驗的同僚參加，造成自己制服沾滿死者的血跡與腦漿的不快。劊子手數量龐大，他們也不是坐辦公桌、眼不見為淨的中層公務員或軍官。同時，這些「原始」大規模殺戮，也強迫我們思考為數眾多的德國人與其他東歐人，作為計畫者、執行者、或旁觀者（如德國警官的新婚妻子到占領區度蜜月時，也看到屠殺的準備），不但見證大屠殺，也得對自己所見所聞所為，找到某種解釋。戰後的集體沉默，與許多德國人與東歐人宣稱的無知，由此看來格外可疑。同時，大量不同身分參與者與見證者的存在，也讓普通人何以成為劊子手的問題變得更急迫。畢竟，如果有這麼多人參加了面對面屠殺，那麼劊子手在其他情境下是「正常人」的機率，恐怕相當高。第一〇一後備警察營不但不是例外，甚至可能不只代表德國普通人。大屠殺令人心驚，是因為讓他們（或我們？）變成劊子手的因素與情境，未必那麼罕見。

扭曲的納粹文化與被刻意銷毀的證據

除了解答核心問題之外，《普通人》也讓我們從實例一窺納粹德國統治機制與扭曲的文化。本書最早幾章從制度面介紹納粹時期秩序警察，即是一九三三年後國家社會（納粹）黨擴張勢力，黨國機構融合一體，以及希姆萊的黨衛隊在黨國合一體制中建立自己的勢力範圍，成為他在黨內派系競爭中的實力所在。又如第一〇一營的後備警察們被期待實踐種族主義式的道德價值（史家孔慈〔Claudia Koonz〕稱為「納粹良心」），克服根深柢固的不可殺人、不可對老弱婦孺施暴的古老且跨文化道德金律。又或是納粹時期無所不在，意在掩蓋令人不悅事實的語言歪曲（生還學者克倫培勒〔Victor Klemperer〕為此方面重要先驅，他的日記是納粹治下日常生活的重要史料）。許多由納粹語言承繼下來的大屠殺相關詞彙，無法脫離這些婉飾（euphemism）的文字遊戲：「水晶之夜」（Kristallnacht）、「最終解決」（final solution）、「撤離」（evacuation）、「安置」（resettlement）、「驅離」（deportation）、「清空／清除」（liquidation）看來中性，但背後都是巨大的暴力與創傷。遇到這些死而不僵，但又沒有更好替代的納粹術語，讀者不可不察。

講到納粹話術，就不能不提到本書的史料。布朗寧是利用一九六〇年代西德反納粹專案檢察官，為了起訴戰時的屠殺參加者所蒐集的審訊紀錄，進行大屠殺社會史研究的先驅。讀者可能會問：為何要依賴這些明顯帶有自我開脫意圖的證詞？布朗寧在本書前言與一九九八年新增的〈後記〉，對此有相當詳細的方法論解說，在此不必重複。但讀者閱讀時，可能要記得納粹的基本原則是不留下大屠殺相關文件證據。許多重要的納粹高層決定，並無直接的白紙黑字文件留存，很多命令甚至是口頭發出。後人得透過其他文件轉述或當事人回憶，才能確認它們的存在。第一〇一營等占領區的執行單位，本身的檔案則常被刻意銷毀。此一消滅證據的原則，也是各個死亡營在一九四四年被拆毀，掩埋的屍體被重新挖出火化背後的原因。簡言之，納粹在東歐的活動，有不少檔案與私人文書留存。但與大屠殺直接相關的文件，尤其是行動命令、計畫、與各單位成果報告，常在戰爭結束前就已不存。再加上戰亂不利紀錄保存，我們可以看到的直接證據通常不完整。第一〇一後備警察營自己的報告，就無處可尋；其任務與結果，反而要根據上級機構的檔案與參與者的回憶重建。納粹有計畫地消滅證據，時常被大屠殺否定論與懷疑者利用：要求歷史學家拿出白紙黑字的直接文件證據。這種故意幼稚的證據法則與推論方式，有時也造公共討論的困難。二〇一六年由真人真事改編的電影《永不退讓》（*Denial*）多少觸及了這個問題。

那些非德裔的加害者

最後，本書觸碰了臺灣讀者不見得熟悉的非德裔大屠殺加害人問題。在《普通人》一九九二年出版時，相關專業歷史研究並不多。但書中已提到從烏克蘭人、立陶宛人、拉脫維亞人中招募而來的「志願者」單位，後來代替或協助德國後備警察，從事後者並不見得樂意參加的行刑隊工作，降低德國人的心理負擔。布朗寧也提到東歐當地人組成的輔警單位，協助屠殺或集中、驅離、運送猶太人的工作。東歐占領區人民因為各種原因，直接與間接參加大規模屠殺，過去二、三十年已累積相當多優秀的研究。波蘭歷史學家格羅斯（Jan T. Gross）關於一九四一年在波蘭小鎮耶德瓦布內（Jedwabne）發生，非猶太居民將自己的猶太鄰居屠殺殆盡的二〇〇一年經典研究《鄰人》（*Neighbors: The Destruction of the Jewish Community in Jedwabne, Poland*），臺灣讀者現在也有中譯，可以與本書相印證參考。但是，東歐人參與大屠殺，尤其是二戰後對自己的反猶傳統或戰前反猶政策（如波蘭與羅馬尼亞）的集體失憶；以及民族主義者挪用猶太大屠殺來建構新的「納粹—蘇聯雙重受害者」歷史敘事，藉本地猶太人受難刻劃自己民族為單純的納粹受害者，都是具有高度爭議性且對歷史研究不利的現況。波蘭的保守派政府，過去數年以立法與公共資源分配等方式，直接間接地逼迫波蘭歷史學家避開波蘭人參與（無論主、被動）大屠殺的研究與討論，以及格羅斯與葛伯斯基（Jan Grabowski）等歷史學家不斷地被波蘭政府與其側翼騷擾（甚至被檢察官起訴），顯示大屠殺非德裔加害者的動機和經驗，不但是棘手的歷史問題，也是仍在進行中的政治問題。

大屠殺歷史研究的進程

大屠殺的歷史研究先驅者希爾伯格（Raul Hilberg）在一九五〇年代末完成《歐洲猶太人的毀滅》（*The Destruction of the European Jews*），成為大屠殺學術研究先驅經典，至今仍有參考價值，當時卻找不到出版者，相較於如今汗牛充棟的猶太大屠殺歷史寫作，起步其實相當坎坷。戰後初期，歷史學者們聚焦在納粹德國的遠近原因。他們辯論納粹政權的興起與暴行，究竟是德意志文明的「工業意外」（希特勒體現了此一偶發事件），還是數個世紀以來民族文化或歷史內在病態邏輯的發作？前者多少有為德意志文明與德國人辯護之意，後者則部分承接二戰時期盟軍的反德宣傳。至於大屠殺本身，尤其是受害人與加害者的個人經驗，無論東西德、東歐、前同盟國，甚至在新建的猶太民族國家以色列，都不是公共討論或學術研究的重點。公開場合的集體沉默，如果不是集體失憶，是公眾的默契（該默契也是近年歷史記憶研究一大主題），這個現象也到一九六〇年代才略有鬆動。一九五〇與一九六〇年代學界研究大屠殺，多半將它視為納粹暴政或（冷戰時期時髦的）極權主義（totalitarianism）體系的部分現象，並傾向以結構性的社會或心理理論解釋。大屠殺本身不是研究焦點。

對於大屠殺本身的細緻歷史學討論，尤其是透過散落各地的納粹德國檔案進行政治、軍事與外交史研究，終於在一九八〇年代初期累積到英國歷史學家梅森（Tim Mason）可以為文區分「意圖派」（intentionalist：強調反猶意識形態塑造納粹領導人的長期政策，由上而下清楚的決策與計畫，與希特勒本人長期滅絕猶太人目標的實現）與「功能派」（functionalist：強調納粹派系競爭資源與影響，中層官僚與地方占領區的便宜行事，以及納粹高層將中階官員與地方單位屠殺「創新」系統化推廣；意即政策是從實踐中發展而出）兩派對立的解釋。學界的興趣與辯論，多少呼應並反映同時期大屠殺進入了歐美公共討論甚至大眾意識。電視節目、紀錄片（例如美國NBC一九七八年連續劇《大屠殺》〔*Holocaust*〕與導演朗茲曼〔Claude Lanzmann〕一九八五年的紀錄片《浩劫》〔*Shoah*〕）、回憶錄與大眾讀物，受到前所未有的注意。

《普通人》一九九二年首度出版時，代表一九七〇年代末以來在社會史、甚至是當時德語學界新銳的日常生活史（Alltagsgeschichte）方法影響下，猶太大屠殺的研究重點轉移至加害人與受害者的經驗與觀點。這不但是新的研究方法與問題，也引導歷史學家發掘之前被忽略的史料，以及趁當事人仍健在或家人還保留一手記憶之際，蒐集口述紀錄與私人文書。本書使用一九六〇年代司法調查與審判材料是一例；歐美公私機構設立博物館與研究單位，有系統地徵集、整理、出版與使用相關史料進行學術研究或大眾教育，則以一九九三年開幕的美國猶太大屠殺紀念博物館（The U.S. Holocaust Memorial Museum）最為著名。過去三十年來的研究，不少直接受益於一九八〇年代開始的史料發掘與徵集運動。一九八九年東歐共產政權陸續結束，更加速了大屠殺研究的「東移」。大屠殺專家不再只是出身於德國史或猶太人史領域的訓練，史家也在東歐檔案館找到新材料來支持新的研究課題，包括非德裔加害者與旁觀者，以及被占領各國地方行政體系與人員對納粹政策的主被動配合。大屠殺逐漸成為東歐新一代歷史學家研究本國史時理所當然的課題，而不只是「德占時期」的小插曲。更新的研究主題，以及新的爭議，例如歐洲人在殖民地的暴行與猶太大屠殺可否相提並論（尤其此種比較所代表的當代認同政治與去歐洲中心意圖），也在持續發展中。

Never again，需要來自深刻知識的反省力量

近三十年前出版的《普通人》至今並沒有過時。如前所述，《普通人》開拓的研究議題與途徑，現在有許多新研究加入對話（詳見本書於二〇一七年新增的〈二十五年後〉），然而布朗寧的基本論證並沒有被取代。他提出的基本問題，也沒有失去在專業史學中的重要性，或是更一般在政治－道德思考上的意義。一九九八年的〈後記〉，雖然主要是針對戈德哈根（Daniel Jonah Goldhagen）對本書的批評，提出有系統的回應與反擊。但對臺灣的讀者而言，該文有另外的用處：布朗寧將他對於大屠殺前因後果的整體看法，藉著他對於德國近代史的回顧，具體而清晰地呈現給讀者。換句話說，他提供簡短有力的德國反猶主義與納粹興起的背景，來為自己的論點辯護，並質疑戈德哈根黑白分明、輕視甚至無視前人研究的說法。一九九八年的〈後記〉，既是史學論辯，也是納粹與大屠殺的歷史背景的解說。想看高明且精緻的歷史辯論，這篇〈後記〉值得仔細閱讀。

附帶一提：戈德哈根《希特勒心甘情願的劊子手們》（*Hitler's Willing Executioners*）剛出版時，聲

勢浩大。雖然分量厚重又不甚好讀，大眾媒體的稱讚與報導卻接連不斷。我一九九七年夏天第一次到德國，看到每家書店都在最顯眼的地方放置該書德文版（與英文原版同於一九九六年出版），可見出版社的行銷力量及德國讀者的高度興趣。戈德哈根對布朗寧與其他學者的批評，以及他的支持者攻擊主流歷史學界的專家是因為政治因素而對《希特勒心甘情願的劊子手們》大多持保留甚至嚴厲批評態度，延續好幾年。事隔二十餘年，布朗寧的《普通人》今天仍是標準著作，甚至出現在非德國史、非大屠殺歷史的大學及研究所課程的指定閱讀書單中（例如研究方法的課程）。戈德哈根當時的國際暢銷書，卻已成了「提到的人多，真讀的人少」的研究史材料與文獻回顧腳注。

對於猶太大屠殺這種仍有重大現實意義的歷史暴行，急著蓋棺定論，或大而化之的泛道德喟嘆，對於避免過去的罪惡再度發生都沒有助益。無論過程多麼地讓人不悅甚至痛苦，仔細地重建真相細節，無畏地追尋行為背後的動機與經驗，才是避免慘劇重複的關鍵。本書的結論其實相當令人不安，但是Never again（不讓它重演）所需的道德勇氣與病識感，終究來自於深刻知識的反省力量。閱讀《普通人》正是好的開始。

（本文作者為美國印第安納大學歷史系助理教授）

前言

一九四二年三月中時，七五至八〇%的大屠殺受難者都還活著，已經死去的人只有二〇到二五%。然而僅僅十一個月後的一九四三年二月中，這個比例卻顛倒過來了。大屠殺的核心是一波短暫而強烈的屠殺浪潮。波蘭是這場大屠殺的重心，儘管經過了二年半的苦勞、饑貧與迫害，一九四二年三月時，這裡的每個主要猶太人社區仍完好無損地挺了過來，但十一個月後，只剩下少數生活在殘存猶太區和勞動營裡的波蘭猶太人還活著。簡言之，德國對波蘭猶太人的進攻不是個長期、逐步漸進的計畫，而是一場不折不扣的閃電戰，是一個需要動員大量突擊部隊的大規模進攻。而且這個進攻還是發生在德國於俄羅斯的戰事正值緊要關頭之際——這一時期以德國向克里米亞及高加索重新挺進為始，慘敗於史達林格勒告終。

如果說德國一九四二年的軍事進攻最終是失敗了，那麼針對猶太人、尤其是波蘭猶太人的閃電戰則不是如此。我們已知居住在主要猶太區，尤其是華沙及沃茨（Łódź）的猶太人是如何被殺害的。但大多數波蘭猶太人生活在較小的市鎮裡，這些市鎮的人口有超過三〇％是猶太人，有時甚至高達八、九〇％。德國是如何組織並執行計畫，毀滅這些四散在各地的猶太人口呢？在戰事急轉直下的這一年，他們又是從哪裡找到人力來完成大規模屠殺的海量後勤工作呢？死亡集中營的工作人員已精簡到不到再少了。但要把小型猶太區淨空，包括圍捕、驅逐或槍決大部分的波蘭猶太人，所需的人力可不能精簡。[1]

為了尋找這些問題的答案，我來到斯圖加特（Stuttgart）附近的路德維希堡（Ludwigsburg）。這裡是納粹罪行司法調查聯合中心（Central Agency for the State Administrations of Justice／Zentrale Stelle der Landesjustizverwaltungen）的所在地，德意志聯邦共和國負責協調納粹罪行調查的辦公室。我正在查閱他們收藏的大量起訴書和判決，幾乎每一場德國針對納粹對波蘭猶太人犯下罪行的審判起訴書和判決都在這裡了，然後我第一次看到了關於第一〇一後備警察營（Reserve Police Battalion 101）的起訴書，這是德國秩序警察（German Order Police）所屬的一個單位。

雖然我研究納粹大屠殺的檔案文件和法庭紀錄已近二十年了，但這份起訴書對我仍產生了異常強烈且不安的衝擊。我從來沒有遇過在事件的過程中，「選擇」這個課題表達得如此戲劇性，並得到了至少是某些加害者的公開討論；我也從來沒看過大屠殺的駭人罪行與殺手的人性臉孔如此鮮明地並列在一起。

這份起訴書大量逐字引用了庭審前對後備警察營成員的審訊內容，從中可以立刻清楚看出這個案子立足於異常豐富的證詞之上。此外，這些證詞有許多給人一種真誠直率的「感覺」，沒有查閱這類法庭紀錄時經常看到的開脫罪名、不在場證據及捏造的證詞。針對第一〇一後備警察營的調查及司法追訴過程長達十年（一九六二至一九七二年），由邦檢察官辦公室（Office of the State Prosecutor, Staatsanwaltshaft）負責執行。這個檢察官辦公室（肯定是整個西德最認真勤奮地追訴納粹罪行的單位之一）仍負責保管關於這個案件的法庭紀錄，我成功申請到文件的查閱許可。

不同於許多納粹屠殺部隊，成員身分只能部分重建，第一〇一後備警察營卻有完整名冊可供調查人員參考。由於大多數人來自漢堡，並在調查進行時仍住在那裡，我於是能夠研究其中二百一十人（警察營成員一九四二年六月被全員派往波蘭時，將近五百人）的審訊內容。這組審訊紀錄提供了具代表性的樣本，可以統計出年齡、納粹黨及黨衛隊（SS）成員身分和社會背景的具體數字。此外，約有一百二十五份證詞提供了充分的實質內容，讓我不僅能詳細地重建整個故事，還可以分析這個殺戮部隊的內部動態。

最後，大屠殺之所以發生，是因為最基層的人在一段長時間內大量殺害了其他人。也就是說，這些出身基層的加害者變成了「專業劊子手」。歷史學家在嘗試書寫由這種人組成的殺人隊時遇到了無數困難，其中之一就是資料來源的問題。相較於在蘇聯執行任務的許多殺人隊，第一〇一後備警察營的案子裡幾乎沒有同時期的文件紀錄，也沒有對其殺戮活動的明確紀錄。[2]少數猶太倖存者的說明僅能讓我們重建該警察營在一些城鎮執勤時，從事各種行動的日期和規模。但是與猶太區和集中營裡的倖存者對於主要加害者的證詞不同，因為這些環境允許長期的接觸；大屠殺倖存者證詞很難提供我們關於第一〇一後備警察營這種流動單位的詳情。陌生的人來了，執行完他們的殺人任務後又離開了。事實上，幾乎沒有倖存者可以記得哪怕是秩序警察身穿的特定的綠色制服，以指認參與行凶的究竟是什麼樣的單位。

因此，在書寫有關於第一〇一後備警察營的故事時，我必須大量依賴一九六〇年代時針對一百二十五名成員進行的司法審訊紀錄。要透過一百二十五個人在事情發生二十多年後的記憶篩選來瞭解單一單位對於同一事件的經歷，對一位追求確定性的歷史學家而言實在是惶惶不安。他們每個人都扮演了不同的角色。每個人看見和做的事情都不一樣。每個人接下來都壓抑或遺忘了這個後備警察營經驗的某些面向，或用不同方式重塑了自己對這些經驗的記憶。因此這些審訊紀錄呈現給我們的必然是一堆令人困惑的視角與記憶。弔詭的是，如果我拿到的是一個人而不是一百二十五個人的詳盡回憶，我可能會產生一種錯覺，以為自己可以更確定這個警察營曾發生過什麼事。

除了不同的視角與記憶外，提供證詞的情境條件也造成了干擾。很簡單，有些人因為擔心說出他們記得的實情帶來的司法後果，所以蓄意說謊。所以不只是壓抑和扭曲而已，謊言也影響了證人的陳述。再者，審訊者詢問相關問題是為了完成任務，要針對特定人所犯下的具體、可起訴罪行而蒐集證據，而不是系統性地調查更廣泛的、往往僅有模糊印象的主觀經驗，然而，警察經驗的這些面向就算對律師不重要，對歷史學家而言卻很重要。

正如任何運用多種資料來源的情況，許多敘述及角度都需要經過篩選及權衡，也必須評估每位證人的可靠性。許多證詞必須予以部分或全部捨棄，遷就已被接受的相衝突證詞。很多的判斷直接、明顯，但其他的則有相當難度。我一直都努力做到自我覺知，但有時我無疑也會在完全沒有意識到的情況下，做出純粹基於直覺的判斷。檢視同樣素材的其他歷史學家會以稍微不同的方式來重述這些事件。

近幾十年來，歷史學界日益關注「自下而上」的歷史書寫，重新建構迄今為止占主導地位的高層政治史及高級文化史中，受到忽視的大多數人的經驗。特別是在德國，這一趨勢的集大成者是*Alltagsgeschichte*，也就是透過對普通人的共通經驗進行「厚描」(thick description)實踐的「日常生活的歷史」。然而，當這樣的方法被運用到第三帝國（Third Reich）時代時，一些人卻批評這是一種逃避，將注意力從納粹政權種族滅絕政策的無比恐怖，轉移到那些相對上持續不受干擾的生活的平凡面向。因此，嘗試書寫一個單一警察營的個案研究或微觀歷史，在一些人看來可能並不可取。

然而，作為一種方法論，「日常生活史」是中立的。除非它無法正視這個政權的有罪政策不可避免地滲透到納粹統治下日常生活的程度，它才成為一種逃避、一種「正常化」第三帝國的嘗試。特別是對駐紮於被征服的東歐土地上的德國占領者——實際上是來自各行各業的數萬名男性——該政權的大規模屠殺政策並不是一些幾乎不會擾亂日常生活表面的非理性或例外事件。正如第一〇一後備警察營的故事所表明的，大規模屠殺與例行公事已經成了同一回事。正常本身變得格外異常。

針對這種研究的另一個可能反對意見涉及了在嘗試理解加害者時，內在對他們產生同理心的程度。在書寫這樣一段歷史時，顯然需要拒絕妖魔化。就像人數少得多的那些拒絕或逃避者一樣，警察營中那些執行屠殺及驅逐任務的警察也是人。如果我想要盡可能地理解並解釋這二種人的行為，我必須承認，在同樣的情況下，我可能不是殺人者就是逃避者——他們都是人。而這種認識確實意味著嘗試去同理。然而，我不能接受解釋就是為其開脫、理解就是原諒的陳腔濫調。解釋不是藉口，理解不是寬恕。不嘗試從人類的角度來理解加害者，不僅不可能進行這個研究，也不可能得到超越單面向嘲諷刻畫的大屠殺加害者的歷史。法國猶太歷史學家布洛赫（Marc Bloch）在死於納粹之手前曾寫到，「當一切都說盡、做盡時，單單一個詞，『理解』，即是我們研究的明燈。」[3]我正是本著這種精神寫這本書。

我必須明確說明我取得這些法庭審訊紀錄的一個條件。在德國，特別是在過去十年裡，關於保護隱私權的規定與法律已變得日益嚴格。漢堡及其法庭紀錄也不例外。因此，在收到查看第一〇一後備警察營法庭紀錄的許可前，我必須保證不使用這些人的真實姓名。警察營指揮官威廉・特拉普少校（Major Wihelm Trapp），以及三名連長，沃夫岡・霍夫曼上尉（Captain Wolfgang Hoffmann）和尤利烏斯・沃勞夫上尉（Captain Julius Wohlauf），以及哈特維希・格納德中尉（Lieutenant Hartwig Gnade），他們的名字都出現在德國境外檔案館的其他文件中。我使用了他們的真實姓名，因為在他們的情況裡沒有任何機密可言。但對出現在本書內文中的所有其他警察營成員，我則使用了化名（首次出現時以星號標示）。注釋中提到那些提供證詞的人時，只用名字和姓氏的第一個字母表示。雖然在我看來，這種保密和使用化名的承諾不幸地使嚴格的歷史準確性受到限制，但我不認為它破壞了這個研究的完整性或主要用途。

在進行本研究及書寫的過程中，許多人和機構提供了不可或缺的支持。主任檢察官（Oberstaatsanwalt／Senior Prosecutor）埃腓德・斯泰姆（Alfred Streim）為我提供了收藏於路德維希堡無與倫比的德國司法紀錄。主任檢察官賀佳・格拉比茲（Helge Grabitz）鼓勵我研究漢堡的法庭紀錄，支持我的閱覽申請，並在我停留期間慷慨地提供各種協助。太平洋路德大學（Pacific Lutheran University）獎助我前往德國檔案館，這一次的訪問開啟並結束了我在這個計畫上的研究。亞歷山大・馮・洪堡基金會（Alexander von Humboldt Foundation）也資助了一次在德國的研究訪問。我在太平洋路德大學的教授休假期間完成大部分的研究和寫作工作，並在傅爾布萊特研究獎助金（Fulbright Research Grant）的支持下前往以色列。美國—以色列教育基金會（United States-Israel Educational Foundation）的執行祕書丹尼爾・克勞斯科普夫（Daniel Krauskopf）為我在以色列及德國的研究提供了許多方便，值得特別感謝。

西北大學（Northwestern University）的彼得・海斯（Peter Hayes）以及加州大學洛杉磯分校（UCLA）的索爾・費南德（Saul Friedlander）為我提供機會，在他們於各自機構舉辦的會議上發表初步研究成果。許多的朋友及同事耐心聆聽、提供建議，並一路鼓勵我。這些人特別值得一提：菲利浦・諾德奎斯特（Philip Nordquist）、丹尼斯・馬丁（Dennis Martin）、奧黛麗・歐勒（Audrey Euyler）、羅伯特・霍耶（Robert Hoyer）、伊安・克爾肖（Ian Kershaw）、羅伯特・蓋雷特利（Robert Gellately）、耶胡達・鮑爾（Yehuda Bauer）、蒂納・波拉特（Dinah Porat）、麥可・馬瑞斯（Michael

Marrus）、貝蒂納・伯恩（Bettina Birn）、喬志・摩斯（George Mosse）、伊莉莎白・多曼斯基（Elisabeth Domansky）、姬塔・瑟倫尼（Gitta Sereny）、卡洛・金茲伯格（Carlo Ginzburg），以及已故的烏韋・亞當（Uwe Adam）。我欠勞爾・希爾伯格（Raul Hilberg）一個特別的人情。一九八二年時他呼籲人們關注秩序警察對於最終解決方案（Final Solution）而言不可或缺，並一如既往地繼續為進一步的大屠殺研究設定議程。[4] 接著他個人也投注於對於這個研究的出版。對於無論是現在或在我職涯早期的這種幫助，我僅能以這本書的獻詞聊表我的敬意與感激。我的家人耐心地忍受了我另一本書的醞釀期，對於他們的持續支持與理解，我尤其感激。

一九九一年十一月於塔科馬（Tacoma）

1 一個約瑟烏夫的清晨

一九四二年七月十三日清早，波蘭比烏科拉伊（Biłgoraj）鎮上一棟被用來充當營房的大型磚造校舍裡，第一〇一後備警察營的的人從他們的鋪位上被叫醒。他們是來自漢堡市的勞工及中下階級、有家室的中年男子。因為年紀太大，無法在德國軍隊裡派上用場，所以被徵召加入秩序警察。大部分人都是新兵，以前沒有在德國占領區的經驗。他們在不到三週前抵達波蘭。

當這些人爬上等待的卡車時，天色仍然很暗。每個警察都得到了額外的彈藥，另外的箱子也被裝上了卡車。[1] 他們要出發進行他們的第一次重大行動，雖然沒有人告訴他們將會發生什麼。

警察營的卡車車隊在黑暗中駛出了比烏科拉伊，沿著一條顛簸不平的砂石路向東行駛。車速很慢，花了一個半到二個小時才到達目的地，僅在三十公里外的約瑟烏夫（Józefów）村。就在天開始轉亮時，車隊在約瑟烏夫村外停了下來。這是個典型的波蘭村莊，有著屋頂鋪著茅草的簡樸白色房子，居民中有一千八百名猶太人。

村子裡一片寂靜。[2]第一〇一警察營的人從卡車上爬下來，圍著他們的指揮官威廉·特拉普少校成一個半圓，這位五十三歲的職業警察被他的屬下們暱稱為「特拉普爸爸」。特拉普向這些警察發表講話並告知他們該營收到的任務的時間到了。

特拉普臉色蒼白、緊張不安，他聲音哽咽、眼眶含淚，說話時明顯努力在控制自己的情緒。他哀怨地說，這個營必須執行一項令人極為不快的任務。

他也不喜歡這項任務，事實上這項任務十分令人遺憾，但命令來自最高當局。如果這樣想會讓他們的任務容易些，士兵們應該記住，在德國，炮彈是落在婦女和兒童身上。

他接著將話題轉到手上的任務。猶太人煽動美國採取抵制行動，傷害了德國，一名警察記得特拉普這麼說。據其他二人透露，他解釋說，約瑟烏夫村裡有猶太人與游擊隊有牽連。警察營現在接到命令要圍捕這些猶太人。已達工作年齡的猶太人要被分開，帶到一個勞動營（work camp）。警察營要將剩下的猶太人老弱婦孺當場槍斃。說明完他的手下即將進行的任務之後，特拉普提出了一個不尋常的選項：如果他們之中年長的人覺得無法勝任擺在面前的這個任務，他可以站出來。[3]

2 秩序警察

一九四二年夏天，在波蘭約瑟烏夫村，一個由中年人組成的後備警察營是如何面對射殺約一千五百名猶太人的任務的？我們需要瞭解一些背景，關於秩序警察（Order Police／Ordnungs-polizei，簡稱 Orpo）這個機構，以及它在納粹屠殺歐洲猶太人政策中扮演的角色。

秩序警察是德國在兩次大戰之間這段期間，第三次嘗試建立一個具有軍事訓練及裝備的大型警察編制的成果。[1] 當德國在一次大戰中戰敗後，國內爆發了革命。隨著軍隊的解散，害怕被革命部隊掃地出門的軍官及政府官員組織了一支反革命的準軍事部隊，稱為自由軍團（Freikorps）。當一九一九年國內局勢穩定後，許多自由軍團成員與正規警察合併為幾個大型編隊，駐紮於軍營，準備隨時對抗革命威脅的進一步抬頭。然而，協約國在一九二〇年時要求德國解散這些警察編隊，理由是可能違反《凡爾賽條約》（*Treaty of Versailles*）中限制德軍常備軍人數為十萬名的條款。

一九三三年納粹政權建立後，成立了一支五萬六千人的「警察部隊」（police army／Armee der Landespolizei）。這些部隊駐紮在軍營，並作為德國祕密重新武裝的一部分，接受了完整的軍事訓練。一九三五年，當希特勒公然藐視《凡爾賽條約》的解除武裝條款，重新開始徵兵時，「警察部隊」就被併入一支迅速擴大的正規軍，以提供軍官及士官（commissioned and non-comissioned officers）的幹部。「警察部隊」作為未來軍官的訓練所扮演了分量不輕的角色。截至一九四二年，德國軍隊中有超過九十七名將領曾在一九三三至一九三五年於「警察部隊」服役。[2]

保留警察中的大型軍事編制延宕了下來，直到一九三六年，已是黨衛隊領袖的希姆萊（Heinrich Himmler）被任命為德國警察總長，管轄第三帝國中所有的警察單位。希姆萊將各種德國警察分成二個部門，每個部門隸屬於一個位於柏林的總辦公室。海德里希（Reinhard Heydrich）的安全警察（Security Police／Sicherheitspolizei）總辦公室轄下有惡名昭彰的祕密國家警察（Secret State Police／Geheime Staatspolizei，簡稱Gestapo，譯按：也譯為蓋世太保），任務為打擊納粹政權的政敵；以及刑事警察（Criminal Police／Kriminalpolizei，簡稱Kripo），基本上是一支針對非政治犯罪的偵查部隊。第二個警察部門是由達呂格（Kurt Daluege）指揮的秩序警察總辦公室。達呂格管轄城市或市級警察（municipal polic／Schutzpolizei，簡稱Schupo）、鄉村警察（rural police），也許相當於美國郡警察（county troopers／Gendarmerie），以及小鎮或社區警察（small-town or community police／Gemeindepolizei）。

到了一九三八年，達呂格已經負責管轄六萬二千多名警察。其中近九千人成為編入百警隊（Polizei-Hundertschaften，譯按：即人數約百人的警隊，書中譯為百警隊）的警察連，每連一百零八人。在德國有十個城市，每個城市都將三個警察連整併成更大的「警察培訓隊」（police training units／Polizei-Ausbildungsabteilungen）。

在一九三八和一九三九年時，由於戰爭的威脅與日俱增，新的誘因讓秩序警察的規模迅速擴大。如果這些年輕的新警察加入秩序警察，就可以不必被徵召入伍。此外，由於這些警察營（就像美國的國家警衛隊〔National Guard units〕）的組織方式是按照地區，因此它們似乎提供了一種保證，即不僅可以用另一種更安全的方式服完兵役，而且離家更近。

隨著戰爭在一九三九年九月爆發，秩序警察的警力也達到十三萬一千人。其龐大軍事編制所面臨的巨大威脅當然就是被併入德國軍隊，秩序警察透過妥協的方式避免了此一下場，但付出了沉重代價。它最優良的警隊許多被編入一個人數近一萬六千人的警察師，交由軍隊調度。（它隨後在一九四〇年的阿登〔Ardennes〕戰役中參戰，並參加了一九四一年對列寧格勒的攻擊行動，然後希姆萊在一九四二年將它改為第四黨衛隊—警察擲彈兵師〔Fourth SS-Polizei Grenadier Division〕，重新取回控制權。）一九三九年十月，兩個在新奪取的但澤（Danzig）組建的警察團也被移交給軍隊。最後，秩序警察為軍隊的憲兵（military police／Feldgendarmerie）提供了八千多名人力。獲得的回報是秩序警察的其他達入伍年齡男子仍然可以免於兵役徵召。

為了補充警力，秩序警察被允許招募二萬六千名年輕德國男子（其中九千名志願者出生於一九一八至一九二〇年間，另外一萬七千名出生於一九〇九至一九一二年間），以及六千名所謂的「德裔人士」（ethnic Germans／Volksdeutche），也就是一九三九年前居住於德國境外的人。此外，秩序警察也得到授權，可以徵召九萬一千五百名在一九〇一至一九〇九年間出生的後備役軍人——這個年齡層的人還沒被納入徵兵的範圍。秩序警察的徵召對象逐漸擴大到年齡更長的男性，到了一九四〇年中時，秩序警察的規模已經成長到二十四萬四千五百人。[3]

秩序警察幾乎沒有被納入戰前動員計畫的考慮範圍，人們也很少思考它在戰時的可能用處，但德國的軍事成功及迅速擴張很快就讓他們需要更多在戰線後方的占領部隊。隨著戰爭爆發，從在德國的各個警察連及訓練隊中組建了二十一個警察營，每營約五百人；其中十三個營隸屬於入侵波蘭的軍團。他們隨後參與行動，圍捕被阻截在前進戰線後方的波蘭士兵，收繳撤退波蘭人遺棄的武器及裝備，並提供其他服務以確保後方地區的安全。

到了一九四〇年中，警察營的數量已快速擴增至一百零一個營，因為二萬六千名新招募的年輕人，以及許多更年長的徵召後備役軍人也被編成了營級單位。十三個警察營駐紮於被稱為總督府（General Government）的波蘭中部德國占領區，七個營駐紮於第三帝國兼併的波蘭西部領土，即「合併領土」（incorporated territories）。十個營駐紮於德國占領的捷克領土波希米亞（Bohemia）及摩拉維亞（Moravia），這裡被稱為「保護國」（Protectorate）。還有六個營駐紮在挪威，四個營在尼德蘭（Netherlands），*[4] 秩序警察很快成為壓制歐洲德國占領區的一個重要人力來源。

組建新警察營的方式有兩種。首先，為提供必要的士官，職業警察以及一九三九年進入波蘭的最初幾個營的戰前志願者獲得升遷，並被分配到新組建的單位，由年紀較老的徵召後備役軍人填滿這些單位的隊伍。這些警察營被定名為「後備警察營」。其次，則是從一九三九年秋季分配給秩序警察的兩萬六千名年輕志願者中組建了特殊單位（編號為二五一至二五六號，以及三〇一至三二五號）。實際上，他們將成為秩序警察的新菁英隊伍。[5]

人們可以從兩個地方感覺到秩序警察在總督府的存在。首先，總督府劃分為四個區域，分別是：克拉科夫（Kraków）、盧布林（Lublin）、拉多姆（Radom）以及華沙（Warsaw）（一九四一年

＊ 譯按：過去臺灣通常譯為荷蘭，本書譯為尼德蘭，以區別於正名前的Holland。

增加了第五區加利西亞〔Galicia〕），每個區均設一位常任團長（permanent regimental commander／Kommandeur der Ordnungspolizei，簡稱 KdO，譯按：下簡稱區團長）及參謀群。每個區的警察團均由三個營組成，其組成隨著它們輪流從德國出發執行任務而不斷變化。其次，整個總督府的管轄範圍內有一個由較小的秩序警察單位組成的薄弱網絡。在波蘭每個主要城市中均設立一個治安警察（Schutzpolizei）站。其主要任務是監督波蘭市級警察的工作。此外，每個區的中型城鎮都有三、四十個小型的鄉村警察分駐所。正如三個警察營指揮官一樣，治安警察站及鄉村警察分駐所都受秩序警察的區指揮官（即區團長）指揮。到了一九四二年底，波蘭總督府的全部秩序警察警力已經達到一萬五千一百八十六人。秩序警察監督下的波蘭警察人數則為一萬四千兩百九十七名。[6]

一條指揮鏈從秩序警察營以及小型單位構成的網絡向上延伸，通過區團長到達位於首府克拉科夫的總督府秩序警察總指揮官（overall commander of the Order Police／Befehlshaber der Ordnungspolizei，簡稱 BdO，譯按：下簡稱秩警總指揮），最終來到位於柏林的達呂格的總辦公室。

這是僅負責和地方秩序警察組織有關事務的正常指揮鏈。然而還有第二條指揮鏈，負責與秩序警察與安全警察及其他黨衛隊組織的聯合行動相關的所有政策與行動。在總督府，希姆萊指派了一位黨衛隊及警察高級領導人（Higher SS and Police Leader，簡稱 HSSPF，譯按：下簡稱黨衛警高級領導）克魯格（Friedrich-Wilhelm Krüger）擔任他的個人代表，專門負責協調希姆萊不斷擴張的黨衛隊及警察帝國中任何涉及多個機構的行動。在總督府的每個區都有一名黨衛隊及警察領導人（SS and Police Leader，簡稱SSPF，譯按：下簡稱黨衛警領導），他在區這個層級的責任與權力與克魯格在總督府層級行使的責任與權力相同。一九四二至一九四三年，第一〇一後備警察營駐紮於盧布林區，其黨衛隊及警察領導人是殘暴可憎的格洛博奇尼克（Odilo Globocnik），他是希姆萊的親信，曾因貪腐而被拔除在奧地利的納粹黨部主任一職。因此，盧布林區的秩序警察組織可以透過在克拉科夫的秩警總指揮以及區團長接受來自達呂格及柏林總辦公室的命令，也可以透過黨衛警高級領導克魯格以及區的黨衛警領導格洛博奇尼克接受來自希姆萊的命令。由於屠殺波蘭猶太人的計畫涉及到黨衛隊及警察的每個部門，因此後一個指揮鏈對於秩序警察參與最終解決方案至關重要。

3 秩序警察及最終解決方案：一九四一年，俄國

秩序警察初次參與最終解決方案，即納粹對歐洲猶太人的大規模屠殺行動，不是發生在波蘭，而是在一九四一年夏秋時的俄羅斯。為了準備在夏秋入侵俄國以及希特勒打算在那裡發動的「毀滅戰爭」（war of destructin），一九四一年春末黨衛隊組建及訓練了四個特別行動隊（德文為Einsatzgruppen）。這些行動隊的核心來自海德里希的安全警察（祕密國家警察及刑事警察）以及他的情報機關（保安局〔Security Service〕，簡稱SD）。其他人員則來自武裝黨衛隊（Waffen-SS，希姆萊的黨衛隊的軍事部門）的小隊。然而，除了這些以外，第九秩序警察營（Order Police Battalion 9）的三個連也被分配到四個特別行動隊中的三個。[1] 於是，分配到四個特別行動隊的總人數為三千

人，秩序警察成員約占了其中的五百名。

特別行動隊只是後來參與俄羅斯大規模政治及種族屠殺的德國部隊的一支尖銳前鋒。七月初，由來自總督府安全警察所組成的第五支專門設立的特別行動隊被派往俄國。這些人大多數成為永久性的安全警察部隊，駐紮在一九三九至一九四一年間波蘭東部的前蘇聯占領區，而最初的四個特別行動隊則跟隨著挺進的德國軍隊深入俄國。

為了占領俄國，希姆萊分別任命了北部、中部及南部地區的黨衛隊及警察高級領導人。這些人負責協調黨衛隊在俄國被占領區的所有行動。在一九四一年七月中那些德國人人歡欣的日子裡，當德國取得最初的巨大軍事成功，最終勝利似乎在望時，希特勒下令加強在前進的德國戰線後方的肅清餘敵計畫。七月十六日，他宣布德國將永遠不會從新贏得的東部土地上撤軍；相反，他會在那裡創造「一個伊甸園」，採取一切必要措施來實現這一目標。希特勒說，幸虧史達林下令採取游擊戰，因為「這使我們有機會可消滅任何對我們有敵意的人。當然，這片廣大的地區必須盡快平定；而槍殺任何敢斜視我們的人，就是實現這一目標的最佳方式」。[2]

希姆萊對他主子的這番勸勉毫不遲疑地做出了回應。他在一週內就增援中部及南部黨衛警高級領導馮・德姆・巴哈－澤列夫斯基（Erich von dem Bach-Zelewski）和傑克恩（Friedrich Jeckeln）每人一個黨衛隊旅，為黨衛隊的屠殺行動增加了一萬一千多名人力。[3]此外，俄羅斯的三位黨衛警高級領導也被分配到至少十一個警察營（其中九個為編號三〇〇字頭的警察營，因此是由最近的年輕志願者所組成）的人力，於是在已分配到特別行動隊的五百名秩序警察之外，又增加了五千五百名的秩序警察。[4] 七月下旬至八月中這段期間希姆萊巡視了東部前線，親自敦促他的手下執行俄羅斯猶太人的大規模屠殺行動。

但是秩序警察在七月下旬的這次大規模增援前就開始了他們在俄羅斯的謀殺生涯。執行地點是人口近半數為猶太人的比亞維斯托克（Białystok）。在德國入侵俄羅斯（被稱為「巴巴羅薩行動」〔Operation Barbarossa〕）的前夕，第三〇九警察營的魏斯少校（Major Weis）會見了他的連長們。就和所有其他進入俄國的德國軍警部隊一樣，他透露了幾項將被口頭傳達給所有人的命令。第一項命令是惡名昭彰的**政治委員命令**（commissar order／Kommissarbefehl），根據這項命令，所謂的政治委員，即軍隊及民政部門中涉嫌以無論任何方式反對德國的所有共產黨幹部，都將被剝奪戰俘地位並處決。[5] 第二項命令則是「巴巴羅薩命令」（Barbarossa decree），它將德國軍人對俄羅斯平民採取的行動從軍事法庭的管轄範圍中刪除，並明確批准針對整個村莊實施集體報復。[6] 這項命令事實上就是對俄國平民的「槍擊許可證」。魏斯少校接著更進一步。他說，這場戰爭是場針對猶太人及布爾什維克（Bolsheviks）的戰爭，他希望大家明白，警察營應該無情地打擊猶太人。在他看來，這些元首命令（Führer's orders）的意思是，不分年齡或性別，凡猶太人都要被消滅。[7]

六月二十七日，進入比亞維斯托克市後，魏斯少校命令他的警察營仔細搜查猶太人區並抓捕猶太人男性，但他沒有具體說明要如何處置他們。這件事顯然是要留給這些連長來採取主動，他們在入侵前的會議中就已經瞭解了他的思考方式。此一行動以一場屠殺的方式展開：這些警察將猶太人趕往市場或猶太會堂時，隨意對他們毆打、羞辱、焚燒鬍子及開槍。當幾個猶太領導人出現在弗魯格拜爾將軍（General Pflugbeil）的第二二一安全師（221st Security Division）總部，跪在他的腳前乞求軍隊的保護時，一個第三〇九警察營的成員拉開褲襟對著他們撒尿，而將軍卻轉身無視。

一開始的屠殺很快升級為一場更系統性的大規模屠殺。被集中在市場的猶太人被帶到一座公園，靠牆排成一排並遭到射殺。殺戮持續到夜幕降臨。在至少集中了七百名猶太人的猶太會堂，有人在入口處澆上汽油。一枚扔進這棟建築物的手榴彈引燃了熊熊大火。警察射殺了任何試圖逃跑的人。火勢延燒到猶太人藏身的鄰近房子，於是他們也被活活燒死。隔天，三十車的屍體被運到集體墳場。根據一項估計，有二千至二千二百名猶太人遭到殺害。當弗魯格拜爾將軍派一名信使向魏斯少校詢問關於火災一事時，發現少校喝醉了。他宣稱對正在發生的事一無所知。魏斯和他的官員隨後向弗魯格拜爾提交了一份虛假的事件報告。8

如果說六月二十七日在比亞維斯托克發生的第一起秩序警察屠殺猶太人事件是個別指揮官的

傑作，他正確地直覺到並預見了元首的意願，那麼七月中發生的第二起屠殺事件則涉及了黨衛隊最高層，即馮・德姆・巴哈—澤列夫斯基、達呂格以及希姆萊這三人清楚而系統性的煽動。第三○九警察營向東移動，第三一六和第三二二警察營則隨後進入比亞維斯托克。官方每日紀錄，或稱戰爭日誌（war diary／Kriegstagebuch），以及第三二二警察營的各種報告和命令，都是從蘇維埃檔案傳到西方的極少數倖存的秩序警察文件。這些文件讓我們得以追蹤發生在比亞維斯托克的後續事件。

第三二二警察營入侵前的準備顯然不像第三○九警察營那麼惡毒，但當然也少不了意識形態的勸勉。六月十日，雷茲拉夫少將（Major General Retzlaff）在華沙向該營發表了一場告別演講。他勸告說，每位成員都必須小心謹慎，「以主人的姿態出現在斯拉夫人面前，讓他們明白知道他是個德國人。」[9] 在七月二日赴俄國前，他們被告知任何「政治委員都要被槍斃」，他們必須「強硬、堅決、無情」。[10]

第三二二警察營在七月五日抵達比亞維斯托克，兩天後他們接獲命令，「徹底搜查整個城市……揪出布爾什維克政治委員和共產黨員。」隔天的戰爭日誌清楚表明了這句話的意思：「搜查猶太人區，」理由據稱是為了尋找猶太人在德國人抵達前掠奪走的物品。事實上，這些德國警察在搜查過程中帶走了二十車的戰利品。「這件事……幾乎完全只是猶太人的問題。」[11]

就在七月八日搜查的同一個下午，該營接待了突然到訪的黨衛隊全國領袖（Reichsführer-SS）兼德國警察總長希姆萊，以及秩序警察指揮官達呂格。營長納格爾少校（Major Nagel）受邀參加由中部黨衛警高級領導巴哈—澤列夫斯基在當晚為希姆萊舉行的晚宴。第二天早上，達呂格在希姆萊面前對於比亞維斯托克的警察營進行了檢閱，他在演講中強調，秩序警察「可以為參與擊敗布爾什維克主義這個世界敵人感到自豪。沒有任何其他運動的意義能與現在的這個相比。現在，為了德國，為了歐洲，是的，為了全世界的益處，布爾什維克主義終於將被摧毀」。[12]

二天後，即七月十一日，中央區警察團（Police Regiment Center，包括第三一六和三二二警察營）的蒙圖亞上校（Colonel Montua）發布了以下的命令：

機密！

一、據黨衛隊及警察高級領導令……所有年齡介於十七至四十五歲之間被判從事掠奪行為的猶太男性，一律根據戒嚴法執行槍斃。槍決地點將遠離城市、村莊及主要幹道。墳墓將被夷平以確保不會成為朝聖地點。我禁止在行刑現場拍照，不允許觀眾觀看。行刑及墳墓地點不可公布。

二、營長和連長尤其要為參與此一行動的人員提供精神方面的照顧。透過在晚間舉行康樂活動將當天的印象抹去。此外，也必須持續向這些人講解採取這些措施的政治必要性。[13]

戰爭日誌對於蒙圖亞處決命令後在比亞維斯托克發生的事異常沉默，但之後在德國進行的司法程序揭開了連串事件的經過。[14]當然，他們沒有根據戒嚴法對於被槍決的所謂掠奪者進行調查、審判及定罪。七月十二日那天，只要外貌像是年齡介於十七至四十五歲的猶太男性均遭到圍捕，並被帶到比亞維斯托克的體育場。當體育場快塞滿人時，巴哈—澤列夫斯基視察了現場，猶太人身上的貴重物品均被收繳。那天天氣非常炎熱，但在這過程中猶太人既沒有得到水喝，也不能去上廁所。

不是同日就是隔日早上開始，二個警察營的車輛調配場開出一輛輛卡車，開始將猶太人從體育場運送到城外一個森林地區的反坦克壕。第三一六營的大部分人和第三二二營的一個連守衛著這個槍擊地點，他們被編成了幾個行刑隊。巴哈—澤列夫斯基再次出現在現場，並發表了一篇義正嚴辭的演說。槍決一直持續到夜幕降臨，警察們接著試圖在卡車車頭燈的照明下繼續執行處決。當事實證明這樣做不太行得通時，他們中斷行動，第二天才完成。西德法庭做出結論，至少有三千名猶太人遭到槍決（但我們必須記住，為了司法上的方便，這類數字往往只是代表對受害者無爭議的最低估計數字，而不是最可能的數字，這樣才能避免這一議題引發司法爭議）。

一九四一年夏末及秋天，針對俄羅斯猶太人的屠殺行動加快了腳步，第三二二警察營的戰爭日誌顯示該營持續參與此一行動。七月二十三日，第三二二警察營與後方軍隊指揮官的正式從屬關係遭解除。「為執行該營的急迫任務，該營直接隸屬於黨衛警高級領導地區總隊長（Gruppenführer）馮・德姆・巴哈。」[15]八月間，第三二二警察營的三個連從比亞維斯托克移往明斯克（Minsk），李貝爾中尉（Lieutenant Riebel）的第三連因為沿路不斷處決猶太人而格外引人注目。八月二日，第三連在對比亞洛維耶札（Białowieża）周圍森林地區進行掃蕩，戰爭日誌隨後指出，「出發前，第三連必須執行猶太人清除行動（liquidation）。」[16]李貝爾接著報告到，「八月十日凌晨幾小時，第三連執行了對關押在比亞洛維耶札囚犯集中營的猶太人的清除行動。槍決七十七名年齡介於十六至四十五歲之間的猶太男性。執行是次行動的過程並未發生事故。沒有發生任何抵抗情況。」[17]這不是一次孤立的行動，因為李貝爾在五天後報告到，「一九四一年八月十五日，第三連執行了在納雷夫卡—瑪拉（Narevka-Mala）的猶太人行動。在此次行動中，二百五十九名婦女及一百六十二名兒童被轉移到科布林（Kobrin）。所有年齡介於十六至六十五歲男性均槍決。一九四一年八月十五日，共槍決一名從事掠奪行為的波蘭人及二百三十二名猶太人。猶太人處決行動在沒有發生事故的情況下順利執行。」[18]

八月下旬，第三二二營在明斯克，巴哈—澤列夫斯基及達呂格於八月二十九日在此會面。[19]

和早前在比亞維斯托克一樣，他們的會面是秩序警察參與另一場重大的猶太人大規模槍決行動的序曲。八月三十日，第三二二營營長納格爾少校受召前去，討論排定於八月三十一日及九月十一日執行的「一項基本的猶太人行動」。該營將提供二個連參與行動。[20]

八月三十一日，三二二警察營的第一和第三連（如今被稱為警察團中心第七及第九連）進入明斯克猶太人區，在這裡抓捕了約七百名猶太人，包括七十四名婦女。第二天，李貝爾的第九連參加了對九百多名猶太人的處決行動，前一天抓到的所有猶太人均在其列。針對這個大量槍決猶太婦女的首次行動，戰爭日誌的作者覺得有必要提供一個解釋。他說明，她們被槍決，「是因為在圍捕過程中遇到她們時，她們沒有配戴猶太星……在明斯克，人們也發現猶太婦女尤其會把這個標記從她們的衣服上去除。」[21]一直急於靠著他這一連的屍體數目來立功的李貝爾盡職地報告到，「在九月一日的猶太人行動中，八月三十一日抓捕的猶太人已經射殺。第九連射殺了二百九十名男性、四十名女性。處決行動進行得十分順利。沒有人反抗。」[22]

在十月初於莫吉廖夫（Mogilev）隨後展開的行動中，戰爭日誌作者已經不再覺得有必要解釋槍決猶太婦女的做法了。十月二日的戰爭日誌中紀錄到，「第九連。全連行動，自下午三點半起。在莫吉廖夫猶太人區，與俄羅斯中部黨衛隊及警察高級領導人之參謀人員與烏克蘭輔警（auxiliary police）共同執行猶太人行動：捕獲二千二百零八名猶太人男女，六十五人因企圖逃跑被當場射殺。」第二天的紀錄：「第七及第九連與俄羅斯中部黨衛隊及警察高級領導人之參謀人員共同執行——於莫吉廖夫城外距森林營地不遠處處決了二千二百零八名猶太人男女（第七連槍決三百七十八人、第九連槍決五百四十五人）。」[23]

警察營參與俄國中部地區行動並不是例外。僅存的少數文件表明，在南部和北部地區都有類似的參與。俄羅斯南部黨衛警高級領導人耶克恩共負責指揮五個警察營（除了由第四十五、三〇三和三一四營組成的南部警察團之外，還有第三〇四和三二〇營，均由最近加入的年輕志願者組成，只有一個營例外），他在其晦澀難懂的每日報告中謹慎地在適當處給予應得讚揚。以下這些文字來自對這些報告的一份不完整整理。[24]

八月十九日：第三一四營射殺二十五名猶太人；第四十五營在斯拉武塔（Slavuta）射殺五百二十二名猶太人。

八月二十二日：第四十五營在兩次行動中分別射殺六十六名及四百七十一名猶太人。

八月二十三日：第三一四營在一次「淨化行動」（cleansing action）射殺三百六十七名猶太人。

八月二十四日：第三一四營射殺二百九十四名猶太人、第四十五營射殺六十一名猶太人，「騎警中隊」（police squdron，騎馬的警察）則射殺一百一十三名猶太人。

八月二十五日：南部警察團射殺一千三百二十四名猶太人。

八月二十七日：根據二份報告中的第一份，南部警察團射殺五百十九名猶太人，第三一四營射殺六十九名猶太人。第二份報導則認為南部警察團射殺九百一十四名猶太人。

八月二十八日：南部警察團射殺三百六十九名猶太人。

八月二十九日：第三二〇營提供「封鎖線」，而黨衛警高級領導的參謀連則在八月二十六至二十七日於卡緬涅茨—波多爾斯基（Kamenets Podolsky）射殺一萬五千名猶太人，八月二十八日又射殺七千名猶太人。

八月三十一日：第三二〇營在明科夫齊（Minkovtsy）射殺二千二百名猶太人。

九月一日：南部警察團射殺八十八名猶太人；第三二〇營射殺三百八十名。

九月二日：南部警察團射殺四十五名猶太人。

九月四日：南部警察團射殺四千一百四十四名猶太人。

九月六日：南部警察團射殺一百四十四名猶太人。

九月十一日：南部警察團射殺一千五百四十八名猶太人。

九月十二日：南部警察團射殺一千兩百五十五名猶太人。

十月五日：第三〇四警察營射殺三百零五名猶太人。

戰後，西德的法庭審訊從這些為數不多的文件出發，揭露了關於一九四一年秋天第四十五及三一四警察營在蘇聯境內各地的殺戮情形。第四十五警察營在七月二十四日抵達烏克蘭的謝佩托夫卡（Shepetovka）鎮，該營指揮官貝瑟少校（Major Besser）被南方警察團團長弗朗茲上校（Colonel Franz）召見。弗朗茲告訴貝瑟，希姆萊下令消滅俄羅斯境內猶太人，而他的第四十五警察營將參與這項任務。在幾日內，第四十五警察營就屠殺了謝佩托夫卡鎮剩下的數百名猶太人，包括婦女和兒童在內。隨後在八月分，烏克蘭各鄉鎮發生了遇害人數為三位數的屠殺事件。九月，該營為別爾季切夫（Berdichev）及文尼察（Vinnitsa）的數千猶太人處決行動提供了封鎖線、護衛及槍手。該營的殘忍暴行在九月二十九日及三十日於基輔達到了高潮，這些警察再次提供封鎖線包圍、護衛及槍手，在娘子谷（ravine of Babi Yar）屠殺了三萬三千名猶太人。直到一九四一年底，該營均持續執行規模較小的處決行動（霍羅爾〔Khorol〕、克雷門舒格〔Krementshug〕、波爾塔瓦〔Poltava〕）。[25]從七月二十二日起，第三一四警察營也開始執行相對小規模的三位數屠殺行動。接著，它加入第四十五警察營的行列，在一九四一年九月於文尼察處決了數千名猶太人，在十月十日至十四日於聶伯城（Dnepropetrovsk）槍決了七、八千名猶太人。調查中揭露的最後一次槍決行動發生在一九四二年一月下旬的哈爾科夫（Kharkov）。[26]

來自南俄羅斯的這份文件雖然對各警察營廣泛持續地參與針對猶太人的大規模槍決行動做了

粗略的概述，但是缺乏細節；而關於北俄羅斯的文件卻恰恰相反。我們沒有這裡情形的概述，但我們的確有針對第十一警察營執行的一項行動的異常生動描繪；第十一警察營自一九四一年七月初即駐紮於科夫諾（Kovno）地區，它的第三連負責守衛科夫諾的猶太人區。[27] 十月中時，該營營長被派往明斯克，一起出發的還有第十一營的二個連，以及立陶宛輔警的二個連。第七〇七安全師的作戰官向這些警察下達了他們第一項任務（他們後來聲稱這是僅有的二次這類行動中的第一次）：處決明斯克東部斯莫列維奇（Smolevichi）村中的全部猶太人，聲稱這樣做是為了威懾及警告平民，不要幫助游擊隊。該營營長宣稱他曾提出抗議，但行動長官及師長只告訴他，德國警察可以提供封鎖線包圍，槍決的工作交給立陶宛人。屠殺斯莫列維奇村猶太人的任務按照命令執行了。

十月下旬，軍隊命令這二個秩序警察連和他們的立陶宛輔警清除明斯克南部斯盧茨克（Slutsk）鎮的所有猶太人，這是個約有一萬二千個居民、三分之一為猶太人的城鎮。這項措施再次被解釋成是為了保護德國軍隊的一項威懾措施。十月二十七日在斯盧茨克發生的事是那裡的德國民政部門負責人向他在明斯克的長官威廉・庫貝（Wilhelm Kube）報告的主題。

一九四一年十月三十日，斯盧茨克

斯盧茨克地區代表
致：明斯克總代表
主題：猶太人行動

關於我在一九四一年十月二十七日的電話報告，我以書面形式向您提交以下內容：

十月二十七日清晨約八點鐘，來自科夫諾（立陶宛）第十一警察營的一名中尉（first lieutenant）出現。他自我介紹他是安全（原文如此）警察營長的副官。這名中尉聲稱該警察營已被指派一項任務，須在二天內清除斯盧茨克城中所有猶太人。營長正率領一支由四個連組成的部隊趕來，其中二個連為立陶宛輔警，行動必須立刻展開。我隨即回答這名中尉，無論如何我必須先和這名指揮官討論此次行動。大約半小時後，該警察營抵達斯盧茨克。如我所要求，我和這名營長在他抵達後立即展開了討論。我首先向這名營長解釋，如果沒有事先準備，幾乎不可能執行這次的行動，因為所有人（猶太人）都被派去工作了，而且可能出現可怕的混亂場面。至少他也有義務提前一天通知。我於是要求他將行動延後一天。但他拒絕了，他說他必須在周圍城市展開行動，斯盧茨克只有二天的時間。在二天的時間結束時，斯盧茨克必須完全沒有猶太人。我立即對此提出了最強烈的抗議，我強調清除猶太人不能一意孤行。仍在該城的猶太人大部分是工匠及其家人。我們不能沒有這些猶太工匠，因為他們對維持經濟運作不可或缺。我還指出一個事實，白俄工匠可以說幾乎不存在，如果所有猶太人都被清除，那麼所有重要的企業都將瞬間癱瘓。在討論進入尾聲時我提到，由於工匠和專業人士是不可或缺的，他們手上都有身分證明，這些猶太人不能從作坊中被帶走。我們還進一步同意，所有仍在城裡的猶太人，尤其是這些工匠的家人，他們也是我不希望清除的對象，應該先帶到猶太人區進行分類。我的二名官員將被授權執行分類工作。這名營長完全沒有反對我的立場，因此我真心地相信行動將按照我們的討論結果進行。

行動開始幾小時後，最大的困難已經顯現了。我發現這名營長完全沒有遵守我們的安排。與協議相反，所有猶太人都從工廠和作坊中被帶走並送到其他地方。一部分的猶太人無論如何還是被帶到了猶太人區，我在那裡搶下一些人，將他們挑了出來，但大部分的人都被直接裝上卡車，沒有任何耽擱地在城外被清除了。中午過後不久，四面八方已經怨聲載道，因為所有猶太工匠都被抓走了，作坊裡的作業只能停擺。由於這名營長已經驅車繼續前往巴拉諾維奇（Baranovichi），經過長時間的尋找後，我聯繫上副營長，一名上尉，我要求立即停止行動，因為行動沒有按照我的指示進行，已經造成的經濟損失可能無法彌補。這名上尉對我的看法大感驚訝，並解釋說，他收到營長的指示是清除這個城裡的猶太人，沒有例外，就像他們在其他城市裡做的那樣。這場淨化行動執行的必要性來自於政治因素，截至目前為止，經濟因素都不曾在任何地方發揮作用。但在我的大力干預下，他還是在接近傍晚時停止了這場行動。我必須至為遺憾地強調，與這場行動有關的還有一點，那就是它近乎虐待狂的性質。在這次行動中，這座城市上演了一幅恐怖的畫面。德國警察，以及尤其是立陶宛人，以難以形容的殘暴手段將猶太人及白俄人從他們的住所拖出來並趕在一起。城裡到處都是槍聲，在個別街道上，遭槍決的猶太人屍體堆積如山。白俄人最難在圍捕行動中置身事外。除了白俄人眼睜睜看著猶太人（其中也有工匠）遭受到極其野蠻的殘暴對待之外，白俄人也同樣遭到警棍和棍棒的毆打。人們再也不能說這是場針對猶太人的行動了，它看起來更像是一場革命。為了盡可能救出還能救的人，我和我所有的官員整天都在這種情況下忙碌，沒有休息過。我不得不一再拔出左輪手槍，才能將德國警官和立陶宛人趕出作坊。我自己的憲兵也接到了同樣的任務，但因為瘋狂射擊的關係，他們常不得不離開街道，以免自己被射中。整個場面簡直慘不忍睹。下午時，許多沒有駕駛的馬車停在街道上，因此我不得不立即指派民政部門來處理這些馬車。事後發現，原來這些馬車是猶太人的馬車，被軍隊指派去運送彈藥。他們只是將猶太人從馬車上拉下來帶走，沒有人去管這些馬車。

我沒有在城外的槍決現場。因此我無法評論其殘暴性。但我只需要強調一件事就夠了：一些被槍擊的人在被扔進墳墓裡很久之後又設法爬了出來。在經濟損失方面，我注意到製革廠受到了最為嚴重的打擊。二十六名專家在這裡工作。但一下子他們之中最優秀的十五名好手就被槍決了。另外四個人在行駛途中跳下馬車逃走，七個人為了避免被抓而逃亡。有五個人在輪匠店工作，其中四個人遭到槍決，這家店現在必須在只有一個輪匠的情形下經營下去。還有其他的工匠失蹤，如櫥櫃匠和鐵匠等。到目前為止我還無法得到一個準確的概況。正如我一開始已經提到的，應該放過這些工匠的家人才對。但今天看來，幾乎每個家庭都有一些人失蹤了。我從四面八方傳來的報告可以得出一個結論，有一些這樣的家庭失蹤的是工匠本人，另一些家庭失蹤的是妻子，還有一些家庭失蹤的則是孩子。因此，幾乎所有的家庭都四分五裂了。在這樣的情況下，剩下的工匠是否還能維持工作熱情並持續進行生產，這點必然是值得懷疑的，何況由於這場殘暴的行動，他們現在還頂著一張張被揍得血肉模糊的臉走來走去。曾對我們全心信任的白俄人驚愕地呆立在那裡。雖然他們被嚇壞了，不敢自由地發表意見，但人們仍聽到有人說這一天對德國絕不是光榮的一頁，人們將永遠不會忘記這一天。我認為因為這次的行動，我們在過去這幾個月得到的成果已經幾乎被摧毀殆盡，需要很長一段時間才能再次贏得民眾的信任。

最後結尾，我不得不說的是，警察營在整個行動期間明目張膽地掠奪財物，而且他們不只在猶太人的房子裡這麼做，在白俄人的房子裡也是一樣。他們帶走了任何有用的東西，如靴子、皮革、布料、黃金，以及其他貴重物品。根據軍方成員的描述，他們公然在大街上從猶太人的手臂上扯下手錶，用最殘暴的方式從手指上拔下戒指。一名資深出納報告，警察命令一名猶太女孩立刻去取來五千盧比，然後才會釋放她的父親。據說這名女孩為了湊到這筆錢而東奔西跑。同樣也是在猶太人區裡，民政部門用釘子釘死，連猶太人財產的個別營房也被警察破門而入行搶。甚至在該部隊駐紮的營房裡，窗框和門也被拆下來升營火。即使我在星期二早上跟營長的副官就掠奪問題進行過一番談話，他在談話過程中向我保證此後不會再有警察進城，但幾個小時後我還是再次被迫逮捕了二名全副武裝的立陶宛人，因為他們在搶劫時被人抓住。在週二至週三的晚上，該營離開城市向巴拉諾維奇的方向前進了。當這消息傳遍全城時，民眾顯然都很高興。

我的報告到此為止。我將在不久的將來前往明斯克，以便再次以口頭方式討論此事。此時的我是無法繼續執行猶太人行動了。當務之急是恢復和平。我希望能夠盡快恢復和平，儘管我們在重振經濟方面遇到了困難。我現在只有一個請求：「以後別再讓我看到這個警察營。」

（簽名）卡爾（Carl）28

雖然這份警察營參與俄國猶太人大規模屠殺的文件並不大，但確實足以反駁（不只是合理懷疑）秩序警察領導階層於戰後提出的主要不在場證明，即達呂格已經和希姆萊達成協議，秩序警察協助安全警察，提供警衛執勤以及除射擊之外的任何服務，但禁止自己擔任劊子手。這一不在場證明類似武裝黨衛隊在戰後的說法，即他們和其他人一樣是士兵，沒有參與其他黨衛隊成員以意識形態為基礎的行動計畫；在對第十一警察營的審判中，他們在至少一個德國法庭上成功提出這個不在場證明作為申辯理由。被告說服了法庭，在明斯克地區的軍隊命令下他們只執行了兩次處決，在這之後他們就成功援引達呂格的協議來確保他們被召回科夫諾。[29]

正如這份文件所顯示，一九四一年的夏秋，秩序警察直接參與大規模處決俄羅斯猶太人的情形十分普遍，事件發生在北部、中部和南部黨衛警高級領導的管轄範圍，以及比亞維斯托克。除此之外，七月中旬在比亞維斯托克的屠殺直接發生在達呂格及希姆萊與巴哈—澤列夫斯基在在此會面後，而九月一日的明斯克大屠殺則是在達呂格與巴哈—澤列夫斯基拜會該城後立即發生。顯而易見，達呂格並不是在禁止，反而是在煽動秩序警察參與大規模屠殺。一九四一年秋天之後秩序警察參與俄國大規模槍決行動的紀錄不多，極可能頻率也下降很多。主要的例外是一九四二年秋天，秩序警察廣泛參與了在平斯克（Pinsk）地區的猶太人槍決行動。[30]在一九四一至一九四二年冬天的軍事危機中，許多警察連被推上了前線。其他單位則不得不面對日益增加的游擊隊抵抗行動。此外，一九四二年時，從當地人口中招募加入秩序警察下屬輔警單位的人數增加了近十倍，從三萬三千人增加至三十萬人。[31]有一種持續的趨勢是將實際槍決工作指派給這些單位，以便將德國警察的心理負擔轉嫁到他們的合作者身上。這一心理負擔十分嚴重，甚至巴哈—澤列夫斯基自己也不能倖免。一九四二年春天，希姆萊的黨衛隊醫師向希姆萊報告導致巴哈—澤列夫斯基失能的疾病時指出，這位黨衛隊領導人「尤其受到與他自己領導的猶太人射殺行動有關的幻覺，以及在東方的其他艱難經驗所苦」。[32]

4 秩序警察及最終解決方案：驅逐猶太人

一九四一年秋天，正當秩序警察在俄國猶太人屠殺中扮演的角色逐漸退場時，達呂格接下了一個重要的新任務，為最終解決方案做出了貢獻，那就是為開向「東方」的驅逐列車執行警衛工作。一九四一年九月下旬，希特勒批准開始驅逐第三帝國的猶太人，負責組織這項任務的是海德里希，通過他在柏林的猶太人專家艾希曼（Adolf Eichmann）以及德國各地的地區安全警察辦公室進行。[1] 地方層級唯一的例外是維也納和布拉格，這二個地方的驅逐行動是由猶太移民中央機構處理，這是艾希曼在戰前創建的機構，工作人員皆是由他親自挑選。海德里希幾乎立刻就和達呂格針對勞務分工達成了共識。達呂格的秩序警察將為海德里希的安全警察組織的運輸任務執行警衛工作。在每一波驅逐行動前，當地的秩序警察都接獲指示，必須滿足安全警察對已商定的運輸警衛工作的要求。一般情況下，秩序警察為每次的運輸提供一名軍官及十五名士兵。[2]

這些行動的規模有多大？在一九四一年秋至一九四五年春的這段期間，超過二百六十列驅逐列車將德國、奧地利和捷克猶太人直接送到「東方」（即波蘭和俄羅斯）的猶太人區和死亡集中營，或是捷克北部的特萊希恩施塔特（Theresienstadt）猶太人中轉區，再從這裡送往「東方」。[3]至少有一百四十七列列車來自匈牙利、八十七列來自荷蘭、七十六列來自法國、六十三列來自斯洛伐克、二十七列來自比利時、二十三列來自希臘、十一列來自義大利、七列來自保加利亞，以及六列來自克羅埃西亞（也就是說，還有來自西歐及南歐的近四百五十列列車）在旅途中的某個地點被德國警衛接管。[4]甚至沒有人估計過從波蘭各城市開往附近死亡集中營的猶太人驅逐列車的數量，但顯然有好幾百輛之多。幾乎所有這些列車都由秩序警察執行警衛工作。

從秩序警察的經驗來看，這意味著什麼？保羅・薩利特（Paul Salitter）曾為一九四一年十二月十一日從杜塞道夫（Düsseldorf）駛往里加（Riga）的一列驅逐列車執行警衛工作，他對此而做的一份生動報告已經以英文及德文出版。[5]另外二份報告（關於從維也納駛往索比堡〔Sobibór〕，以及從加利西亞〔Galicia〕的科羅梅亞〔Kolomyja〕駛往貝烏熱茨〔Bełżec〕的驅逐列車）也值得注意，它們可幫助我們瞭解在戰爭期間，眾多秩序警察單位所執行的一千多次警衛工作。首先是維也納運輸列車。

第152d警分局

一九四二年六月二十日，維也納

經驗報告

主題：猶太人運輸之運輸分遣隊，一九四二年六月十四日，維也納—阿斯潘火車站至索比堡

運輸分遣隊由擔任隊長的後備中尉費許曼（Fischmann）、二名中士及十三名東部第一後備警察連的後備警察組成。根據黨衛隊高級突擊隊領袖布魯納（Hauptsturmführer Brunner）先前的電話要求，運輸突擊隊的任務在一九四二年六月十四日早上十一時於阿斯潘火車站展開。

一、猶太人的裝載

在黨衛隊高級突擊隊領袖布魯納以及猶太中央機構之黨衛隊高級突擊隊領袖吉茲克（Girzik）的指示及督導下，於中午開始將猶太人裝載於阿斯潘火車站等候的專門列車，過程順利進行。運輸分遣隊之警衛工作於此時展開。共一千名猶太人被驅除。所列猶太人之轉移於下午四點進行。由於車廂短缺，運輸分遣隊須使用三等車而非二等車。

二、維也納至索比堡的旅程

編號Da 38列車於一九四二年六月十四日晚間七點零八分自維也納發車，前往索比堡，而非按原定行程前往伊茲比卡（Izbica），途中行經隆登堡（Lundenburg，即布列茨拉爾〔Břeclar〕）、布爾恩（Brünn，即布爾諾〔Brno〕）、奈斯（Neisse，即尼薩〔Nyse〕）、奧本（Oppeln，即奧波列〔Opole〕）、琴斯托霍瓦（Częstochowa）、凱爾策（Kielce）、拉多姆、登布林（Dęblin）、盧布林、海烏姆（Chelm）。一九四二年六月十七日上午八點零五分抵達索比堡。六月十六日晚間九點抵達盧布林時，黨衛隊上級突擊隊領袖波爾（SS-Obersturmführer Pohl）於車站等候列車，他命人從列車上帶走五十一名年齡介於十五至五十歲間有工作能力的猶太人，並帶到一個勞動營。與此同時，他下令將剩餘的九百四十九名猶太人帶到索比堡的勞動營。二份名單、三車行李（包含食物）以及十萬茲羅提（zlytys，譯按：波蘭官方貨幣）均移交給在盧布林的黨衛隊上級突擊隊領袖波爾。晚間十一點，列車從盧布林開往索比堡。三輛行李車及食物則在盧布林外約三十公里遠的特拉夫尼基（Trawniki）猶太人集中營移交給黨衛隊小隊領袖邁爾霍弗爾（SS-Scharführer Mayerhofer）。

三、在索比堡交付猶太人

六月十七日上午八點十五分，列車駛入索比堡車站旁的勞動營，營指揮官斯騰格中尉（First Lieutenant Stangl）在此接收了九百四十九名猶太人。列車即刻開始卸貨，並於上午九點十五分完成。

四、索比堡到維也納的旅程

完成猶太人卸貨工作後，特別列車立即於上午十點展開從索比堡到盧布林的回程，並於六月十八日凌晨兩點三十分抵達盧布林。本列車並未支付任何差旅費用。六月十八日上午八點十三分從盧布林搭乘定期快車繼續前往克拉科夫，並於當天下午五點三十分抵達克拉科夫。在克拉科夫，我們安排與後備警察營第三連同住。六月十九日該連向運輸分遣隊十六名成員每人發放一日口糧。六月十九日晚間八點零八分從克拉科夫乘坐定期快車繼續返回的行程，並於六月二十日上午六點三十分抵達維也納東火車站。

五、運輸分遣隊在克拉科夫的停留

運輸分遣隊在克拉科夫的停留時間為二十六小時半。

六、跨越邊界

六月十五日凌晨一點四十五分，特別列車於去程中跨越帝國及總督府之間邊界，六月回程二十日凌晨十二點十五分定期快車於回程中跨越邊界。

七、補給

運輸分遣隊成員得到四天分的冷口糧，內容物有香腸、麵包、果醬和奶油，但分量還是不夠。在克拉科夫，第七十四後備營第三連的日常口糧很好，分量也很充足。

八、建議

未來有必要為運輸分遣擊隊成員提供行軍口糧，因為在夏季的月分，冷口糧無法保存。六月十五日發放口糧時，香腸(是軟式香腸)已經被打開並切好，因為有變質的危險，所以不得不於第三天前食用完畢。到了第四天時，成員們只好以果醬果腹，因為奶油也因車廂內的高溫而腐敗了。口糧分量也相當少。

九、事故

無論去程、在火車站停留期間或回程，均未有任何事故發生。

（簽名）費許曼

治安警察分局中尉（Precinct Lieutenant of the Schutzpolizei）[6]

這次驅逐的大部分是毫無戒心的維也納猶太人，其中主要是老人或婦女（或二者皆是），過程中幾乎沒有事故發生，這也讓費許曼中尉可以只關注三等車廂而不是二等車廂的艱苦條件、口糧不足，以及讓他的奶油腐敗的夏季高溫。當然了，對於這些被囚禁在密閉運牲畜車廂中的猶太人是如何熬過了沒有食物或飲水的六十一小時旅程，他隻字不提。但費許曼十分清楚，當他將九百四十九名猶太人交付給所謂的索比堡勞動營時，這些被挑出來從事勞役的猶太人是沒有行李和食物隨行的。索比堡的毒氣室位於森林深處，無法從卸貨坡道上看到。但和大多數秩序警察的否認態度相反，費許曼和他的分遣隊顯然進入勞動營並觀看了整個卸貨過程。

為從加利西亞的科羅梅亞出發的這班驅逐列車擔任警衛工作的秩序警察發現，相較於從維也納出發的那班沒有意外發生的列車，這次的經驗要艱難得多。事實上，在加利西亞，猶太人在一九四一年的夏季和秋季遭受了露天屠殺、在一九四二年春天又遭到了第一波的驅逐，對許多受害者而言，一九四二年八月恢復的驅逐行動顯然不再意味著未知的命運了。一九四二年九月中旬，第二十四警察團第一三三後備警察營的一名秩序警察上尉報告了他在為期一週的驅逐行動中的經驗。

七、第二十四警察團

蘭貝格（Lemberg，即利沃夫〔Lwów〕），一九四二年九月十四日

此致：加利西亞蘭貝格區秩序警察指揮官

主題：猶太人安置（resettlement）

九月四日及五日，於斯科列（Skole）、斯特雷（Stryj）及霍多羅夫（Khodorov）的猶太人安置行動執行完畢，克勒佩林（Kröpelin）治安警察上尉負責指揮與該行動相關之秩序警察並報告詳情，行動結束後，第二十四警察團第七連於九月六日傍晚奉命抵達科羅梅亞。我立即聯絡刑事督察（Kriminal Kommissar）兼黨衛隊級突擊隊領袖列特馬里茲（Leitmaritz），他是科羅梅亞安全警察分部領導人，以及科羅梅亞安全警察局的赫爾特中尉（First Lieutenant Hertel）。與在斯特雷的經驗相反，計畫於九月七日於科羅梅亞展開的這次行動經過充分準備，對於參與行動的所有單位而言都相當容易。上述機構及勞工局（Labor Office）已通知猶太人九月七日上午五點三十分在勞工局的集合點集合進行登記。約五千三百名猶太人於約定時間聚集於

該地。我動員連上所有人力封鎖猶太人區並進行徹底搜查，又搜出另外約六百名猶太人。運輸列車的裝載工作約於晚間七點完成。在秩序警察從被圍捕的人中釋放了大約一千人後，總共有四千七百六十九名猶太人接受安置。運輸列車每一車廂裝載一百名猶太人。持續高溫令整個行動變得十分困難，並大大阻礙了運輸行動。照規定釘牢並密封所有車廂之後，運輸列車在一名軍官及九名士兵的護衛下，於晚間九點左右啟程前往貝烏熱茨。隨著夜幕降臨，許多猶太人拆除鐵絲網並通過狹窄的風孔逃跑。雖然警衛隊可以立即射殺許多脫逃者，但大多數逃跑的猶太人是在當天晚上或隔天被鐵路警衛隊或其他警察單位消滅。運輸列車在貝烏熱茨進行交付，沒有值得注意的事故發生，然而，來自第二十四警察團第六連的運輸隊指揮官立即返回史坦尼斯瓦夫（Stanisławów），並於九月十一日時親自向我報告，考慮到列車的長度及黑夜的因素，警衛隊已被證明太弱。

九月八日，約三百名年邁力衰、體弱多病及無法再運輸的猶太人遭處決。按照九月四日關於彈藥使用的命令（我在九月六日首次獲悉），其中九〇%的人以卡賓槍及步槍槍決，只有在例外情況才使用手槍。

九月八日及十日，在庫提（Kuty）、科索夫（Kosov）、霍洛登卡（Horodenka）、札普拉夫（Zaplatov）及斯尼亞滕（Śniatyń）展開行動。約一千五百名猶太人被迫從庫提或科索夫徒步行軍五十或三十五公里抵達科羅梅亞，他們在科羅梅亞與來自其他地區的猶太人集中在一起，並在安全警察監獄的院子中度過了一夜。除了在霍洛登卡及斯尼亞滕遭圍捕的猶太人在每個地方均被安全警察裝載進的十節車廂之外，在科羅梅亞又裝載了另外三十節車廂的猶太人。在九月十日的安置列車上，被送往貝烏熱茨的猶太人總數為八千二百零五人。

在九月八日及十日於科羅梅亞周遭地區的各行動中，約有四百名猶太人因眾所周知的原因遭槍殺。在到九月十日之前為安置猶太人而在科羅梅亞進行的大圍捕行動中，安全警察不顧我的反對將所有猶太人裝載進可用的三十節車廂中。由於連日來的高溫，以及猶太人因長途行軍或多日等待卻幾無補給所承受的壓力，將大多數車廂超載裝進一百八十名至二百名猶太人的做法對於運輸行動產生了巨大的不利影響。

關於安全警察在霍洛登卡及斯尼亞滕亞裝載猶太人的那十節車廂，每節的裝載密度如何我不得而知。但無論如何，抵達科羅梅亞的這兩班運輸列車，警衛措施均完全不足，導致封閉風孔的鐵絲網幾乎被全部拆除。我盡快讓這班列車離開科羅梅亞火車站，與停放在遠離車站的一側軌道上的三十節車廂裝掛在一起。我們僱用來自科羅梅亞的猶太人區警（Ordnungsdienst）及火車站工班成員，要求他們按照一般規定方式將所有未充分密封的車廂封閉起來，直到天黑為止。在季茲曼上尉（Captain Zitzmann）的領導下，一支由一名軍官、十五名士兵組成的分遣隊被指派在出發前擔任這輛停靠的五十節安置列車的警衛工作，以防止任何人企圖逃跑。晚間七點半左右，天色已經全黑，由於所述的猶太人承受壓力、高溫的負面影響以及大部分車廂過度超載的原因，猶太人一次又一次地企圖逃出停靠列車的車廂。晚間七點五十分時，安置列車警衛分遣隊的九名人員在耶克萊因下士（Corporal Jäcklein）的率領下抵達側邊軌道。由於天色黑暗，人員無法阻止猶太人從停靠列車中脫逃，也無法射殺迅速逃跑的猶太人。天氣炎熱的關係，所有車廂中的猶太人都已經把衣服全脫了。

當列車於晚間八點五十分離開科羅梅亞時，警衛隊各就崗位。按照我最初的吩咐，警衛分遣隊分成五人、五人一組，一組待在前面的客車車廂，一組待在列車最後一節的客車車廂。考慮到列車長度及其乘載的猶太人總數高達八千兩百零五人，這樣的分配事實上是不恰當的。在整個旅程中，這些警察都必須留在最後一節車廂上，以便對付企圖逃跑的猶太人。旅程開始不久後，猶太人就企圖衝破車廂側面，甚至是穿過某些車廂的天花板逃跑。他們的計畫在抵達史坦尼斯瓦夫前的五個車站取得了部分成功，耶克萊因下士不得不透過電話要求史坦尼斯瓦夫的站長鋪設釘子及木板，以便按照命令封住受損車廂，他並要求車站警衛人員監視整輛列車。當列車駛入史坦尼斯瓦夫時，火車站工人及警衛人員均在場執行必要的修復工作，同時接手列車的警衛工作。

這項工作持續了一個半小時。當列車繼續上路時，人們在幾個車站後的下一個停靠站發現，猶太人又再度在一些車廂中弄出大洞，並拆除了固定在通風窗戶外的大部分鐵絲網。猶太人在其中的一節車廂甚至用錘子及鋸子進行破壞。經過審訊後，他們說是安全警察將這些工具留給了他們，因為這些工具可以在他們的下一個工作地派上用場。耶克萊因下士讓這些猶太人交出了工具。在接下來的旅程中，我們在每個停靠站都需要人幫助用釘子將列車封住，否則根本不可能繼續剩下的行程。上午十一點十五分，列車抵達蘭貝格。由於護衛分遣隊的接替人員沒到，耶克萊因的護衛分遣隊不得不繼續執行列車警衛工作，直到抵達貝烏熱茨。在蘭貝格車站短暫停留後，列車繼續開往郊區的克拉波洛夫（Klaporov）車站，在克拉波洛夫車站，九節被標上「L」字母、目的地為勞動營的車廂移交給黨衛隊上級突擊隊領袖舒爾茲（Schulze），便進行卸載。隨後，黨衛隊上級突擊隊領袖舒爾茲將另外約一千名猶太人裝載上車廂。運輸列車約於下午一點半出發前往貝烏熱茨。

由於列車在蘭貝格更換機車頭，新接上的機車頭十分老舊，導致列車必須在不斷中斷的情形下才能繼續行駛。因為從緩慢行駛的列車上跳下幾乎不會讓他們受傷，最強壯的猶太人便一次次地利用這趟緩慢的旅程從他們強行打開的洞中逃脫，以尋求自己的安全。儘管一再要求火車駕駛開快一點，但這根本不可能辦到，列車在空曠地帶頻繁停靠，情形愈來愈令人不快。

才過蘭貝格不久，分遣隊就已經射光了他們攜帶的所有彈藥，就連他們從軍隊士兵那裡得到的另外二百發子彈也用光了，於是，在接下來的旅程中他們不得不在列車行駛時使用石頭，在列車停靠時使用刺刀。

由於高溫、車廂過度超載，以及死者屍體發出的惡臭（人們在車廂卸載時發現約二千名猶太人死於列車上），猶太人之間蔓延的恐慌也愈益高漲，使得運輸行動幾乎無法進行。運輸列車於晚間六點四十五分時抵達貝烏熱茨，並在晚間七點三十分左右由耶克萊因下士移交給貝烏熱茨的黨衛隊上級突擊隊領袖兼集中營負責人。直到運輸列車在晚間十點左右進行卸載為止，耶克萊因下士都不得不待在該營，而護衛分遣隊則被用來守衛停放在集中營外的車廂。

由於所述的特殊情況，無法具體說明從這次運輸行動中脫逃的猶太人數目。然而，可以推測，至少三分之二脫逃的猶太人被槍殺或以某種其他方式使其不具傷害力。在一九四二年九月七日至十日期間的行動中並未發生特殊事故。安全警察及秩序警察單位合作良好，沒有發生摩擦。

（簽名）魏斯特曼（Westermann）
治安警察後備中尉及連長

這份文件證明了許多事：被驅逐的猶太人絕望地企圖逃離這輛死亡列車；德國人僱用的人力稀少（僅派十個人看守八千多名猶太人）；難以想像的可怕處境——被迫長途行軍、酷熱、一連數日沒有食物及飲水、每列車廂擠進二百名猶太人等——導致整整二五％的被驅逐猶太人因窒息、熱衰竭及精疲力盡而死於列車上（更不用提那些死於槍擊的猶太人，持續槍擊甚至讓警衛耗盡了他們所有的彈藥供應和補給）；以及執筆者不經意提及的，每次執行行動時，都有數百名猶太人因被判定太老、太弱或生病無法上火車，而在驅逐前遭射殺。除此之外，這份文件也明確顯示，在一九四二年夏末的這段期間，第一三三後備警察營成員與安全警察在加利西亞共同執行了多次行動，這次的行動只是其中之一。

然而，針對我們想要瞭解的最終解決方案中的「基層」加害者，這類文件無法告訴我們很多訊息。這些人並不是坐辦公桌的殺人者，可以躲在距離、例行公事以及掩蓋大規模屠殺現實的官僚式委婉說詞後面。這些人面對面地看見了他們的受害者。他們的同袍已經射殺了所有被判定為太過虛弱而無法驅逐的猶太人，而他們隨後則為了防止受害者逃離這列火車並從而逃離在貝烏熱茨等待著他們的毒氣室，凶惡地連續工作了好幾小時。參與這份報告中所描述的這些事件的人，沒有人可以對他所參與的工作有絲毫懷疑，即他參與的是一項旨在消滅加利西亞猶太人的大規模屠殺計畫。

但這些人最初是如何變成大規模屠殺凶手的？他們第一次大開殺戒時，單位裡面發生了什麼事？如果他們有過選擇，那些選擇是什麼，他們又是如何回應的？在週復一週、月復一月的殺戮行動中，這些人發生了什麼？和這份有關科羅梅亞運輸行動的文件類似的材料為我們提供了一幅關於單一事件的生動快照，但它們並未透露一群正常的中年德國男子成為大規模屠殺凶手的個人動態歷程。為此，我們必須回到第一〇一後備警察營的故事。

5 第一〇一後備警察營

當一九三九年九月德國入侵波蘭時，駐紮於漢堡的第一〇一後備警察營是最初隸屬於一支德國集團軍並被派往波蘭的警察營之一。該營從西里西亞（Silesia）的奧本越過邊境，行經琴斯托霍瓦後抵達波蘭城市凱爾策。它在那裡參與了在德軍戰線後方圍捕波蘭士兵及收繳軍事裝備的行動，並負責看守一個戰俘營。一九三九年十二月十七日，該營返回漢堡，約有一百名該營的職業警察被調派去組建新的單位。一九三九年秋天應徵入伍的中年預備役警察則取代他們留下的位子。[1]

一九四〇年五月，經過一段時間的訓練後，該營從漢堡被派往瓦特區（Warthegau），這是波蘭西部作為合併領土被併入第三帝國的四個地區之一。它首先駐紮於波茲南（Poznan，即波森（Posen）），直到六月下旬才轉移陣地到沃茨（Łódz，德軍勝利後將之改名為里茲曼施塔特（Litzmannstadt）），執行為期五個月的「安置行動」。作為希特勒和希姆萊將這些新併吞地區「日耳曼化」（也就是讓「人種純正」的德國人成為這些地區的主要人口）的人口計畫的一部分，所有波蘭人以及其他所謂不受歡迎人士（即猶太人和吉普賽人）都將被逐出合併領土，移居到波蘭中部。根據德國與蘇聯簽訂的一份協議規定，居住在蘇維埃領土上的德裔人士都將被遣返，並重新安置於被驅逐的波蘭人最近撤出的農場和公寓中。希特勒和希姆萊在合併領土進行「種族淨化」的期望從未實現，但成千上萬人就像棋盤上許多的棋子一樣被推來推去，只為追求他們對於東歐種族重組的願景。該營的總結報告吹噓其在「安置」行動中的積極參與：

> 在日以繼夜的各項行動中，本營全力投入於瓦特區各區的行動。平均每天約有三百五十個波蘭農民家庭被撤離……在撤離的高峰期，他們（警察營人員）整整有八天八夜無法回到宿舍。只有在夜間乘坐卡車移動時才有機會睡上一覺……在最大的一場行動中，本營撤離了約九百個家庭……在一天之內，只靠著自己的人力和十名翻譯。

撤離目標人數為五萬八千六百二十八人，該營總共撤出了三萬六千九百七十二人。約有二萬二千人通過逃亡方式躲過了撤離行動。[2]

一名被徵召的後備警察布魯諾・普羅布斯特（Bruno Probst）★＊回憶了該營在這些行動中扮演的角色。

在安置本地人的過程中，主要是在小村莊，我經歷了第一次的過度行為和殺戮。總是如此，每當我們抵達村莊，安置委員會就已經在那了……這個所謂的安置委員會是由黑色〔制服的〕黨衛隊及保安處（SD）的人以及平民組成。我們從他們那裡拿到有編號的卡片。村裡的房子也都被指定了同樣的編號。這些交給我們的卡片告訴我們哪些房子是要撤離的。起初我們會努力把所有的人從房子裡帶出來，不管他們是否是老人、病人或小孩。委員會很快就發現我們的程序有問題。他們反對我們花心力去照顧老人跟病人。準確地說，他們在一開始沒有下令我們當場射殺他們，只是跟我們表明對這些人無能為力而已。我記得有二次這類人在集合點被射殺。第一次是個老人，第二次是個老婦人……這二人都不是被警察射殺，而是被士官射殺的。[3]

＊使用化名者在第一次出現時會標注星號，以下同。

營裡的其他人也記得這些安置，但沒有人記得或承認曾經發生過這類暴力行為。[4]一名警察確實記得該營停留於波茲南期間曾為安全警察提供行刑隊，以便執行一百至一百二十名波蘭人的處決任務。[5]

結束為期五個月的安置行動後，該營曾執行「肅清行動」（pacification actions）。他們在村莊與樹林裡進行徹底搜查，抓到了七百五十名逃避之前撤離行動的波蘭人。

他們的任務變得更加困難，因為即使是新來的德國人也不一定會把那些已被他們取代卻擅自留下的波蘭人報告上去，因為他們想要利用這些廉價勞動力。[6]

一九四〇年十一月二十八日，該營開始擔任沃茨猶太人區周圍的警衛工作，這個區在七個月前，也就是一九四〇年四月底時就已經被封閉，一道帶刺的鐵絲網將十六萬名沃茨猶太人與該市其他地區隔離開來。守衛該猶太人區現在成了第一〇一警察營的主要工作，而它接到的一個長期有效的命令是任何忽視張貼的警告並太靠近圍籬的人「格殺勿論」。該營遵守了這項命令。[7]

然而，第一〇一營卻無人記得類似第六十一警察營第一連擔任華沙猶太人區警衛工作時發生過的那類過度行為。在那裡，連長公開鼓勵屬下向猶太人區的牆壁開槍。最惡名昭彰的槍手不用輪職其他的工作，而是一直擔任猶太人區的警衛。該連的娛樂室裝飾著種族主義標語，酒吧上方掛著一顆大衛之星。每當一個猶太人被槍殺，酒吧的門上就會放上一個標記，據說人們會在有人創下高分紀錄的日子大肆舉行「慶功宴」。[8]

警備營駐紮在猶太人區的鐵絲網外頭，因此比起跟被監禁起來的猶太人，警備營成員與非猶太人的接觸更多。布魯諾．普羅布斯特回憶到，在將沃茨猶太人區一分為二的大道上擔任警衛工作的人有種取樂方式，他們有時會把錶調快些，以此為藉口來抓捕跟毆打那些據他們說違反宵禁的波蘭人。他也記得有個新年夜，幾個喝得酩酊大醉的警衛本來打算殺死一名波蘭人，卻誤殺了一名德國人，結果他們把被害人的身分證件調包才把事情掩蓋過去。[9]

一九四一年五月，第一〇一營回到漢堡，並且「實際上已經解散」。所有剩下的戰前加入新兵，級別在士官以下的，都被分配到其他單位去了，他們留下的位子則由徵召來的後備警察填補。用一名警察的話來說，該營已經成了一個「純粹的後備警察營」。[10]

在接下來的一年裡，從一九四一年五月到一九四二年六月這段期間，第一〇一營除了進行了重組之外還接受了廣泛的訓練。這一時期發生的事只有少數幾件還留在成員們的記憶中。一件是一九四二年五月呂貝克（Lübeck）大轟炸，因為該營的各單位在轟炸結束後立即被派往了這個瓦礫堆中的城市。[11]另一件是則跟漢堡猶太人的驅逐行動有關。從一九四一年十月中到一九四二年二月底這段期間，五十九列運輸列車將五萬三千名猶太人及五千名吉普賽人從第三帝國「運往東部」，這裡的東部指的是沃茨、里加、科夫諾（即考納斯〔Kaunas〕）及明斯克。前往科夫諾的五列運輸列車及前往里加第一列運輸列車的猶太人一抵達目的地就被屠殺了。[12]剩下的運輸列車載運的猶太人並沒有馬上遭到「清除」。這些被驅逐的人一開始被關在沃茨（五千名奧地利吉普賽人被送到這裡）、明斯克和里加的猶太人區。

倖免於難的這類運輸列車有四列，均來自漢堡。第一列載運著一千零三十四名猶太人，一九四一年十月二十五日啟程前往沃茨。第二列載運九百九十名猶太人，於十一月八日啟程前往明斯克。第三列載運四百零八名來自漢堡以及五百名來自布萊梅（Bremen）的猶太人，於十一月十八日啟程前往明斯克。第四列載運八百零八名猶太人，於十二月四日離開漢堡前往里加。[13]

第一〇一後備警察營成員參與了各階段的漢堡驅逐行動。驅逐行動的集合點是在摩爾維德（Moorweide）的共濟會（Freemason）會所，該會所已被安全警察徵收。這個集合點的兩側是大學圖書館和一座連棟公寓，數百碼外則是人潮川流不息的達姆托爾（Dammtor）火車站，隱藏在其間十分不引人注目，漢堡市民幾乎不會注意到它。一些第一〇一營的秩序警察在共濟會會所擔任警衛工作，這裡是猶太人集合、登記並被裝上卡車送到斯特恩相澤（Sternschanze）火車站的地方。[14]第一〇一營的其他人則負責守衛車站，猶太人會在這裡被裝載到列車上。[15]最後，第一〇一營還為四列運輸列車中的至少三列執行護衛工作：第一列在十月二十五日駛往沃茨；第二列在十一月八日駛往明斯克；最後一列則在十二月四日駛往里加。[16]根據漢斯・凱勒（Hans Keller）★的說法，猶太人運輸列車的護衛工作「令人垂涎三尺」，因為有機會旅行，而且只有少數「寵兒」才會被指派這項工作。

曾陪同十一月八日運輸列車前往明斯克的布魯諾・普羅布斯特回憶到：

當時在漢堡，猶太人被告知他們將可以在東部分配到一塊全新的定居點領土。猶太人被裝上一般客車車廂……和他們一起前往的還有兩車廂的工具，包括鏟子、斧頭等，以及大型廚房設備。護衛分遣隊則被分配到一節二等車廂。猶太人自己的車廂裡沒有警衛。列車只有在停靠站時才需要在兩旁配備警衛。經過大約四天的旅程後，我們在下午很晚時抵達了明斯克。我們是在旅途中，一直到經過華沙之後，才第一次知道這個目的地。一個黨衛隊突擊隊在明斯克等著我們的列車到來。猶太人再次在沒有警衛的情況下被裝上了等待中的卡車。只有他們被獲准從漢堡帶來的行李必須留在列車上。他們被告知行李之後就會到。我們的分遣隊最後被載到一個俄國軍營，裡面已經有一個現役（也就是非後備的）德國警察營住在裡面。附近有一個猶太營地……我們從上面提過的警察營成員的對話得知，幾週前這個單位已經在明斯克射殺了一些猶太人。我們從這個事實得到一個結論，那就是我們漢堡的猶太人也會在那裡被射殺。

護衛隊的指揮官哈特維希．格納德（Hartwig Gnade）由於不願被牽扯進去，所以沒有待在這個軍營。他和他的屬下回到車站，並搭乘深夜的列車離開了明斯克。

我們沒有從漢堡到里加的護衛任務的描述，但薩利特那份描述秩序警察在十二月十一日從杜塞道夫護送猶太人運輸列車前往里加的報告，為我們提供了生動的證據，證明那裡的警察就和在明斯克的漢堡警察一樣得知了這個訊息。正如薩利特指出的：

> 里加的居民約三十六萬人，其中約有三萬五千名猶太人。猶太人在整個商業界都占據了主導地位。但在德國軍隊進入後，他們的生意馬上就被關閉並充公了。猶太人被安置在杜納（Düna，即德維納〔Dvina〕）的一個由帶刺鐵絲網封閉起來的猶太人區。據說現在只有二千五百名被用來從事勞動的猶太男人住在這個猶太人區。其他猶太人不是被送到其他地方從事類似工作，就是被拉脫維亞人（Latvians）給槍殺了。他們〔拉脫維亞人〕特別憎恨猶太人。從解放到現在，他們一直大量參與這些寄生蟲的滅絕行動。然而，我從拉脫維亞鐵路工作人員那裡發現，他們無法明白為什麼德國人把他們的猶太人帶到拉脫維亞，而不是在自己的國家消滅他們。[19]

一九四二年六月，第一〇一後備警察營被分配到了在波蘭的另一趟任務。那時只有幾個參與過第一次波蘭行動的士官還留在營裡，參加過第二次在瓦特區行動的人則不到二〇%。這些人中只有幾個曾在波茲南和沃茨目睹了他們所謂的「過度行為」。還有幾個人曾護衛過某列漢堡出發前往沃茨、明斯克或里加的運輸列車。正如我們已經看到的，在以明斯克或里加為目的地的運輸行動中，人們很難不聽說過在俄羅斯大規模屠殺猶太人的事。但大致而言，第一〇一後備警察營現在是由沒有經驗過德國占領東歐的人，或是從未在軍中服役過的人組成——年齡最大的第一次世界大戰退伍軍人除外。

該營由十一名軍官、五名行政官（負責與薪資、補給、住宿有關的財務事宜），以及四百八十六名士官和士兵組成。[20] 為了補滿人力，在最後一刻又從附近的威廉港（Wilhelmshaven）、（在什列斯威—霍爾斯坦邦〔Schleswig-Holstein〕的）倫茨堡（Rendsburg）以及遙遠的盧森堡加入了一些非漢堡地區的特遣人員。然而，絕大多數官兵仍是在漢堡及其周邊地區土生土長的人。由於組成中濃厚的漢堡成分，造成該營瀰漫一股地區偏狹的風氣，不僅是盧森堡人，就連來自威廉港和倫茨堡的人員都覺得自己是外人。[21]

該營被分為三個連，每個連在滿員時約有一百四十名士兵。其中二個連由警察上尉（police captain）指揮，第三個連則由該營的資深後備中尉指揮。每個連分為三個排，其中二個排由後備中尉指揮，第三個排則由該排的上士（senior sergeant）指揮。每個排又分為四個班，由一名中士（sergeant）或下士（corporal）指揮。士兵配備卡賓槍，士官則配備衝鋒槍。每連還有一個重機槍隊。除了這三個連之外，警察營還有工作人員，除了五名行政官之外，還包括一名醫師及其助手，以及各種司機、文書人員及通訊專家。

該營的指揮官是五十三歲的威廉・特拉普上校，他是一次大戰退伍軍人，曾獲頒一等鐵十字勳章（Iron Cross First Class）。戰爭結束後，他成了一名職業警員，並一步步向上爬。他當時才從第二連的連長升上來不久，這是他第一次擔任營長。雖然特拉普在一九三二年十二月加入納粹黨，因此嚴格說來是個「老黨員」（old party fighter／Alter Kampfer），但他從未被納入黨衛隊，或甚至沒有被授與黨衛隊的同等職銜，儘管希姆萊和海德里希均有意識地嘗試融合他們黨衛隊及警察帝國的國家和納粹黨成分，因此特拉普顯然被認為不是當黨衛隊的料。他很快就跟他的二名上尉發生衝突，二人都是年輕的黨衛隊，儘管已經過了二十多年，他們在自己的證詞中仍毫不掩飾對他們指揮官的輕蔑態度，認為他軟弱無能，缺乏軍事素養，且不當干預他的軍官們履行職責。[22]

這二名警察上尉也擁有相當於黨衛隊高級突擊隊領袖的職銜，年齡都在二十八、九歲。沃夫岡・霍夫曼（Wolfgang Hoffmann）出生於一九一四年，一九三〇年加入國家社會主義學生聯盟（National Socialist Student Union／NS-Schülerbund），當時他十六歲，他在一九三二年十八歲時加入希特勒青年團（Hitler Youth），一年後加入黨衛隊，這一切都發生在他於一九三四年從文理中學（Gymnasium，大學預備中學）畢業之前。他在一九三六年加入布雷斯勞（Breslau）的警察部隊，一九三七年加入納粹黨，同年完成軍官培訓，並被任命為一名治安警察中尉。他在一九四二年春天加入第一〇一後備警察營。次年六月，二十八歲的他被拔升為一名上尉。[23] 他負責指揮第三連。

尤利烏斯・沃勞夫（Julius Wohlauf）出生於一九一三年，一九三二年畢業於文理中學。他於一九三三年四月時加入納粹黨及衝鋒隊（SA），一九三六年時加入黨衛隊，並於同年開始接受警官培訓。一九三八年，他被任命為治安警察中尉。他也在一九四二年初被分派到第一〇一後備警察營，一九四二年六月，就在啟程前往波蘭前，他被拔升為上尉。[24] 他負責指揮第一連並擔任特拉普的副營長。與上了年紀的特拉普相比，霍夫曼及沃勞夫恰恰代表了受過良好教育的專業警官、國家社會主義的早年狂熱者以及年輕的黨衛隊，這三者的結合，正是希姆萊及海德里希對黨衛隊及警察的理想。

特拉普的副官是哈根中尉（First Lieutenant Hagen）★，除了他在一九四三年春被殺之外，關於此人，人們所知不多。此外，第一〇一營還有七名後備中尉，也就是說，他們不是像霍夫曼和沃勞夫那樣的職業警察，而是在被徵召加入秩序警察後，因為他們的中產階級身分、教育及在平民生活中的成功，才被挑選出來接受軍官培訓的，這些人由長至幼分別是：

哈特維希．格納德，出生於一八九四年，貨運代理商及，一九三七年起成為納粹黨員，為第二連連長；

保羅．布蘭德（Paul Brand）★，出生於一九〇二年；

海因茲．布赫曼（Heinz Buchmann）★，出生於一九〇四年，擁有一個家族木材事業，一九三七年起成為黨員；

奧斯卡．皮特斯（Oscar Peters）★，出生於一九〇五年；

華特．霍普納（Walter Hoppner）★，出生於一九〇八年，茶葉進口商，曾於一九三〇年短暫成為黨員，一九三三年春天重新入黨；

漢斯．席爾（Hans Sheer）★，出生於一九〇八年，一九三三年五月起成為黨員；

庫爾特．德魯克（Kurt Drucker）★，出生於一九〇九年，推銷員，一九三九年起成為黨員。[25]

因此，他們的年紀從三十三至五十八歲不等。五人為納粹黨員，但沒有人是黨衛隊。

在我們掌握到資料的三十二名士官中，有二十二人是黨員，七人是黨衛隊。他們的年紀從二十七至四十歲不等；平均年齡為三十三歲半。他們不是後備役軍人，而是在戰前招募的警察。

這些官兵絕大多數來自漢堡地區。約有六三%的人為工人階級出身，但只有少數人為技術勞工。他們大多數人從事典型的漢堡工人階級工作，碼頭工人和卡車司機最多，但也有很多倉儲和建築工人、機械操作員、海員及服務生。約三五%的人屬於下層中產階級（lower-middle-class），幾乎所有人皆為白領工人。四分之三的人從事某類銷售工作；另外四分之一的人在政府或私營部門裡從事各種辦公室工作。自營業工匠及小業主的人數非常少。只有極少數人（二%）為中產階級專業人士，而且是藥劑師和教師這類非常普通的專業人士。他們的平均年齡為三十九歲；超過一半的人年齡在三十七至四十二歲之間，這個群體被認為年齡過大，不適合參軍，但在一九三九年九月後卻有最多人被徵召成為後備警察。[26]

在普通的警察中，約有二五%（一百七十四個樣本中的四十三人）在一九四二年時為納粹黨員。有六個人是在希特勒上臺前就已經入黨的老黨員；另外六人是在一九三三年入黨。儘管一九三三至一九三七年間德國國內禁止新黨員入黨，但有六名在船上工作的男子被黨支部以海外黨員的身分接納入黨。有十六人在一九三七年解除對新黨員禁令時入黨。其餘九人在一九三九年或之後加入。下層中產階級背景警察的黨員比例（三〇%）僅略高於來自工人階級的人（二五%）。[27]

第一〇一後備警察營的警察來自德國社會的底層。他們不曾經歷過社會或地理上的流動。只有很少數的人能夠經濟獨立。除了學徒或職業培訓之外，幾乎沒有人在十四或十五歲離開國民中學（terminal secondary school／Volksschule）後接受過任何教育。到了一九四二年時，這些人成為黨員的比例高得令人吃驚。然而，由於負責審訊的官員並未記錄這類資訊，因此我們無法得知有多少人在一九三三年前曾是共產主義者、社會主義者兼（或）工會成員。考慮到這些人的社會出身，想必有不少人曾經擁有過這些身分。當然了，從他們的年紀來看，他們所有人都在納粹時代前就經歷了他們的形成期。這些人瞭解不同於納粹的政治標準與道德規範。大部分的人來自漢堡，據說是德國納粹化程度最低的城市之一，並且多數來自一個擁有反納粹政治文化的社會階級。要從這群人當中招募大規模屠殺者來為納粹實現沒有猶太人的種族烏托邦願景，似乎不是很樂觀。

6 抵達波蘭

一九四一年夏天某日，針對俄羅斯猶太人的襲擊行動開始進行後，希姆萊向盧布林的黨衛隊及警察領導人格洛博奇尼克（Odilo Globocnik）透露了希特勒也打算屠殺歐洲猶太人的意圖。此外，希姆萊讓格洛博奇尼克負責這個「歐洲猶太人問題最終解決方案」最重要的一塊，那就是消滅占波蘭猶太人大部分的總督府的猶太人。然而，他們認為屠殺歐洲猶太人必須採取一種和屠殺俄羅斯猶太人的射擊隊行動不同的方案，這個方案必須更有效率、更隱密，對劊子手的心理負擔也更小。

而能在組織上和技術上滿足這些需求的答案，就是滅絕營（extermination camp）。受害者將被驅逐到特殊營地，藉由人力需求十分有限、且大多利用囚犯勞力的流水線作業的幫助，即可在相對隱密的情形下將他們用毒氣殺死。一九四一年秋天，毒氣室的準備工作開始在三個地方進行，分別是位於西里西亞的卡托維茲（Katowice）附近的奧許維茲／比克瑙（Auschwitz/Birkenau）以及在瓦特區的沃茲附近的切諾，這兩地都位於合併領土，還有在格洛博奇尼克的盧布林區的貝烏熱茨。一九四一年十二月初以及一九四二年二月中，大規模毒氣屠殺行動分別在切諾以及比克瑙啟動。[1]格洛博奇尼克在貝烏熱茨的滅絕營直到一九四二年三月中才啟動毒殺行動。

格洛博奇尼克面對的任務規模十分龐大，但他卻幾乎沒有得到任何人力來協助完成。在興建和維持貝烏熱茨滅絕中心的運作上，格洛博奇尼克還可以從德國的「安樂死計畫」（euthanasia program）抽調人手，但充其量只有不到一百人，杯水車薪。這個人數本身還不足以滿足一個滅絕營的人員需求，但他還有在索比堡和特雷布林卡（Treblinka）的二個滅絕營要興建。但滅絕營還不是格洛博奇尼克的最大麻煩。更為緊迫的是必須找到清空猶太人區的人手，也就是要圍捕受害者並逼迫他們搭上死亡列車。光是在盧布林區一地就住了近三十萬猶太人，而整個總督府大約有二百萬猶太人！

一九四二年是關鍵的一年，正當德國的軍事勝敗仍懸而未決時，哪裡找到這麼多人來執行規模如此驚人的後勤任務呢？事實上，除了指派任務之外，希姆萊幾乎什麼也沒給格洛博奇尼克，他必須自己見招拆招。他不得不動用自己的資源和聰明才智創造出一支「私人」軍隊，以便完成希姆萊交付給他的任務。

為協調這個針對波蘭猶太人的大規模屠殺行動（一九四二年六月萊因哈特於捷克斯洛伐克〔Czechoslovakia〕被殺後，這一行動就被稱為萊茵哈特任務〔Operation Reinhard〕），格洛博奇尼克組建了一組特殊工作人員，交由他的副手也同是奧地利人的赫曼・霍夫勒（Hermann Hofle）指揮。這組工作人員裡的關鍵人物包括負責指揮滅絕中心的克里斯蒂安・維爾特（Christian Wirth）和他的副官約瑟夫・奧伯豪瑟（Josef Oberhauser）；赫爾慕特・波爾（Helmuth Pohl），另一位奧地利人，負責即將展開的運輸行動；格奧格・米豪森（Georg Michalsen）、庫特・克拉森（Kurt Claasen），以及又一位奧地利人，恩斯特・賴許（Ernst Lerch），負責監督並經常親自指揮實地行動；還有格奧格・維佩恩（Georg Wippern），負責收繳、篩選和利用在滅絕營及淨空的猶太人區中獲得的猶太人財產。

身為盧布林區的黨衛隊及警察領導人，格洛博奇尼克負責協調涉及黨衛隊各單位聯合行動的所有地區性行動。因此，儘管已捉襟見肘，但盧布林的整個黨衛隊及警察網絡仍由他全權支配。最重要的是，這意味著他一方面握有安全警察的二個部門（祕密國家警察和刑事警察），另一方面則是秩序警察的各單位。除了在盧布林市的主要總部之外，安全警察還在該區擁有四個分局。每個分局中都有一個負責「猶太人事務」的祕密國家警察部門。秩序警察的存在可以從三個方面感受得到。首先，盧布林區的每個主要城鎮都設有一個治安警察局，其職責包括監督波蘭的市級警察。其次是散布在鄉村地帶各村鎮的郡警察（Gendarmerie）小分隊，最後則是秩序警察駐紮於盧布林區的三個營。安全警察分局及治安警察和郡警察的單位提供了瞭解地方上情況的少數警力。但總數達一千五百人的三個秩序警察營代表的是格洛博奇尼克能夠利用的最大警察人力庫。這些人顯然不可或缺，但依舊不足以滿足他的需求。

格洛博奇尼克還利用了另外二個人力來源。首先是特勤隊（Sonderdienst／Special Service），由少量的德裔人士組成，這些人都曾在德國征服波蘭後被動員並接受培訓，然後在一九四〇年的夏天分派給盧布林區每個郡的民政部門負責人。[2]第二個也是更重要的來源就是所謂的特拉夫尼基人（Trawnikis）。由於當地資源無法滿足他的人力需求，格洛博奇尼克設法說服了希姆萊從蘇聯邊境地區招募非波蘭籍輔助人員。在格洛博奇尼克的萊因哈特行動工作人員中，負責這項任務的關鍵人物是卡爾·斯泰貝爾（Karl Streibel）。他和他的手下拜訪戰俘營（POW camps），招募了烏克蘭、拉脫維亞及立陶宛志願者（volunteers／Hilfswillige，縮寫為Hiwis），他們根據反共產主義（因此幾乎清一色反猶太）的情緒進行篩選，提供他們一個可能逃離饑餓的機會，並承諾不會將他們派去與蘇聯軍隊戰鬥。這些「志願者」於是被帶到位於特拉夫尼基的黨衛隊營地接受培訓。在德國黨衛隊軍官和德國裔士官的指揮下，這些人將根據國籍組建為隊伍。他們與秩序警察一起構成了第二個主要的人力庫，格洛博奇尼克可以從這裡組建他的私人軍隊，展開清空猶太人區的行動。

一九四二年三月中，第一次針對盧布林猶太人的屠殺行動開始，並持續到四月中為止。盧布林猶太人區的四萬名居民約九〇%遭到殺害，他們不是被送到貝烏熱茨的滅絕營，就是就地處決，另有一萬一千至二千名猶太人被從附近城鎮伊茲比卡、皮亞斯基（Piaski）、盧巴托夫（Lubartów）、札莫斯奇（Zamość）以及克拉斯尼克（Krasnik）送到貝烏熱茨。同一時期，約有三萬六千名來自盧布林以東鄰近加利西亞區的猶太人也被驅逐到貝烏熱茨。

貝烏熱茨的殺戮行動在四月中到五月底這段期間暫停了下來，因為他們拆了帶有三個毒氣室的小型木造建築，蓋起了一座帶有六個大毒氣室的大型石造建築。當五月下旬貝烏熱茨的殺戮行動重新開始時，這座滅絕營主要接收的是來自西邊鄰近的克拉科夫區的猶太人，而不是盧布林區本身的猶太人。

然而，格洛博奇尼克在盧布林區的第二座滅絕營索比堡卻在五月初開始啟動了。接下來六週，這座滅絕營接收了從札莫斯奇、普瓦維（Pulawy）、克拉斯內斯塔夫（Krasnystaw）以及海烏姆這些從盧布林區的郡治中被驅逐出來的猶太人。到了六月八日，距離盧布林區第一波驅逐行動還不到三個月，已有約十萬名來自盧布林區的猶太人以及六萬五千名來自克拉科夫和加利西亞的猶太人遭到殺害，絕大多數都死於貝烏熱茨和索比堡的毒氣室。[3]

將猶太人驅逐到死亡營的行動只是大規模迫遷中歐猶太人的其中一部分而已。在波蘭猶太人從他們家園被驅逐到滅絕營的同時，一列列來自德國、奧地利、保護國及斯洛伐克魁儡國的猶太人被扔進了盧布林區。其中一些驅逐列車，如六月四日從維也納出發、由費許曼中尉擔任警衛的那一列，則被直接送到索比堡。然而，其他列車卻在各猶太人區卸載了猶太人，這些外國猶太人就暫時住在那些最近剛被殺害的猶太人的住處裡。六月十九日，由於鐵路車廂出現短缺，導致波蘭總督府所有的猶太人運輸行動停止長達二十天，對猶太人的大規模洗牌及貝烏熱茨和索比堡的大規模屠殺也因此停了下來。[4]七月九日，每週兩列從克拉科夫區開往貝烏熱茨的死亡列車重新恢復行駛，七月二十二日，從華沙開往特雷布林卡新開設的滅絕中心的運輸列車也開始穩定發車。然而，通往索比堡的主要鐵路線正在維修，直到秋天為止，到索比堡滅絕營的路線都無法通車。因此盧布林區本身的驅逐滅絕營行動並沒有在七月初時恢復。

就在總督府中的最終解決方案被迫停擺的這段期間，第一〇一後備警察營抵達盧布林區。一九四二年六月二十日，該營接到了在波蘭進行「特別行動」的命令。[5]在書面命令中並未明確說明這一「特別行動」的性質，但士兵們都不由得認為他們將執行的是警衛工作。即使是軍官們，也沒有任何跡象顯示他們對於等待著他們的工作的真實性質產生懷疑。該營在斯特恩相澤車站上了車，[6]前一年秋天，他們之中的一些人曾從同一個車站將漢堡的猶太人驅逐到東方。六月二十五日，他們抵達了位於盧布林區南部的波蘭城鎮札莫斯奇。五天後，該營的總部被轉移到比烏科拉伊，第一〇一營的各單位迅速駐紮於附近的弗蘭波爾（Frampol）、塔諾格魯德（Tarnogród）、烏拉努夫（Ulanów）、圖洛賓（Turobin）以及維索奇耶（Wysokie）鎮，以及較遠的札克舒夫（Zakrzów）。[7]

儘管殺戮行動暫時停擺，但黨衛隊及警察領導人格洛博奇尼克和他的萊因哈特行動工作人員，卻不打算讓這個剛抵達的警察營在盧布林猶太人的事情上就這樣什麼都不做。如果不能恢復殺戮行動，至少可以恢復將這些被害者集中到猶太中轉區及集中營的程序。對第一〇一後備警察營的大部分人而言，接下來在約瑟烏夫行動的灼痛記憶抹去了他們對於在盧布林南方停留四週期間發生的較小事件的記憶。然而有幾個人確實記得他們參與了這個集中程序，也就是先將猶太人集中在較小的定居點，然後再移送到較大的猶太人區和營地。有時，他們只抓捕所謂的工作猶太人（work Jews），將他們裝上卡車，載送到盧布林附近的營地。在其他時候，他們會把整群猶太人抓捕起來，然後裝上卡車送走，或是要他們徒步離開。還有一些時候，來自周圍較小村莊的猶太人也會被集中起來，重新安置在他們的地方。這些行動都並未涉及集體處決，雖然至少在某些情況下，太老、太虛弱或生病無法運送的猶太人仍遭到了槍殺。這些人一概無法確定他們將猶太人從哪些城鎮驅逐，又將他們遷到哪些地方。沒有人記得伊茲比卡和皮亞斯基的名字，雖然這是盧布林南部用來集中猶太人的三個主要猶太「中轉」區。[8]

顯然，格洛博奇尼克已對這一集中程序失去耐性，並決定試驗性重啟殺戮行動。由於當時不可能將猶太人驅逐到滅絕營，由行刑隊執行集體處決於是成了可行的替代選項。而第一〇一後備警察營就是那個接受試驗的單位。

7 大規模屠殺啟動：約瑟烏夫大屠殺

也許是在七月十一日時，格洛博奇尼克或他手下的某人聯絡了特拉普少校，告知他第一〇一後備警察營有個任務，要在約瑟烏夫圍捕一千八百名猶太人，這是位於比烏科拉伊略往東南約三十公里處的一座村莊。然而，這一次，大部分猶太人都不會被重新安置。只有可以工作的猶太男性才會被送到格洛博奇尼克在盧布林的營地之一。婦女、孩童及老人則當場直接槍決。

特拉普召回駐紮於附近城鎮的單位。七月十二日，一〇一營在比烏科拉伊重新集結，只有二個例外，分別是駐紮於札克舒夫的第三連第三排，包括霍夫曼上尉，以及已經駐紮在約瑟烏夫的幾個第一連的人。特拉普會見了第一、第二連連長沃勞夫上尉和格納德中尉，知會他們關於隔天的任務。[1]特拉普的副官哈根中尉應該已經通知了營裡的其他軍官，因為海因茲．布赫曼中尉在當晚從他那裡得知了即將進行的行動的確切細節。

時年三十八歲的布赫曼是漢堡一間家族木柴事業的負責人。他在一九三七年五月加入納粹黨。一九三九年被徵召加入秩序警察，在波蘭擔任司機工作。一九四〇年夏天他申請退役，卻反而被送去參加軍官培訓，並於一九四一年十一月被任命為後備役中尉。一九四二年，他成為第一連第一排排長。得知即將執行大屠殺任務時，他立即向哈根表明，身為一名漢堡商人、後備役中尉，他「絕對不會參加這樣一場槍殺手無寸鐵的婦孺的行動」。他要求指派另一項任務給他。哈根安排布赫曼負責護送男性「工作猶太人」，這些人將被挑選出來並送到盧布林。[2]他的連長沃勞夫獲知布赫曼的任務，但未被告知原因。[3]

警察們沒有獲得正式知會，只知道他們將在一大早被叫醒，參加一項全營參與的重大任務。但一些人對於即將發生的事至少有稍許瞭解。沃勞夫告訴他的一群警察，隔天將有一項「極有趣的任務」在等待著他們。[4]另一個抱怨自己被留下來看守營房的人則被他的連上副官告知，「你該高興你不用去。你會知道發生什麼事。」[5]海因里希．史坦梅茲中士（Sergeant Heinrich Steinmetz）★警告他第二連第三排的警察們，「他不想看到任何膽小鬼。」[6]額外的彈藥被配發。[7]一名警察報告，他的單位收到了鞭子，導致人們傳言將有一場「猶太人行動」（judenaktion）。[8]然而，沒有其他人還記得鞭子這件事。

卡車車隊凌晨二點左右從比烏科拉伊出發，抵達約瑟烏夫時天剛破曉。特拉普讓警察們圍成一個半圓，向他們發表講話。說明完該營的殺人任務後，他非比尋常地提出一個選項：任何覺得自己無法勝任面前這一任務的老兵可以走出來。特拉普停頓了一下，過了一會兒，有個第三連的奧圖—尤利烏斯・席姆克（Otto-Julius Schimke）★走上前去。霍夫曼上尉直接和第三連第三排一起從札克舒夫前往約瑟烏夫，因此沒有參加前一天在比烏科拉伊舉行的軍官會議，他對自己的一名手下居然率先掉隊感到憤怒不已。霍夫曼開始痛斥席姆克，但特拉普打斷了他。在他將席姆克納入自己的保護傘下後，又有約十到十二名警察站了出來。他們交出自己的步槍，被告知等待少校的進一步發落。[9]

特拉普接著召集各連長，指派他們各自的任務。特拉普的命令由連士官長（first sergeant）卡默（Kammer）★向第一連傳達，格納德和霍夫曼分別向第二和第三連傳達。第三連的二個排要包圍村莊。[10]他們得到明確命令，逃跑者一律射殺。剩下的人則要圍捕猶太人並把他們帶到市場。那些體弱多病無法走到市場的人，以及嬰兒和任何膽敢抵抗或企圖躲藏的人，將被當場射殺。之後，第一連的幾個人將護送在市場那裡被選中的「工作猶太人」，其他第一連的人則前往森林並組成射擊隊。第二連和第三連第三排的人會將猶太人裝上營部的卡車，從市場運送到森林裡。[11]

任務分配完後，特拉普大部分的時間都待在鎮上，不是在他那間由學校教室改建的總部，就是在波蘭市長和當地牧師的家中、在市場，或是前往森林的路上。[12] 但他並沒有去那個森林或目睹處決的過程，他的缺席十分引人注目。正如一名警察尖刻地評論到，「特拉普少校從來沒有在那裡。他一直待在約瑟烏夫，據說是因為他無法忍受看到這景象。我們警察也對這景象感到不安，並說我們也無法忍受這景象。」[13]

事實上，特拉普的悲痛不是什麼祕密。一個警察記得曾在市場聽到特拉普說，「噢，神哪，為什麼非要給我這些命令呢，」邊說邊將手放在自己的心上。[14] 另一名警察則目睹他在校舍裡，「直到今天，一切仍像歷歷在目，特拉普少校在房間裡背著雙手，來回踱步。他看起來十分沮喪，開口向我說了類似這樣的話，『老弟……這樣的工作實在不適合我。但命令就是命令。』」[15] 另一個人仍清楚記得，「特拉普如何終於單獨一個人在房間裡，坐在椅凳上痛哭流涕的樣子。眼淚真的流下來。」[16] 還有人也親眼看到特拉普在他的總部，「特拉普少校激動地跑來跑去，接著忽然在我面前直直地停了下來，凝視著我，問我是否贊成這件事。我直視他的眼睛說，『不，少校先生！』他接著又開始跑來跑去，哭得像個孩子一樣。」[17] 醫師助理在從市場到森林的路上遇見了哭泣的特拉普，並詢問他是否幫得上忙。「他回答我，大意是一切都糟糕透了。」[18] 關於約瑟烏夫，特拉普後來向他的司機吐露了心聲，「如果這筆猶太人的帳終究要清算的話，那麼請向我們德國人開恩吧。」[19]

在特拉普抱怨他的命令並哭哭啼啼時，他的手下繼續執行該營的任務。士官們將他們的警察分成二人或三、四人一組的搜索隊，並派往約瑟烏夫的猶太街區。其他人則被指派在沿著通往市場的街道上或是在市場裡擔任警衛。當猶太人從自己家中被趕出來，行動不便者遭到槍殺時，尖叫聲與槍聲充塞在空氣中。正如一名警察指出的，這是個小鎮，什麼動靜都能聽得清清楚楚。[20]許多警察承認看到在搜索過程中遭到槍殺者的屍體，但只有二個人承認開了槍。[21]幾名警察再次承認，他們聽說所有猶太「醫院」或「老人之家」的病人都被當場槍殺，但沒有人承認親眼目睹槍擊過程或曾參與過這件事。[22]

在有關士兵對於射殺嬰兒的棘手問題一開始如何反應上，證人們的意見最不一致。一些人聲稱嬰兒和老人及病人一起遭到槍殺，房屋、走道和鎮上的街道上就這樣躺著一具具屍體，無人收拾。[23]但另一些人則非常明確地強調，在一開始的行動中，警察們仍避免在搜索及淨空行動中槍殺嬰兒。一名警察強調，「在我們負責的這一帶，被殺的猶太人裡面沒有嬰兒或幼小的孩子。我想說的是，每個人有默契地克制不要槍殺嬰兒及幼小的孩子。」他後來在約瑟烏夫觀察到，「猶太母親即使是面對死亡也不願和她們的孩子分開。所以在約瑟烏夫，我們容許母親們帶著他們的幼兒到市場去。」[24]另一個警察也同樣指出，「幾乎所有參與的人都有默契地避免射擊嬰兒和幼小孩童。整個早上我都能觀察到，很多母親被帶走時手臂上都抱著嬰兒、手上牽著小孩。」[25]根據這二名證人，當嬰兒被帶到市場時，沒有一位軍官干涉過這件事。但另一名警察卻回憶到，淨空行動結束後，他的單位（第三連第三排）受到了霍夫曼的訓斥。「我們的行動不夠積極有力。」[26]當圍捕任務接近尾聲時，第一連的警察撤出搜索行動，並迅速上了一課，以便應付等待著他們的可怕任務。他們的指導者是營裡的醫生以及該連的士官長。一名愛好音樂的警察經常在社交晚會上和醫生合奏，他演奏小提琴，醫生則拉得一手「美妙的手風琴」，他回憶道：

我相信這時所有營上的軍官都在場，尤其是我們營部的熊飛爾德（Schoenfelder）★醫生。他現在必須向我們精確地解釋要怎樣射擊才能讓受害者立即死亡。我清楚記得，為了做示範，他還畫了一個至少是肩膀以上的人體輪廓，然後精確地指出刺刀放置的那個點作為瞄準指引。[27]

第一連收到指示並出發前往樹林後，特拉普的副官哈根主持了「工作猶太人」的挑選過程。附近一間鋸木廠的負責人已經帶著為他工作的二十五名猶太人的名單找上了特拉普，特拉普讓人釋放了這些人。[28]哈根現在在翻譯的幫忙下召集了工匠和身強體健的男性工人。當三百名工人被迫和他們的家人分離時，人群中出現了騷動。[29]在他們被下令步行離開約瑟烏夫時，聽到林子裡傳來了槍響聲。「第一波炮火後，工匠中出現了很大的騷動，一些人倒在地上哭泣起來……他們此時心裡一定清楚，他們留下來的家人正遭到射殺。」30

布赫曼中尉及第一連的盧森堡人帶著這些工人步行數公里，抵達了鐵路線上的一個鄉下上貨站。幾節車廂，包括一節客車車廂正在那裡等待著。列車接著將工作猶太人和他們的守衛送到盧布林，布赫曼從那裡將他們送到一處營地。根據布赫曼的說法，他沒有把他們放在惡名昭彰的馬伊達內克（Majdanek）集中營，而是送到另一個營地。他說，他們沒有預期這些猶太人會到，但該營的管理部門很樂意收容他們。布赫曼和他的手下當天就回到了比烏科拉伊。31

與此同時，連士官長卡默將第一連的第一批行刑隊帶到約瑟烏夫數公里外的一座森林。卡車沿著森林邊緣的一條泥土路停下，那裡有一條小徑通往樹林裡。警察們從他們的卡車上爬下並靜候。

當第一輛載有三十五到四十名猶太人的卡車抵達時，同樣數目的警察走上前去，並面對面地與他們的受害者配成對。卡默領頭，警察和猶太人魚貫地走上這條森林小徑。他們在沃勞夫上尉指示的一個地方轉進樹林，他整天都在忙著選擇處決地點。卡默接著命令猶太人躺成一排。警察們走到他們的身後，按照先前接受的指導，將刺刀放在他們肩胛骨上方的脊骨上，在卡默的命令下齊聲開火。

同一時間，第一連的警察抵達了森林邊上，組成第二組行刑隊。當第一組行刑隊走出森林來到下車的地方時，第二組人則帶著他們的受害者沿著同一條小徑走入樹林。沃勞夫選了一個距離前一個地點幾碼遠的地點，這樣下一批受害者就不會看到前一場槍決留下的屍體。他們再次強迫這些猶太人面朝下躺成一排，然後重複射擊程序。

在這之後，二組行刑隊進出樹林的「鐘擺運動」持續了一整天。除了中午休息之外，射擊行動不間斷地進行，直至夜幕低垂。下午時分，某個人為槍手們「打點了」一批酒。幾乎是連續射擊了一天之後，結束時這些人已經完全搞不清楚自己到達殺死了多少猶太人。用一名警察的話來說，無論如何，都是個「很大的數字」。[32]

當特拉普在這天清晨提出那個選項時，他才剛宣布這場行動的真正性質，可以反應的時間非常短。只有十二個人直覺地抓住時機站了出來，交出步槍，因而讓自己免除了接下來的殺戮任務。對許多人而言，他們也許還沒有充分領會他們即將要做的事，尤其是他們可能被選入行刑隊的現實。但是當第一連的人被召集到市場上，接到「朝頸部開槍」的指示，並被派到樹林時，他們之中的一些人開始試著挽回稍早時錯過的機會。一個警察走向跟他很熟的連士官長卡默。他向他承認這個任務令他「極為反感」，並要求換一個任務給他。卡默答應了，讓他在森林邊緣執行警衛工作，他在那裡待了一整天。[33]其他幾個跟卡默很熟的警察則被安排看守卡車行經的路線。[34]射擊進行了一段時間後，另一組警察來找卡默，說他們沒辦法繼續下去了。他把他們從行刑隊放出來，重新分配他們去伴隨卡車。[35]二個警察犯了錯誤，他們找上沃勞夫上尉（兼黨衛隊高級突擊隊領袖），而不是卡默。他們求情說，他們也都是孩子的父親了，實在無法繼續下去。沃勞夫毫不客氣地拒絕了他們，表示他們可以在受害者身邊躺下。但中午休息時，卡默不僅放了這二個人，還放了其他幾個年紀較大的人。他們被送回市場，一名士官與他們同行並向特拉普報告。特拉普免除了他們的職務，准許他們提早回到比烏柯拉伊的軍營。[36]

一些沒有要求免除行刑隊任務的人則尋找其他的逃避方式。配備衝鋒槍的士官必須執行所謂的仁慈射擊（mercy shots），「由於心情激動以及**蓄意為之**（粗體為作者所加）的關係，個別警察射擊時子彈會從受害者的身邊「擦過去」。[37]其他人則更早採取逃避手段。在執行淨空行動時，一些第一連的人躲在天主教神父的花園裡，直到開始擔心自己的缺席會被人注意到為止。回到市場時，他們跳上一輛正要到一個附近村莊去接猶太人的卡車，以便為自己的缺席找個藉口。[38]其他人則在市場周圍徘徊，因為他們不想在搜查行動時圍捕猶太人。[39]還有一些人在搜查房屋時盡可能拖延時間，這樣就不必出現在市場上，因為他們擔心在那裡會被派到行刑隊去。[40]一個司機分派到送猶太人到森林的任務，他只跑了一趟就要求換人。「可能他的神經不夠堅強，沒辦法運更多猶太人到槍擊地點，」一名接手他的卡車和職務將猶太人送去赴死的人說道。[41]

第一連的人前往樹林後，第二連的人留下來完成圍捕及把猶太人裝上卡車的任務。當樹林裡傳出第一波槍響時，集合在市場的猶太人意識到他們的命運，淒慘的哀哭聲響遍了整個市場。[42]然而，接下來籠罩著這群猶太人的，卻是一股安靜的沉著，事實上，用德國證人的話來說，那是一股「令人難以置信的」、「驚人的」沉著。[43]

如果說受害者冷靜沉著，那麼德國軍官則愈來愈焦躁不安，因為很明顯，如果他們要在一天內完成這工作，這樣的處決步調實在太慢了。「人們不斷重複同樣的批評，像是，『根本沒有進展！』『速度還不夠快！』」[44]特拉普做出了決定，並下達新命令。第三連從村子周圍的哨站被召回，接管市場上的近距離守衛工作。格納德中尉的第二連的人被告知他們現在也得到樹林裡加入槍手的行列。第三排的史坦梅茲中士再次給他的部下機會，如果他們覺得做不來，可以向他報告。但沒人接受他的提議。[45]

格納德中尉將他那連的人分成兩組，分派到樹林的不同區域。他接著去了沃勞夫的第一連親自觀看處決過程的示範。[46]在這同時，席爾中尉和赫格中士（Sergeant Hergert）★則帶著第二連第一排以及一些第三排的人到了林子裡的某處。席爾把他的人分成四組，每組指派一個射擊區域，然後派他們回去把他們要殺的猶太人帶過來。格納德中尉來到這裡並和席爾起了激烈爭論，認為這些人被派到的地方還不夠深入樹林。[47]當每個小組已經往返集合點兩三次並執行處決時，席爾才清楚意識到整個過程太慢了。他向赫格徵求意見。「於是我提出這個建議，」赫格回憶，「如果每組只派二個人去把猶太人從集合點帶到處決地點，同時處決小隊的其他槍手已經移動到下一個射擊地點的話，速度就會夠快。再者是，從這次處決到下一次處決，每次槍擊地點都往前移動一點，因此始終愈來愈靠近森林小徑集合地點。我們接著就按照提議進行。」[48]赫格的建議大大加快了殺戮的進程。

和第一連相反，第二連的人沒有受到如何執行槍擊的指導。一開始他們沒有把刺刀固定住作為瞄準器，正如赫格指出的，「相當數量的射擊失誤」導致「對受害者造成不必要傷害」。赫格單位的一名警察同樣指出他們在正確瞄準上遇到困難。「一開始我們徒手射擊。有一個人瞄準得太高，結果整個頭顱被打爆了。腦漿和頭骨飛得到處都是。然後我們才被教導要把刺刀刀尖放在脖子上。」[49]然而，根據赫格的說法，把刺刀當成瞄準指引也不是解決的辦法。「透過被要求的近距離平射方式，子彈擊中受害者的頭，其軌跡經常讓整個頭顱或至少是整個後腦勺被撕開，鮮血、骨頭碎片和腦漿噴得到處都是，槍手也被弄髒了。」[50]

赫格強調，第一排沒有人在事前得到撤退的選項。但當處決開始，有人因為對婦孺下不了手而找上他或席爾時，他們就會派給他們其他工作。[51]他的一個手下證實了這個說法。「行刑時有消息傳開，如果有人再也受不了的話都可以報告。」他繼續指出，「我自己參與了大概十次槍決，男人和女人都必須射。我根本再也射不下去了，這情況對我的中士赫格來說很明顯，因為到最後我一直射偏。所以他免除了我的職務。其他戰友遲早也會被免除他們的職務，因為他們實在再也幹不下去了。」[52]

德魯克中尉的第二排及史坦梅茲中士的第三排被派到森林的另一塊。和席爾的警察一樣，他們也將人分成每組五到八個人的小組，而不是如沃勞夫的第一連一樣分成三十五到四十人的大組。他們被告知把卡賓槍的末端放在脖子根部的脊椎上，但他們這裡的射擊一開始也沒有把刺刀當成瞄準器。[53]結果十分駭人。「槍手身上沾滿了血、腦漿跟骨頭碎片，掛在他們的衣服上。」[54]

德魯克把他的手下分成幾組槍手，但留下了大約三分之一的人作為後備。最後每個人都要射擊，但他的想法是可以讓他們經常換班，「趁空抽根菸」。[55]卡車持續來來去去，野外的地形，以及頻繁輪換，這些警察們沒有待在固定的小組中。[56]這種混亂為工作遲緩及逃避創造了機會。一些急於完成自己任務的人射殺的猶太人遠比其他盡可能拖延的人還要多。[57]經過二輪射擊後，一個警察乾脆「開溜」，並待在森林邊緣的那些卡車中間。[58]另一個人則設法完全避免輪到自己當槍手。

那些不想或不能親手執行射殺人類任務的人不是完全沒機會讓自己不碰這任務。這裡並沒有執行什麼嚴格的控制。所以我一直待在抵達森林的卡車旁，讓自己在抵達區一直保持忙碌。

無論如何，我讓我的活動看上去是忙碌的。但是難免會有一二個戰友注意到我沒有加入處決，對受害者開槍。他們用像是「腦殘」或「懦夫」這類的字眼不斷辱罵我，以表達他們的不滿。我必須在這裡指出，我不是唯一一個避免讓自己參與處決的人。[59]

至今為止，戰後接受審訊的約瑟烏夫槍手中，人數最多的是來自第二連第三排的人。從他們身上，我們也許可以對於處決對這些警察的影響以及他們退出行動過程的比率留下最好的印象。漢斯・德特曼（Hans Dettelmann）★是名四十歲的理髮師，他被德魯克派到一個行刑隊。「第一場槍決時，我仍完全無法對第一名受害者開槍，我徘徊不行，並要求……德魯克中尉免除我的職務。」德特曼告訴他的中尉，他的「天性十分軟弱」，而德魯克就放了他。[60]

懷特・尼豪斯（Walter Niehaus）★以前是利是美（Reemtsma）香菸的業務代表，他在第一輪槍決時和一個老婦人配成了對。「槍決了這名老婦人後，我走向托尼（Toni，即安東〔Anton〕）・班泰姆（Bentheim）〔他的中士〕，我告訴他我沒辦法繼續執行槍決。我就不必再參加射擊了。這一槍完全轟斷了我的神經。」[61]

奧古斯特・佐恩（August Zorn）★的第一個受害者是個年紀很老的男人。佐恩回憶到，這位年長受害者：

不能或是不願跟上他的同胞，因為他反覆摔倒，接著就乾脆躺在地上不走了。我不得不經常把他抬起來，拖著他往前走。因此，當我的戰友已射殺了他們的猶太人時，我才剛走到處決的地點。一看到他的同胞被射殺的景象，我的猶太人立刻撲倒在地上，躺在那兒不動。於是我舉起我的卡賓槍，朝他的後腦勺開了一槍。因為我對淨空鎮上期間猶太人遭到的殘酷待遇已經感到十分不安，心情十分混亂，所以這一槍射得太高了。我的猶太人整個後腦勺都被轟掉，露出了腦漿。部分頭顱飛到史坦梅茲中士的臉上。當我回到卡車那裡後，我就把這件事當作理由，去向連士官長要求免除我的職務。我實在太不舒服，根本無法再繼續下去。然後連士官長就把我放走了。[62]

格奧格．卡格勒（Georg Kageler）★是名三十七歲的裁縫，他在完成第一輪槍決後遇到了困難。「執行完第一輪槍決後，我在下車的地方被分配到一名帶著女兒的母親作為下一輪槍決的受害者。我開始和她們交談，並得知她們是來自卡塞爾（Kassel）的德國人，我就決定不繼續參加槍決行動了。這整件事現在讓我非常反感，於是我回到我的排長那兒，告訴他我人還在不舒服，要求他放我走。」卡格勒被派去看守市場。[63]無論是他在處決前和受害者的談話，還是他發現約瑟烏夫這裡有德國猶太人，這些都不是單獨發生在他身上的情況。第一個站出來的警察席姆克在市場那裡遇到一個來自漢堡的猶太人，第二個警察也有同樣發現。[64]還有一個警察記得，他射殺的第一個猶太人是名曾獲得授勳的一戰老兵，來自布萊梅的他曾徒勞地乞求著他的憐憫。[65]

法蘭茲．卡斯騰鮑姆（Franz Kastenbaum）★曾在接受官方審訊時否認記得任何關於在波蘭殺害猶太人的事，但卻忽然不請自來地出現在調查第一〇一後備警察營的漢堡邦檢察官辦公室。他講述了他是如何成為一個七到八人的行刑隊成員，這個行刑隊把受害者帶進樹林，並近距離地從脖子射殺了他們。他重複這個程序直到第四名受害者為止。

> 槍決這些人讓我極為反感，導致我沒射中第四個人。我根本無法再瞄準目標。我忽然覺得噁心，就從射擊的地方跑走了。我剛才的說法不正確。不是我再也無法瞄準目標了，而是我在第四次射擊時故意射差了。我接著跑進樹林裡嘔吐，然後靠著一棵樹坐下來。為了確認樹林裡沒有人，我向林子裡大喊，因為我想要一個人待著。今天我可以說，我的神經那時已完全承受不住了。我想我一個人在林子裡待了二到三小時左右。

卡斯騰鮑姆接著回到樹林邊，坐上一輛空的卡車返回市場。他沒有受到責罰；沒有人注意到他的缺席，因為行刑隊是混編並且隨機指派的。他向調查的律師解釋，他前來做這個聲明是因為自從企圖隱瞞這次槍決行動後，他的內心就沒有片刻安寧。[66]

發現自己無法承受槍決的人多半很早就退出了。[67]但不一定總是如此。當某個行刑隊的人要求免除職務時，他們每個人已經槍決了十到二十名猶太人。正如其中一個人解釋的，「我強烈要求免除我的職務，因為我旁邊那個人已經沒辦法射擊了。顯然他的槍瞄準的地方總是太高，結果在受害者身上造成了可怕的傷口。有好多次受害者的整個後腦勺都被轟掉，造成腦漿四處飛濺。我實在再也看不下去了。」[68]在下車的地方，班泰姆中士看到那些渾身是血跟腦漿的人從樹林裡走出來，他們的士氣動搖，精神徹底潰散。他建議那些要求免除職務的人「偷溜」去市場。[69]聚集在市場的警察人數因此而不斷增加。[70]

和第一連一樣，德魯克和史坦梅茲手下那些二直留在樹林裡持續射擊的人都得到了酒精。[71]隨著漫長的夏日白晝接近尾聲，夜幕逐漸落下，屠殺工作卻仍未完成，射擊活動也變得更無章法、更加緊湊繁忙。[72]森林裡到處都是屍體，很難再找到地方讓猶太人躺下。[73]當晚上九點，天色終於全黑時（此時距離第一〇一後備警察營初次抵達約瑟烏夫郊區時，已過了十七個鐘頭），最後一個猶太人被殺，警察們回到市場，準備啟程前往比烏科拉伊。[74]他們沒有制定埋葬這些屍體的計畫，死去的猶太人就這樣躺在樹林裡。雖然至少有些警察從受害者身上拿走手錶、珠寶和錢自肥，但官方並未收繳他們的衣物或貴重物品。[75]猶太人被迫留在市場的那堆行李直接被燒掉。[76]在警察們爬上他們的卡車離開約瑟烏夫前，一名頭部流著血的十歲小女孩出現了。她被帶到特拉普面前，他將她抱在懷裡，說：「妳要活下去。」[77]

當警察們抵達比烏科拉伊的軍營時，他們的心情沮喪、憤怒、痛苦，信心嚴重動搖。[78]他們吃得不多，酒卻喝得很凶。他們得到了大量酒精，許多警察都喝得酩酊大醉。特拉普少校四處走動，試著安慰他們、令他們安心，並再次將責任推給上級。[79]但無論是酒精還是特拉普的安慰都無法讓軍營裡瀰漫的羞恥感與恐怖感煙消雲散。特拉普要求這些人不要談論這件事，[80]但他們根本不需要這方面的鼓勵。那些沒有去森林的人並不想知道更多。[81]而去過那裡的人也不想談論這件事，無論是當時還是以後都不想。第一〇一後備警察營內部達成了沉默的共識，不討論在約瑟烏夫發生的屠殺。「這整件事是個禁忌。」[82]但清醒時的壓抑不能阻止夢魘的出現。從約瑟烏夫回來的第一個晚上，一名警察醒來後向軍營的天花板開了槍。[83]

從約瑟烏夫回來幾天後，該營似乎險些參與了另一場屠殺。第一、第二連的部隊在特拉普和沃勞夫指揮下進入亞列克贊德羅（Alekzandrów），這是個所謂的街邊村，由沿著街道比鄰而建的房子所組成，位於約瑟烏夫以西十二公里處。他們圍捕了少數猶太人，警察和猶太人都擔憂即將發生另一場屠殺。但在猶豫了一會兒之後，行動中止了，特拉普允許猶太人回到他們的房子。一個警察仍清清楚楚地記得：「個別猶太人是如何跪在特拉普面前，想要親吻他的手與腳。但特拉普不讓他們這麼做，轉身離去了。」這些警察回到比烏科拉伊，沒有人向他們說明事件為何發生了奇怪的變化。[84] 接著，在離開漢堡正好一個月，同時也是約瑟烏夫大屠殺發生一週之後，第一〇一後備警察營離開了比烏科拉伊，重新部署到盧布林區的北部地區。

8 對一場屠殺的反思

在約瑟烏夫，將近五百個人中只有約十幾個人直覺地回應了特拉普少校的提議，站出來讓自己躲過了即將發生的一場大規模屠殺。為何一開始就表明自己不願意開槍的人，數量會這麼少？部分原因是事情發生得太突然。沒有預警或可以思考的時間，對這些人而言，約瑟烏夫的行動完全是「出其不意」。[1] 除非他們可以在衝動之下對特拉普的提議做出反應，否則就會讓第一次機會溜走。[2]

跟缺乏反思時間同樣重要的是服從的壓力——穿制服的人對他們同袍的基本認同，以及不要走出隊伍以免脫離群體的強烈衝動。該營新近才補滿人力，許多人都還不太瞭解對方；尚未充分發展出軍中同袍情誼。然而，在約瑟烏夫的那個早晨，向前一步就意味著離開他的戰友，承認自己「太脆弱」或「懦弱」。一名警察強調，誰會「膽敢」在集合的部隊面前「丟臉」。[3]「如果有人問我最初為什麼會和其他人一起開槍，」另一個在執行幾輪殺人行動後要求離開的人說，「我必須回答，沒有人想被認為是膽小鬼。」他補充到，一開始就拒絕是一回事，但試著開槍卻無法繼續下去又是另一回事。[4]另一個（更清楚什麼事情真正需要勇氣的）警察則直接說，「我就是個懦夫。」[5]

大部分接受審訊的警察都不承認他們有過選擇。面對其他人的證詞時，很多人並未質疑特拉普曾提出過那個選項，但他們宣稱自己沒聽到演講的那個部分，或記不得內容。少數警察企圖面對關於選擇的問題，但沒能找到合適的字眼。那是個不同的時間和地點，就好像他們過去是在另一個政治星球上一樣，在解釋他們在一九四二年時發現自己所身處的情境時，一九六〇年代的政治價值和語彙毫無用處。有名警察在描述他在那個七月十三日早晨的心理狀態時十分與眾不同，他承認在退出前自己殺害了多達二十名猶太人。「我以為我可以掌控這個情況，就算沒有我，這些猶太人無論如何也逃脫不了他們的宿命……我得說實話，那時候我們根本沒有去反思這件事。直到數年後我們才真正意識到當時發生了什麼事……直到後來我才突然第一次想到這件事是不對的。」[6]

除了輕易用就算不參加槍決也無法改變猶太人宿命來合理化之外，警察們還為自己的行為找到了其他的理由。也許最令人驚訝的合理化解釋來自一名三十五歲的布萊梅港（Bremerhaven）金屬工：

> 我努力過，只射殺孩童是我可能會做的事。剛好這些母親們手上牽著孩子。我的鄰兵射殺了那名母親，於是我射殺了她的孩子，因為我給自己的理由是，畢竟沒有母親，孩子是無法活下來的。也就是說，讓沒有母親就無法活下來的孩子們得到解脫（release），對我的良心應該是種安慰。[7]

除非讀者知道德文的「解脫」（release／erlösen）一詞在宗教意義上也有「救贖」（redeem）或「拯救」（save）的意思，否則無法充分理解這個聲明的分量，以及這名前警察用詞選擇的意義。那個讓孩子「解脫」的人用是德文的Erlöser，即救世主（Savior）或救贖者（Redeemer）！

從動機與意識來看，這些審訊中最為明顯的缺漏就是沒有任何關於「反猶太主義」（anti-Semitism）的討論。在大部分情況裡，審訊者沒有追究這一問題。出於身為潛在被告人的可理解的理由，這些人也不會急於自願發表任何有助於闡明問題的評論。除了少數例外，整個反猶太主義問題的特徵，是沉默。但有件事很清楚，警察們與受害者之間的人性連結感受，還比不上他們對於自己在同袍眼中地位的關注。猶太人不在他們人類義務與責任的範圍之內。在「我們」與「他們」、戰友與敵人之間的兩極二分，當然是戰爭中常態。

看來，即便第一〇一後備警察營的警察們沒有自覺地採取納粹政權的反猶太主義教條，他們至少也已經接受了將猶太人同化為敵人的形象。特拉普少校在清晨的講話中就訴諸了這個將猶太人當成敵人一部分的普遍化概念。在射殺猶太婦孺時，這些人應該牢記，敵人也正在轟炸德國，殘殺德國婦孺。

如果一開始只有十二個警察站出來讓自己從即將發生的一場大規模屠殺中脫身，那麼更多的警察不是設法以較不顯眼的方式逃避槍決，就是在槍決開始後要求解除他們的行刑隊任務。這些類別裡有多少警察，無法確定，但是估計實際被派到行刑隊的人有一〇到二〇%屬於這些類別，似乎也不無道理。例如赫格中士就承認免除了多達五個人的任務，他的行刑隊有四、五十個人。在德魯格和史坦梅茲的小組，也是最多槍手接受審訊的一組，我們可以確認有六名警察在四輪槍決中退出，還有一個人數介於五至八人的行刑隊在更晚之後才被解除任務。儘管逃避或退出的人數目不算少，但不能掩蓋這一推論，即至少有八〇%被要求執行槍決的人持續這樣做，直到一千五百名來自約瑟烏夫的猶太人全遭殺害。

即使是在二十五年後，那些中途不幹的人仍一面倒地將他們對自己所做事情的純粹生理上的厭惡當成主要動機，但並未表達出這種厭惡背後的任何倫理或政治原則。考慮到這些後備警察的教育程度，人們不該期望他們能夠提供對於抽象原則的複雜闡述。但這類闡述的缺乏並不意味著他們的惡感不是源自納粹主義極力反對並要設法克服的人性本能。但這些人似乎並未意識到他們的情感和他們所服務的政權的本質之間存在著矛盾。當然了，過於軟弱而不能繼續執行槍決是給該營「生產力」和士氣帶來了麻煩，但這並沒有挑戰到基本的警察紀律或是整個政權的權威。事實上，在一九四三年十月四日對黨衛隊領導階層發表的那篇惡名昭彰的波森演說（Posen speech）中，希姆萊本人就認可了對於這種軟弱的寬容。在讚揚服從為所有黨衛隊成員的關鍵美德之一時，他明確指出了一個例外，那就是，「一個神經衰弱的人、一個脆弱的人。然後我們可以說：『好了，去領你的養老金吧。』」[8]

警察們明確認定出於政治和倫理動機的反對意見，則相對少見。一個人說，他堅決拒絕納粹的猶太措施，因為他是個活躍的共產黨員，因此他全盤否定國家社會主義。[9]另一個人說，他反對槍殺猶太人，因為他是多年的社會民主黨員。[10]第三個人說，納粹稱他是「政治上不可靠的」、「愛發牢騷的人」，但沒有進一步說明他的政治認同。[11]其他幾個人認為他們的態度尤其是基於反對該政權的反猶太主義。「之前在漢堡時我已經有這種態度了，」一個園藝造景師說，「都要歸咎於這些在漢堡已經採取的猶太措施，我失去了大部分生意上的客戶。」[12]另一名警察只說自己是「猶太人的好朋友」，但沒有進一步解釋。[13]

最詳細解釋他們拒絕參與原因的二個人都強調一個事實，因為他們沒有野心抱負，所以能更自由地採取這樣的行動。一個警察接受他的做法可能為他帶來的不利影響，「因為我不是個職業警察，也不想成為職業警察，我是個獨立的手藝工匠，我在家裡有自己的生意……所以我的警察生涯如果不能得意順遂也無所謂。」[14]

布赫曼中尉用倫理立場作為拒絕的理由：身為一名後備軍官及漢堡生意人，他無法射殺毫無抵抗能力的婦孺。但是當他解釋為何他的情況和其他軍官同袍的情況不同時，也強調了經濟獨立的重要性。「當時我年紀稍大一些，而且是名後備役軍官，所以對我來說，獲得升遷或其他方面的進展並不是那麼重要，因為我在國內的生意十分興隆。另一方面，連上的領導者都是年輕人，而且是想要有所成就的職業警察。」但布赫曼也承認他抱持一種納粹肯定會譴責為「世界主義的」並且是親猶太人的看法。「由於我的生意經驗，尤其是因為我的生意發展到國外，我可以對事情有一個比較好的綜合認識。此外，透過我之前的生意活動，我也認識了許多猶太人。」[15]

整個第一〇一營的人都對於他們被要求在約瑟烏夫做的事感到怨恨不滿，即使是那些整天都在執行槍決的人也有同感。一名警察向第一連的連士官長卡默說：「如果我必須再做一次我會瘋掉。」表達出許多人的心聲。[16]但只有少數人敢進一步設法讓自己擺脫這種可能性。[17]幾個家庭人口眾多、年紀較長的人利用了一項規定，這規定要求他們簽署一分免責書，同意在戰鬥地區執行任務。一個還沒簽的人拒絕簽署，另一個人撤銷了他的簽名。這二人最後都被調回了德國。反應最戲劇化的還是布赫曼中尉，他要求特拉普將他調回漢堡，並宣布除非特拉普直接下達個人命令，否則他不會參與猶太人行動。最後他寫信給漢堡，明確要求將他召回，因為他「不適合」他的單位在波蘭執行的某些「與警察無關的」任務。[18]布赫曼一直等到十一月才達成心願，但他爭取調職的努力終於還是成功了。

因此，特拉普和他在盧布林的上級面對的麻煩不是少數人基於倫理和政治立場持反對意見，而是那些堅持執行槍決到最後的人以及那些無法繼續下去的人廣泛出現了士氣低落的情形。這主要是對殺人過程本身的純粹恐怖的反應。如果第一〇一後備警察營要繼續為在盧布林區實施最終解決方案提供最重要的人力，那麼就必須考慮到並減輕這些警察的心理負擔。

在接下來的行動中，他們做出了二個重要改變，並從此遵守下去（除了一些值得注意的例外）。首先，第一〇一後備警察營的未來行動都跟猶太人區的淨空及驅逐有關，而不是直接就地屠殺。警察們因此擺脫了殺人過程的立即恐怖，殺人任務（對於來自北盧布林區的被驅逐者）在特雷布林卡的滅絕營執行。第二，儘管驅逐也是個可怕的程序，必須使用可怕的強制暴力將人趕上死亡列車，以及系統性地殺害那些無法被押送到列車上的人，但這些行動一般由第一〇一後備警察的單位及特拉夫尼基人聯合執行，他們是受過黨衛隊訓練的輔助力量，來自蘇聯境內，從戰俘營招募，通常會被分配到猶太人區淨空和驅逐行動中最棘手的任務。

對於約瑟烏夫行動造成的心理士氣低落的擔憂，確實是對幾天後在亞列克贊德羅發生的神祕事件的最可能解釋。也許特拉普得到保證，這次將由特拉夫尼基人執行槍決任務，當他們沒有出現時，他就把他手下圍捕的猶太人給放了。簡言之，要將第一〇一後備警察營整合進殺戮過程，就必須減輕其心理負擔，而這是透過一種雙重的勞動分工達成的。大部分的殺戮工作都被移到滅絕營，最糟糕的現場「髒活」則分派給特拉夫尼基人。事實將會證明，這種改變足以讓第一〇一後備警察營的人習慣參與最終解決方案。當到了再次殺人的時間時，這些警察並沒有「瘋掉」。相反，他們變得成了益發有效率且冷酷無情的劊子手。

9 沃瑪濟：第二連的墮落

在七月十三日約瑟烏夫大屠殺前，盧布林區警察營將重新部署的命令就已經下達。[1] 盧布林區分為北、中、南「安全區域」。第一〇一後備警察營被分派到北區，此區由西到東將普瓦維、拉津（Radzyń）及比亞瓦波拉斯卡（Biała Podlaska）三郡（countie／Kreise）包括進來。格納德中尉的第二連被分派到比亞瓦波拉斯卡，格納德將他連上的文職人員駐紮在比亞瓦郡府。第一排派駐在東南方的皮許查茲（Piszczac）及土許納（Tuczna），第二排派駐在位於正南方的威許尼采（Wisznice）。第三排則派駐在西南方的帕切夫（Parczew），實際上鄰近拉津的一個郡。

一九四二年六月十日，比亞瓦波拉斯卡郡開始執行最終解決方案，三千名猶太人從比亞瓦被驅逐至索比堡。來自較小社區的數百名猶太人被集中在位於比亞瓦和威許尼采中間的沃瑪濟（Łomazy）村。[2]接著屠殺行動就暫時停止，直到格納德中尉的第二連抵達才恢復。沃瑪濟猶太人將成為第一〇一後備警察營與一支來自特拉夫尼基的部隊首次舉行聯合殺人行動的目標。第二連提供了此次圍捕的大部分人力。特拉夫尼基部隊的主要職能是提供槍手，從而減輕這些德國警察曾在約瑟烏夫體驗到的主要心理負擔。

八月初，第三排一個人數約十五至十八人的班直接駐紮於沃瑪濟，由海因里希・畢克麥爾中士（Sergeant Heinrich Bekemeier）★指揮。這個人稱畢克麥爾班（Gruppe Bekemeier）的部隊在這個人口一半是波蘭人、一半是猶太人的小鎮，度過了太平無事的幾個星期。雖然猶太人與波蘭人居住區域是分開的，但小鎮的猶太人區並沒有圍籬，也沒有警衛看守。[3]這些德國警察被安置在猶太人區的一所學校裡。

八月十六日，行動即將展開的前一天，沃瑪濟的海因里希・畢克麥爾接到一通來自格納德中尉的電話，告知他隔天早上將有一場猶太人「安置」行動，他的人要在清晨四點完成準備。畢克麥爾很「清楚」這意味著什麼。[4]同一天，格納德將德魯克和席爾中士召集到比亞瓦。據稱，在一名保安處官員在場的情況下，他通知他們隔天的行動，這次行動將與黨衛隊合作執行。所有猶太人都將被射殺。[5]由於一早就要前往半小時車程的地點，駐紮在附近威許尼采的第二連被分配了卡車。[6]第一連沒有卡車可以使用，於是徵用了以馬匹拉的波蘭農用篷車，警察們連夜騎馬，以便趕在清晨時抵達沃瑪濟。[7]

在沃瑪濟，格納德和他的士官們舉行了一場會議，他們收到淨空猶太人區以及將猶太人集合在學校操場的指示。這些士官被告知，來自特拉夫尼基的志願者將執行槍決，所以警察們在大多數情況下可以不用做這工作。然而，圍捕工作仍然「照以前一樣」進行，也就是說，不易帶到集合地點的嬰兒及老人、病弱者一律就地射殺。但根據一名班長的說法，大部分兒童均再次被帶到集合地點。和在約瑟烏夫時一樣，警察們在淨空行動中不僅遇到德國猶太人，更遇到了來自漢堡的猶太人。猶太人很快就擠滿了學校操場，並湧入毗連的運動場。經過幾次槍響，圍捕工作在短短二小時內即已完成。[8]接著，沃瑪濟的一千七百名猶太人被迫坐下，等候。人數約六、七十人的一群年輕人被挑選出來，發給鐵鍬和鏟子，然後裝上卡車，卡車將他們載到樹林裡。幾個年輕猶太人從行駛中的卡車上跳下順利逃走。另一人攻擊了一名德國下士，他是營裡的拳擊冠軍，很快就把他那名絕望的襲擊者打到失去知覺。樹林裡，猶太人被安排去挖掘一個集體墓穴。[9]

回到沃瑪濟，厄運難逃的猶太人以及看守他們的警察等候的時間延長為數小時。忽然間，一支來自特拉夫尼基的五十人志願者部隊在一名德國黨衛隊軍官的帶領下進入小鎮。「我還可以清楚記得，」一名警察作證道，「抵達後，這些特拉夫尼基人立刻休息了片刻。我看見除了食物之外，他們還從背包裡拿出了幾瓶伏特加喝了起來。」黨衛隊軍官和格納德也開始灌起酒來。其他士官的身上也有酒味，但不像那二名指揮官，他們看起來沒有明顯醉意。[10]連上準備塗了奶油的麵包給警察。[11]

隨著墓穴挖掘工作接近尾聲，志願者部隊和警察們吃完飯後，他們就踏上前往森林的一公里「死亡行軍」。[12]一些警察搭乘農人的篷車前往森林，他們在那裡拉起一道新的警戒線。[13]其他人則開始以一次二、三百人一隊的方式將猶太人押送至森林。那些在路上不支倒地的人直接被就地槍殺。[14]事實證明，這過程過於緩慢，於是有人決定將所有剩餘猶太人集中在一個大隊押送。他們將從波蘭村民那裡收繳來的繩子綁在一起，放在被集中起來的猶太人周圍的地上。猶太人接著被命令站起來，提起環繞著他們的繩子，朝著森林的方向前進。

托尼．班泰姆中士描述了接下來的狀況：

行軍速度非常緩慢。大概是前面的人走得太快，拉扯了繩子，於是後面的人就擠在一起變成一大群，幾乎沒有一個猶太人有辦法把一隻腳放在另一隻腳的前面。跌倒是不可避免的，當這整群人甚至還沒離開或前腳剛離開運動場時，第一批人就開始跌倒了，跌倒的人常常就掛在繩子上被拖著走。在擠成一團的人群中，人們甚至彼此踐踏。以這種方式摔倒並躺在人龍後方地面上的猶太人被無情地向前驅趕，或乾脆射殺。但即使開始開槍了也沒能改變整個情況，在末端擠成一團的那群人根本沒辦法把自己從繩子上解開並向前移動。由於此時我們沒有被指派任務，我只是一個人或是和幾名我的同袍一起跟隨在猶太人後面而已，因為我已經有了結論，用這種方式是永遠沒辦法前進的。當最初的槍響沒能明顯改變整個情況時，我大吼了幾句：「這樣胡鬧到底有什麼意義，把繩子拿開！」之類的話。整個隊伍因為我的喊叫而停了下來，包括志願者們，我還記得他們轉身朝向我時一臉困惑。我再次向他們喊話，大致意思是（他們都有武器）繩子的事情根本是胡鬧，把繩子拿開。

當我第二次喊話後，猶太人放下了繩子，於是整群人可以像正常的縱隊一樣向前移動了。然後我自己回到了學校操場。在激動、惱怒的心情下，我立刻走進學校並喝了杯蒸餾酒。[15]

猶太人行軍隊伍抵達森林時被按照性別分開來，並送往三個集合區之一。他們在這裡被命令脫掉衣服。婦女可以穿著她們的連身內衣。一些區的男性被迫全裸；其他區的人則可以穿著他們的內褲。每一區的警察都被指派去收取衣物和貴重物品。他們被警告事後將會遭到搜查。猶太人拿著一捆捆的衣服走過來，這些被搜查過的衣服堆成了一堆。在將他們的貴重物品放入一個大容器或扔到一張攤開的毯子上後，猶太人被迫面朝下躺下，並再次展開經常長達數小時的等待，八月的烈日灼燒著他們暴露在外的皮膚。[16]

大量證詞表明，格納德中尉是「納粹的信徒」和反猶太主義者。他也是個陰晴難料的人，有時平易近人，有時又粗暴惡毒。在酒精的影響下，他最壞的特質變得更加明顯，所有人都說，在沃瑪濟的那個下午格納德醉得不醒人事。事實上，他在波蘭時已經墮落成一名「酒鬼」了。[17]格納德日益依賴酒精，這在該營並不是什麼不尋常的事。正如一個不喝酒的警察指出的，「大部分其他人都喝很多酒，只因為要大量槍殺猶太人，因為清醒時這樣的生活是很難忍受的。」[18]

如果格納德的酗酒情形在營裡司空慣見，他在沃瑪濟時開始表現出的虐待狂傾向則不是。在前一年秋天，格納德曾把他的手下送上從明斯克開出的夜班火車，以避免他們參與處決他從漢堡帶到那裡的猶太人。在約瑟烏夫，他也沒有表現出有別於其他軍官的特殊虐待狂行為。但在沃瑪濟鎮外的森林裡，當格納德在等待猶太人挖完墓穴想為自己找點樂子時，一切都改變了。

甚至在開始槍決前，格納德連士官長就已經親自挑選了二十至二十五名年長的猶太人。全都是留著大鬍子的男性。格納德命令這些老人在墓穴前面的地上爬行。當那些一絲不掛的猶太人在地上爬時，格納德連士官長向周遭的人喊道：「我的士官們在哪呀？你們沒有棍子嗎？」那些士官們走到森林邊上拿起棍子，使勁地用棍子痛毆猶太人。[19]

當槍決準備工作完成時，格納德開始將猶太人從脫衣區趕到墓穴那裡。[20]

一小群一小群猶太人被迫在從脫衣區到墓穴約三、五十公尺的一條細細警戒線之間奔跑。[21]墓穴的三面都堆著高高的泥土；第四面是個斜坡，猶太人從這裡被趕下來。在極度亢奮的狀態下，志願者首先開始在墓穴入口處槍決猶太人。「結果第一批被殺的猶太人堵住了斜坡。於是一些猶太人進入墳墓並把屍體從入口處拉開。大量猶太人立刻被趕進墓穴，志願者則在堆高的牆上站好位置，並從那裡射殺這些受害者。」[22]隨著射擊持續進行，墓穴也愈填愈滿。「後面進來的猶太人不得不爬上去，後來他們甚至得爬過那些之前被射殺的人，因為墓穴裡的屍體已經幾乎滿到邊上了。」[23]

經常一手拿著酒瓶的志願者和格納德以及黨衛隊軍官都醉得愈來愈厲害。[24]「當格納德連士官長用他的手槍從泥土牆上開槍時（所以他一直有掉進墓穴的危險），那名保安局（原文如此）軍官則和志願者一樣爬進了墓穴，從裡面開槍，因為他已經醉到沒辦法再站在牆上了。」墓穴裡，混合著血水的地下水開始上升，志願者很快就站在深度超過他們膝蓋的水中。隨著志願者一個接一個醉得不醒人事，槍手的數目也不斷地減少。格納德和黨衛隊軍官接著開始指責對方，音量之大，站在墓穴周圍三十公尺內的人都能聽得見。黨衛隊軍官吼道：「你的爛警察根本不開槍！」格納德則回敬：「好吧，那我的人也只得開槍了。」[25]

德魯克和席爾中尉召集他們的士官，將組成行刑隊以及使用和志願者同樣方式執行槍決的命令傳達下去。根據赫格中士的說法，士官們拒絕採用志願者的方法，「因為地下水已經超過半公尺了。而且墓穴裡到處都是躺著（更準確地說是漂浮著）的屍體。我記得有件事特別駭人，很多猶太人在處決時雖然被子彈射中，但卻沒有傷到致命要害，後面進來的受害者疊在他們身上，但他們卻沒有得到仁慈射擊的處置。」[26]

那些士官們決定由二個行刑隊站在墳墓的兩側繼續執行處決。猶太人被迫沿著墓穴的每一邊一排排躺下，由站在兩側牆上的警察射殺。全部三個排的人都被編入人數八到十人的行刑隊，每五到六次射擊後即由其他人輪班接替。大約二個小時後，志願者們從酒醉昏迷狀態中被搖醒，取代德國警察重新開始執行槍決任務。槍決在晚間七點結束，一直在一旁待命的工作猶太人將墳墓覆上泥土。接著，工作猶太人也被槍決了。[27]埋滿屍體的墳墓上，薄薄的覆土不斷滑落下來。[28]

第一和第二排當晚就返回各自的駐地，但畢克麥爾班的人仍留在沃瑪濟。幾天後，它對猶太人區進行了一次掃蕩。警察在搜查地窖及尋找房屋樓板下挖出來的地堡時又抓到了另外二、三十名猶太人。畢克麥爾致電格納德，格納德下令執行槍決。在三、四名波蘭警察陪同下，畢克麥爾和他的手下將猶太人帶到森林邊緣，強迫他們躺下並從後方射擊他們的脖子，他們再次使用刺刀當作瞄準器。每個人都至少開了一槍，有些人開了兩槍。波蘭鎮長被命令掩埋屍體。[29]沃瑪濟屠殺（第一〇一後備警察營的人第二次執行數千人規模的槍決行動）和約瑟烏夫的屠殺有幾個顯著不同的方面。

就受害者而言，在沃瑪濟似乎有更多人企圖脫逃，[30]推測是因為年輕，那些年富力強的工作猶太人沒能倖免，而且受害者從一開始就對他們將面臨的命運更有意識。儘管猶太人更努力躲藏起來或逃走，但從效率的角度，相較於在約瑟烏夫採用的臨時、業餘方法，沃瑪濟的殺人程序有顯著的進步。大約三分之一的警察在一半的時間內就殺死了更多的猶太人（一千七百人）。此外，他們還收集了貴重物品和衣物，並將屍體埋入集體墓穴。

心理上，凶手的負擔也大幅減輕了。志願者不是只有在事件結束後才用喝酒的方式來幫助他們遺忘，而是從一開始就喝醉了，他們執行了大部分的槍決工作。根據班泰姆中士的說法，他的警察們感到「欣喜若狂」，因為他們這次沒有被要求執行槍決。[31]那些不用直接參加這件事的人似乎幾乎不覺得自己參與了殺人。在約瑟烏夫之後，圍捕及看守將由其他人殺害的猶太人似乎相對上變得無害了。

即使是不得不在下午晚些時候取代志願者執行好幾個小時槍決的警察，回憶起這次經驗時，也沒有像他們在描述約瑟烏夫發生的事情時那樣的驚駭莫名。這些警察這次不需要和他們的受害者面對面配成對。受害者和凶手之間的個人連結被切斷了。只有一個警察回憶起他射殺的某特定猶太人的身分，這和約瑟烏夫形成了鮮明對比。[32] 除了將殺人過程去個人化（depersonalization）之外，透過快速輪班，這些警察也擺脫了那種無休無止殺人的感覺，而這在約瑟烏夫的經驗是如此鮮明。他們在殺人過程的直接參與經驗不僅更不個人化，而且也更為有限。習慣也發揮了作用。這些人已經殺過一次人，第二次殺人時就沒有經驗到那樣的創傷性衝擊了。像其他許多事一樣，殺人也是一件可以習慣的事。

還有一個因素使沃瑪濟和約瑟烏夫截然不同，並且很可能對這些而言人是另一種心理「解脫」，那就是這次他們不需背負特拉普在第一次大屠殺時毫無掩飾地提供給他們的那種「選擇的重擔」。覺得無法勝任槍決任務的人沒有得到站出來的機會，也沒有人系統性地允許那些明顯驚恐到無法繼續完成任務的人離開。每個被派到行刑隊的人都照命令輪流上工。[33] 因此，那些開槍的人不需要抱著他們所做的事是可以避免的這種清楚意識而活下去。

這並不是說這些人別無選擇，只是不像在約瑟烏夫那樣公開而明確地提供而已。他們必須盡力迴避殺人。即使是赫格中士這個最強調沒有召集志願者及連上每個人都必須輪流執行槍決的人，也承認有些人可能「溜走」到樹林裡。[34] 但與約瑟烏夫相較，迴避者人數顯然相當少，只有二個人作證時承認曾刻意以某種方式逃避執行槍決。格奧格・卡格勒聲稱自己是某個小組成員，該小組曾二次護送猶太人從沃瑪濟前往森林裡，然後他「用多少是『開溜』的方式逃避進一步的任務指派」。[35] 保羅・梅茨格（Paul Metzger）★被派到森林邊緣的一個外圍警戒線去封鎖從脫衣區逃命的猶太人。在約瑟烏夫時，梅茨格就曾在執行二輪射擊後「溜到」卡車陣中。現在，在沃瑪濟，當一個逃跑的猶太人突然間朝他跑過來時，梅茨格讓他過去了。據他回憶，「格納德連士官長……那時已經喝得醉醺醺了，他想知道是哪個站哨的讓這個猶太人逃跑的。我沒把自己報告上去，我的戰友也沒人告發我。因為格納德連士官長當時喝醉了，無法調查這件事，所以我也沒被追究。」[36]

卡格勒和梅茨格的行動至少有某些風險，但他們都沒有因逃避而受到任何懲罰。然而，大部分警察似乎都不曾努力避免執行槍決。在沃瑪濟，服從命令強化了人們跟從戰友行為的自然傾向。這比在約瑟烏夫的情況要容易忍受得多，在約瑟烏夫，警察們雖獲准對他們的參與做出個人決定，但不執行槍決的「代價」是將他們和他們的同袍分開，並暴露出自己是「弱者」。

特拉普不僅提供選擇，他還定下了行動的基調。他宣布，「我們的任務是射殺猶太人，不是毆打或折磨他們。」[37] 在約瑟烏夫，他個人的痛苦對所有人來說是明顯可見的。然而，在這之後，大部分「猶太人行動」都是以連和排為單位來執行，而不是用上整個營的兵力。處於連長（像是沃瑪濟的格納德）而非特拉普的位置上，才能為這些人期望與被鼓勵的行為定調。格納德在墓穴邊緣表現出的無端、可怕的虐待狂行為只是他選擇從這方面展現領導力的一個例子，但這類例子很快就倍增了。當屠殺結束後，喝得醉醺醺的格納德和特拉夫尼基人的黨衛隊指揮官在沃瑪濟學校操場遇見托尼·班泰姆，格納德問，「那麼你射了多少人啊？」當這位中士回答說沒有人時，格納德輕蔑地回答，「也不能指望你什麼了，畢竟你是個天主教徒嘛。」[38]有了這樣的領導及特拉夫尼基人的幫助，第二連的警察在沃瑪濟朝著成為鐵石心腸的凶手邁出了一大步。

10 八月，將猶太人驅逐至特雷布林卡

沃瑪濟是個離任何火車站都有點距離的小鎮，一九四二年六月時猶太人被集中到這裡，但要從這裡驅逐他們並不容易。因此才有了八月十七日的大屠殺。然而北盧布林區的大部分猶太人居住在拉津、武庫夫（Łukow）、帕切夫和緬茲熱茨（Międzyrzec）鎮，這些小鎮都鄰近鐵路接點。因此，第一〇一後備警察營對最終解決方案的主要貢獻不再是執行在地屠殺，而是淨空猶太人區，並將他們驅逐到位於特雷布林卡的滅絕營，該營位於位於拉津的第一〇一營總部以北約一百一十公里處。

一九四二年七月二十二日深夜，第一列開往特雷布林卡的列車駛離華沙，隔天早晨抵達滅絕

營。此後每天都有來自華沙及周邊行政區的猶太驅逐列車抵達。在八月五日至二十四日這段期間，約三萬名來自拉津及凱爾策的猶太人也被運往特雷布林卡。儘管該營的殺人量能已達到了極限，格洛博奇尼克仍迫不急待地決定開始從北盧布林驅逐猶太人。拉津郡是第一〇一後備警察營安全區的中心，位於拉津郡帕切夫和緬茲熱茨鎮的猶太人成了首當其衝的目標。

扣掉被派往沃瑪濟的畢克麥爾班，史坦梅茲的第二連第三排均駐紮於帕切夫。帕切夫的猶太人區住著五千多名猶太人，這一區並未用鐵絲網或牆與鎮上其他地區隔離開來。但沒有封閉的猶太人區，不表示那裡的猶太社區就沒有遭受那些在德國占領下司空慣見的歧視與羞辱。據史坦梅茲回憶，當他的警察抵達時，大街上已經鋪上了猶太人的墓碑。[1] 八月初，約三、五百名帕切夫猶太人被裝上馬匹拉的篷車，在警察護衛下被送進五、六公里外的森林裡。猶太人在那裡被移交給黨衛隊的一個單位。警察們在聽見任何槍響前就離開了，他們對那些猶太人的命運始終一無所知。[2]

關於將有一場更大規模驅逐行動的傳言在帕切夫流傳，許多猶太人逃進了樹林裡。[3] 然而，八月十九日清晨，就在沃瑪濟大屠殺的二天後，當第一〇一後備警察營第一、第三連的警察以及一支志願者部隊來到帕切夫時，大部分的猶太人仍在鎮上。特拉普發表了另一次講話，通知大家猶太人將被帶到鎮外二、三公里的火車站。他「間接」但毫不含糊地暗示，那些無法走到火車站的年老體弱者將再次遭到就地槍殺。[4]

第二連架設警戒線，第一連執行猶太人區的搜索行動。[5]到了中午，一條長長的猶太人隊伍已經從市場延伸到了火車站。當天約有三千名帕切夫猶太人遭到驅逐。幾天後，他們在沒有志願者的幫助下再次執行整個行動，這次剩餘的二千名帕切夫猶太人也被送往特雷布林卡。[6]

在警察們的記憶中，帕切夫驅逐行動相對太平。一切進行得十分順利，幾乎沒有槍擊發生，志願者在第一次驅逐行動中也似乎沒有表現出他們常見的醉酒及殘暴行為。大概是因為要幹的「髒活」實在不多，他們甚至認為第二次驅逐行動沒必要召來志願者。儘管警察們不能確切知道猶太人要被送往何處，或是要對他們做什麼事，「我們全都心知肚明，」正如史坦梅茲坦承，「對受影響的猶太人來說，這些驅逐就是通往死亡之路。我們懷疑他們會在某種營裡遭到殺害。」[7]不必直接參與殺人後，第一〇一後備警察營的人似乎幾乎不會受到這種意識的困擾了——即使帕切夫驅逐行動的猶太人受害者比約瑟烏夫和沃瑪濟大屠殺加起來的還要多。眼不見為淨確實有道理。事實上，對史坦梅茲排上的一些警察而言，最生動的記憶是他們被派到帕切夫北邊的一塊沼澤草地上站崗，他們不得不雙腳溼漉漉地在那裡站一整天。[8]

對於第一〇一後備警察營的人來說，更令他們難忘的是八月二十五日至二十六日間將一萬一千名猶太人從緬茲熱茨驅逐到特雷布林卡的那次行動。[9]一九四二年八月，緬茲熱茨是拉津郡最大的猶太人區，猶太人口超過一萬二千人，而武庫夫的猶太人口是一萬人、拉津鎮則是六千人。盧布林區的猶太人管轄權已在一九四二年六月由民政部門移交給黨衛隊，這三個猶太人區此後均由安全警察拉津分局派出的人員負責監管。[10]

和位於盧布林區南部的伊茲比卡和皮亞斯基一樣，緬茲熱茨注定要成為「猶太中轉區」，來自周圍地區的猶太人被集合於此，然後送往特雷布林卡。為接收更多來自其他地區的猶太人，緬茲熱茨的猶太人區必須定期將其居民清空。這類淨空行動中第一場也是最大的一場發生在八月二十五日至二十六日，來自第一〇一後備警察營第一連、第二連第三排、第三連第一排的人以及一支志願者部隊和拉津安全警察，共同進行了一場聯合行動。[11]

從警察營總部在七月底從比烏科拉伊遷至拉津起，第一連的人就駐紮在拉津、武庫夫及寇馬盧夫卡（Komarówka）。第三連第一排也駐紮在拉津郡的切米爾尼基（Czemierniki）鎮，第二連第三排則駐紮在帕切夫。這五個排現在均被動員參與此次的緬茲熱茨行動。八月二十四日晚間，一些警察抵達緬茲熱茨，在此單位的陪同下，篷車隊運來了更多的猶太人。[12] 然而，在連士官長卡默的督導下，大部分警察都於八月二十五日清晨集結於拉津。當卡車車隊在出城的路上停在沃勞夫上尉的私人寓所前時，他在之前的缺席得到了解釋。沃勞夫和他年輕的新娘（懷孕四個月的她肩上披著一件軍用大衣，頭上戴著一頂有帽簷的軍帽）從房子裡走出來，爬上其中一輛卡車。「當沃勞夫上尉坐在前排司機座位旁時，」一名警察回憶道：「現在我不得不把我的位子讓給他的妻子了。」[13]

在加入第一〇一後備警察營之前，沃勞夫上尉曾在職業生涯中遇到了幾次困難。一九四〇年四月，他隨第一〇五警察營被派往挪威，但他在挪威的指揮官最終要求將他召回。他說，沃勞夫精力充沛、頭腦聰明，但完全缺乏紀律，並且太注重自己的形象。[14] 被送回漢堡後，沃勞夫又被他的下一個指揮官判定為對後方勤務缺乏興趣，需要接受嚴格督導。[15] 在這個時間點，一九四一年的春天，沃勞夫被派到剛從沃茨返回的第一〇一後備警察營，他的職業命運從此發生了變化。在幾個月內，新的警察營指揮官特拉普就推薦他升任連長一職。沃勞夫具有軍人的資質，他精力充沛、活力旺盛，並具有領導才幹，特拉普如此寫到。此外，他以國家社會主義原則行事，並據此指導他的部下。他「隨時準備好為國家社會主義國家毫不保留地鞠躬盡瘁」。[16] 沃勞夫被升為上尉，接管第一連，並成為特拉普的副指揮官。

在警察們眼中，沃勞夫似乎相當自負。一名警察記得，沃勞夫像個將軍一樣站在他的車子裡。另一個人則說，人們都不屑地叫他作「小隆美爾」(the little rommel)。」[17] 據第一連的事務官回憶，他精力充沛、有決心為他指揮的各方面負起責任，也有能力把事情做好。[18] 他不情願殺人的排長布赫曼中尉則評價他是一個比格納德中尉「正直與真誠」得多的人（必須承認這不是個很高的比較標準），而且不是個突出的反猶分子。他是個認真看待自己職責的軍官，但最重要的是他是個才剛結婚、沉浸在愛河中的年輕人。[19]

事實上，第一〇一後備警察營突然啟程前往波蘭令沃勞夫感到措手不及，這打亂了他在六月二十二日舉行婚禮的計畫。六月下旬一抵達比烏科拉伊，他就立即懇求特拉普讓他回漢堡幾天與女友結婚，因為她已經懷孕了。特拉普一開始拒絕，但後來又批准了他的特別休假。沃勞夫於六月二十九日結婚，回到波蘭時正好趕上了在約瑟烏夫的行動。當他的連隊駐紮在拉津時，沃勞夫讓他的新婚妻子前來探望他，在那裡度蜜月。[20]

沃勞夫可能帶著他的新婚妻子一起見證了緬茲熱茨驅逐行動，因為正如布赫曼說的，仍沉浸在新婚燕爾的他無法忍受與她片刻分離。另一方面，這個自命不凡、自視甚高的上尉也可能想向她展示他主宰著波蘭猶太人的生殺大權，好讓新婚妻子留下深刻印象。警察們顯然認為是後者，他們的反應是一致地義憤填膺，對於他帶著一個女人去見證他們所做的可怕事情感到氣憤不已。[21]要不是沃勞夫是他們的上尉，連第一連的人也會覺得羞愧。

當車隊載著沃勞夫、他的新婚妻子以及大部分第一連的人抵達位於拉津以北不到三十公里的緬茲熱茨時，行動已經展開。由於志願者和安全警察已開始圍捕工作，他們可以聽到槍擊和尖叫的聲音。他們等待沃勞夫去請求指示。他在約二、三十分鐘後回來並發布該連的任務。一些人被派去外圍執行警衛工作，但大部分人被分派到和志願者一起執行淨空行動。他們也照常接到命令，射殺任何企圖逃跑者以及無法步行前往鎮外火車站的老弱病殘者。[22]

當警察們等待沃勞夫回來時，雖然時候還早，他們卻遇到了一名已經喝得醉醺醺的安全警官。[23]人們很快就發現志願者們也喝醉了。[24]他們如此頻繁、瘋狂地開槍，就連警察們也常要尋找掩蔽免得自己被擊中。[25]他們看見「街道上和房子裡到處橫躺著被槍殺的猶太人屍體」。[26]

數千名猶太人在志願者和警察們的驅趕下湧入當地市場。他們在這裡不得不坐下或蹲著，不能動也不能站。隨著幾個小時過去，許多猶太人在這個夏末熱浪滾滾的炎熱八月裡昏倒或突然暈厥。此外，市場裡還持續發生毆打及槍擊事件。[27]由於氣溫升高，沃勞夫夫人已經脫下了她的軍用大衣，人們可以很清楚地看見她穿著洋裝待在市場裡，近距離親睹事件的發生。[28]

看守外圍的警察大約在下午二點被召進市場，一、二小時後開始步行前往火車站。整個志願者部隊及所有警力都被派來沿途驅趕成千上萬的猶太人。槍擊事件也再次頻發。無法繼續向前走的「腳患」者被射殺，屍體被留在了路邊。通往火車站的街道上沿街排滿了屍體。[29]

最終的恐怖到最後才發生，火車車廂現在得裝進東西了。當志願者和安全警察將一百二十至四十名猶太人裝進每節車廂時，後備警察們負責守衛及旁觀。根據一個人的記憶：

> 當事情進展不順利時，他們就動用馬鞭和槍。裝載的過程簡直是可怕。這些可憐人發出駭人的哭嚎聲，因為同時有十或二十節車廂在進行裝載。整列貨運列車長得嚇人。人們一眼無法看完整列火車。保守估計可能有五、六十節車廂。一旦一節車廂裝載完畢，車門就立刻被關上並釘死。[30]

當所有車廂一封死，第一〇一後備警察營的人不等列車開走就迅速離開了。

淨空緬茲熱茨猶太區是該營在最終解決方案的整個參與過程中，規模最大的一次驅逐行動。緬茲熱茨只有一千名獲得臨時工作許可的猶太人得以留在猶太人區，直到波蘭人可以取代他們為止。[31]因此約有一萬一千名猶太人成為驅逐行動的目標。警察們只知道「數百名」猶太人在行動過程中遭到槍殺，但當然他們不知道確切人數為何。[32]但集中和掩埋屍體的倖存猶太人知道，他們的統計是九百六十人。[33]

這個數字必須放在某個更廣的視角下才能展現，即使按照一九四二年的納粹標準，緬茲熱茨驅逐行動是何等凶殘。一九四二年七月二十二日到九月二十一日間約有三十萬名猶太人從華沙被驅逐。根據紀錄，在這二個月間遭到槍殺的猶太人總數為六千六百八十七人。[34]因此在華沙，被就地殺害的猶太人與遭到驅逐的猶太人間的比例約為二%。但在緬茲熱茨，同樣的比例則是近九%。緬茲熱茨猶太人並沒有靜靜地「像羊一樣走向屠宰場」。他們被以難以想像的凶狠殘暴的方式所驅趕，這次的經驗甚至在已日益麻木、冷漠的第一〇一後備警察營參與者記憶中留下了獨特的印記。這不是那種可以「眼不見為淨」的情況。

為何帕切夫的驅逐行動相對太平，沒有什麼值得記憶的事發生，而僅僅一週後的緬茲熱茨行動卻成了一次恐怖經驗，這之間的鮮明對照是怎麼回事？從德國人這方面來看，關鍵因素是加害者與受害者間的比例。在五千多名猶太人的帕切夫，德國人有二個秩序警察連及一支志願者軍，即大約三百至三百五十名人力。但在緬茲熱茨，要被驅逐的猶太人數量是二倍，德國人卻只用了五個排的秩序警察、當地安全警察以及一支志願者軍，大約三百五十至四百名人力。在人力方面，執行猶太區淨空任務的德國人承受的壓力愈大，他們在完成任務時就表現得愈凶狠殘暴。

格洛博奇尼克迫不及待地想要在華沙和拉多姆區的驅逐行動進行的同時，展開從北盧布林的驅逐行動，事實證明這遠超過滅絕營的量能所能負擔。八月下旬，等待被殺的猶太人與無法及時處理的屍體數量不斷攀高。殺人機器終於因不堪負荷而停擺。華沙、拉多姆和盧布林區的驅除行動暫時停止，包括預定從八月二十八日開始從盧布林開往特雷布林卡的一列次火車也暫時停擺。[35] 格洛博奇尼克和他的滅絕營長官克里斯蒂安・維爾特趕往特雷布林卡重整滅絕營。法蘭茲・斯騰格（Franz Stangl）從索比堡被召來並被任命為指揮官；當時索比堡相對無事，因為在鐵路線整修期間，除了從附近地方外，其他地方都無法進入索比堡。經過一週的整頓，九月三日恢復了從華沙到特雷布林卡的驅逐行動，從拉多姆區的驅逐行動也隨後於九月中重新展開。與此同時，第一〇一後備警察營的人則享受了短暫的喘息，因為北盧布林的殺戮行動直到九月底才恢復。

11 九月下旬的槍決

在盧布林區的北安全區恢復進行驅逐計畫不久前，第一〇一後備警察營又參與了數次集體槍決行動。其中第一次發生在位於科克（Kock）西北方約九公里處的賽羅科姆拉（Serokomla）村。賽羅科姆拉已在一九四〇年五月經歷了一次大屠殺，執行者是德裔人士組成的民間自發治安組織，德文稱為Selbstschutz，即「自衛隊」（self-defense）。一九三九年秋天及一九四〇年春，在希姆萊的親信馮・阿爾文斯列本（Ludolph von Alvensleben）指揮下，在德國占領下的波蘭組建了這些自衛隊。在執行包括賽羅科姆拉那次行動在內的一連串大屠殺後，自衛隊被重組為德文稱為Sonderdienst的「特勤隊」（special service），屬於當地民政管理部門的郡長麾下。[1]

一九四二年九月，德國人再次來到賽羅科姆拉。第一連布蘭德中尉指揮的排駐紮在附近的科克。布蘭德下令漢斯・凱勒中士和該排的十名警察前往賽羅科姆拉周邊外圍地區圍捕猶太人，並將他們帶到該村。[2] 接著，九月二十二日清晨，布蘭德的排就從科克驅車出發，在鎮子西北方的一處十字路口等待。沃勞夫上尉指揮的第一連其他排從東北方二十公里外的拉津前來與他們會合，皮特斯中尉（Lieutenant Peters）指揮的第三連第一排也從東方十五公里外的駐地切米爾尼基趕來加入他們行列。在沃勞夫上尉的指揮下，後備警察一行開往賽羅科姆拉。

到達村子不久前，沃勞夫停下車隊並發布命令。鎮外的二座山丘上已經架設了機關槍，那裡可以居高臨下地看到整個地區。布蘭德排的一些人被派去封鎖村子的猶太人區，第一連剩下的人則被派去集中猶太人。[3]

直到目前為止沃勞夫仍未透露關於槍決的任何消息，除了工作將如常進行外——這是個間接的說法，人們理解到的意思是企圖躲藏或逃跑的人，以及那些無法行走的人都將被當場射殺。但被暫時留下的皮特斯中尉那排被派去村子外不到一公里處的一個礫石坑和廢物堆的區域。從附近二座山丘上裝設機關槍的隱密地點，凱勒中士可以觀察部署情形，對他而言，賽羅科姆拉的猶太人顯然將被射殺，雖然沃勞夫只跟警察們說過「重新安置」。

在一個溫暖而陽光明媚的日子，集合賽羅科姆拉猶太人（約二、三百人）的工作在上午十一點前完成。接著沃勞夫「突然」宣布所有猶太人將被射殺。[4]另外幾個第一連警察在尤里錫中士（Sergeant Jurich）★指揮下被派往礫石坑加入皮特斯中尉那排的槍手中。大約在中午時分，第一連剩下的人開始將猶太人二、三十人一組地押送到鎮外。

皮特斯中尉的排在約瑟烏夫時負責維持警戒線，因此沒有參與行刑隊的任務。他們也同樣缺席了第二連在沃瑪濟的槍決工作。但在賽羅科姆拉，輪到他們上場了。

不像在沃瑪濟有經驗豐富的志願者的幫助，沃勞夫用類似約瑟烏夫槍決的方式來組織這次處決。二、三十人一組的猶太人依序被迫走出鎮上前往礫石坑，並移交給人數等同的皮特斯及尤里錫的小隊。接著每個警察再次與他將要射殺的猶太人面對面。沒有強迫猶太人脫光衣服，也沒有收集他們的貴重物品。也沒有挑出有勞動力的人。不論年齡與性別，所有的猶太人都要被射殺。

槍決突擊隊的警察把他們的猶太人押送到礫石坑區域的某座廢物堆上面。受害者排成一排，面對著六英尺高的落差。警察從後方不遠的地方按照命令向他們的脖子開槍。屍體從廢物堆的邊緣摔下。每輪射擊結束後，下一組猶太人就被帶到同樣的地點，因此在輪到他們被射殺時，他們不得不低頭看著他們親友們堆得愈來愈高的屍體。要經過好幾輪射擊後槍手們才會改變地點。

當槍決進行時，凱勒中士從他的機關槍據點漫步下來找尤里錫中士說話。當他們近距離觀看槍決過程時，尤里錫抱怨起沃勞夫。在沃勞夫下達這個「狗屎」命令後，他就「偷溜」到賽羅科姆拉，並坐在波蘭警察局裡。[5]因為無法向他的新婚妻子炫耀（她這次沒有與他同行），沃勞夫顯然就沒興趣出現在殺人現場了。後來，沃勞夫聲稱他對賽羅科姆拉行動一點記憶也沒有。也許他的心思已經跑到即將送他的新娘回德國的路上了。

槍決行動持續直到下午三點。沒有掩埋屍體，死去的猶太人的屍體就這樣橫躺在礫石坑裡。警察在科克停留吃了頓遲了的午飯。當晚他們回到各自的營房時，得到了特殊的酒精配給。[6]

賽羅科姆拉大屠殺三天後，第一連的尤斯特中士（Sergeant Jobst）★身著便服，在一名波蘭翻譯的陪同下，從科克出發前往一個安排的會面地點，這次的會面是為了誘捕一名波蘭抵抗組織成員，他躲藏在賽羅科姆拉和塔爾辛（Talcyn）村之間。獵物成功上鉤，尤斯特抓住了他。但當尤斯特經過塔爾辛返回科克時，卻遭到伏擊並殺害。那名波蘭翻譯逃走，直到深夜才帶著中士已死的消息抵達科克。[7]

尤里錫中士大約在午夜時分致電位於拉津的營部，報告了尤斯特遭殺害的消息。[8]電話結束後，凱勒從與尤里錫的談話中得到的印象是營部並沒有懲罰這個村子的打算。然而，特拉普少校很快就從拉津打了電話過來，並說盧布林已下令將槍決二百人作為報復。[9]

九月二十六日清晨，那些四天前已經抵達賽羅科姆拉的單位再度在科克村外的同一個十字路口會合。這次指揮的不是沃勞夫，因為他已經在回德國的路上了。在他的副官哈根中尉及營部文職人員的隨行下，特拉普少校親自負責這場行動。

一抵達塔爾辛，第一連全連就看到了尤斯特中士的屍體，它被丟在鎮邊的街道上。[10]他們封鎖了小鎮，波蘭居民從家裡被叫出來，集中在學校裡。許多男人已經逃離村子了，[11]剩下的男人被帶到學校體育館，特拉普在那裡進行了挑選。

顯然為了盡可能不讓當地人感到離心，特拉普和哈根中尉在與波蘭鎮長商討後進行了挑選。涉及的只有二類波蘭人，一類是塔爾辛的陌生人及臨時居民，另一類則是「沒有足夠生存手段」的人。[12]特拉普至少派了一名警察去安撫那些被留置在附近教室的婦女，她們絕望地哭喊著。[13]七十八名波蘭人在這個過程中被挑出來，帶到鎮外槍殺。據一名德國警察回憶，他們只射殺「最窮的窮人」。[14]

布赫曼中尉把一些警察直接帶回拉津，其他人則留在科克吃午飯。他們吃到一半時得知今天的殺戮任務還沒結束。距離特拉普訂下的報復額度還有一段距離，他顯然想出了一個巧妙方法，可以在與當地人關係不進一步惡化的情況下達成目標。他的警察不會在塔爾辛槍殺更多波蘭人，而是槍殺來自科克猶太人區的猶太人。[15]

一名德國警察，正在開車前往拉津路上的司機，宣稱他曾停在鎮邊的猶太人區，警告他們即將到來的行動。[16]當然，這類警告對於已成為甕中鱉的猶太人根本毫無用處。德國警察組成的搜查隊進入猶太人區，並開始抓捕他們能找到的任何人，不論年齡或性別。無法步行到槍決地點的年長猶太人當場就被槍殺。一名警察後來作證，「雖然我本來應該參與這次搜捕行動，但是在這裡我也一樣可以在街上到處閒晃。我不贊成任何形式的猶太人行動，所以我沒把任何一個猶太人送去槍斃。」[17]

但像往常一樣，少數推卸或逃避參與的人沒有妨礙那些打算執行任務的人。落入他們布下的天羅地網的猶太人被帶出猶太人區，集中在一個大房子裡，房子後面有個用牆圍起來的院子。他們三十人一組被帶到院子裡，並被迫在牆邊躺下。在布蘭德中尉的命令下，配備衝鋒槍的士官們槍殺了這些猶太人。他們的屍體被留在那裡，直到隔天才叫來猶太人區的工作猶太人，將他們的死者埋在一個集體墓穴。[18]特拉普少校立即向盧布林報告，為報復尤斯特在塔爾辛遭伏擊，三名「盜匪」、七十八名波蘭「共謀」，以及一百八十名猶太人已遭處決。[19]顯然在約瑟烏夫大屠殺中哭泣且仍避免無差別屠殺波蘭人的那個男人，對於射殺超過足夠數量的猶太人來達成配額已不再有任何顧忌了。

如果特拉普少校不情願地接受了他在殺死波蘭猶太人這件事上扮演的角色，那麼布赫曼則否。在約瑟烏夫後他就告訴特拉普，沒有他個人直接下令，他不會參與猶太人行動。他也要求調職。在提出這類要求時，布赫曼有個重要的優勢。一九三九年，在被送去接受軍官培訓並成為一名後備役中尉前，布赫曼曾在該營第一次到波蘭出任務時擔任特拉普的司機。所以他跟特拉普有私交。他覺得特拉普「理解」他，對他的立場沒有感到「憤慨不已」。[20]

特拉普沒有為布赫曼爭取到立即調回德國的機會，但他確實保護他，並順應了他不參加猶太人行動的要求。布赫曼在拉津與營部文職人員駐紮在同一棟建築物裡，所以不難想出一套程序來避免他「拒絕服從命令」。每當在計劃猶太行動時，命令就會直接從營部傳達給布赫曼的副手鞏特中士（Sergeant Grund）★。鞏特會問布赫曼他是否願意隨排參加即將來臨的行動，布赫曼知道那是個猶太人行動，就會回絕。於是他就沒有跟著第一連前往緬茲熱茨或賽羅科姆拉。但塔爾辛一開始並不是個猶太人行動，當特拉普在挑選波蘭人時，布赫曼人在學校裡，雖然特拉普在開始屠殺科克猶太人區的猶太人前就直接把他送回拉津了，這並不是個偶然。

在拉津，布赫曼沒有努力隱藏他的感覺。相反，他「對猶太人受到的待遇感到憤慨不已，並且一有機會就公開表達這些看法」。[21] 顯然對他周遭的人來說，布赫曼是個非常「內斂」、非常「有教養」的男人，一個不想當兵的「典型平民」。[22]

對布赫曼而言，塔爾辛是最後一根稻草。他回去的那天下午，接待員想要向他報告事情，但他「立刻走進自己房間並將自己鎖在裡面。一連好幾天他都不跟我說話，雖然我們彼此很熟。他非常憤怒，氣憤地抱怨著，大意是說，『我現在不會再幹這種屎差事了。我受夠了。』」[23] 布赫曼不只是抱怨而已。九月下旬時他也直接寫信給漢堡，緊急要求調職。他無法執行他的單位在波蘭被交派的這些「與警察無關」的任務。[24]

如果布赫曼的行為受到了特拉普的容忍及保護，那麼他的部下對此則反應不一。「在我的屬下裡，有許多人理解我的立場，但其他人卻說些輕蔑我的話，看不起我。」[25]然而營裡有幾個人追隨著他的榜樣，告訴連士官長卡默：「他們既不能也不願意再參加類似的行動了。」卡默沒有告發他們，而是對他們大吼大叫，把他們叫作「廢物」，說他們「一無是處」。但在很大程度上，他讓他們不必再參與進一步的猶太人行動。[26]卡默在這件事的做法參考了特拉普從一開始就樹立起來的榜樣。只要手邊不缺願意做這個殺人工作的人手，順應布赫曼和那些有樣學樣的人，就會比找他們麻煩還容易得多。

12 恢復驅逐行動

到了一九四二年九月底，第一〇一後備警察營已經參與槍決了約四千六百名猶太人及七十八名波蘭人，並協助將約一萬五千名猶太人驅逐至特雷布林卡的滅絕營。這些殺戮活動涉及了在三個月內執行的八個不同行動。其中有三次，包括從帕切夫的第一次驅逐，在沃瑪濟的大規模射殺，以及從緬茲熱茨的驅逐行動，這些警察均與來自特拉夫尼基的志願者並肩工作。而另外的五次，即約瑟烏夫、第二次帕切夫驅逐、賽羅科姆拉、塔爾辛以及科克行動，他們則是單獨行動。

這些警察能夠將這些行動鮮明地保存在記憶中；他們可以詳細地描述每個行動，並相當準確地記得發生的日期。但從十月的一開始到十一月初，第一〇一後備警察營的活動大幅增加了。行動一個又一個持續不斷；在反覆的猶太人區淨空行動中，成千上萬的拉津郡猶太人被驅逐。要重建這致命的六週中發生的事件於是十分困難。警察的記憶隨著一個緊接一個的活動而變得模糊不清。他們仍可以回憶起一些特定事件，但無法將它們放進不同行動的時序中。我對這些快速的事件序列的重建首先是基於波蘭猶太裔歷史學家塔蒂亞娜・布魯斯汀—貝倫斯坦（Tatiana Brustin-Berenstein）和華沙的猶太歷史研究所在戰後立即展開的研究，[1] 警察們混亂的記憶必須與此相符。

九月初，盧布林區秩序警察部署調整。第四個安全區成立，包括沿著該區東界的比亞瓦波拉斯卡、赫魯別舒夫（Hrubieszów）以及海烏姆三郡。這讓格納德的第二連第一、二排得以從比亞瓦波拉斯卡移駐到北拉津郡的緬茲熱茨鎮和寇馬盧夫卡鎮。[2]

九月的最後一週，比亞瓦波拉斯卡剩下的猶太人都跟著第二連走了；他們被圍捕並轉移到現在幾乎空無一人的緬茲熱茨猶太人區。[3] 九月和十月時，緬茲熱茨「猶太中轉區」也從拉津郡的各城鎮，包括直接從寇馬盧夫卡和沃辛（Wohyń）以及經帕切夫從切米爾尼基「補貨」（restocked）。[4] 在所有這些轉移中，警察只記得從寇馬盧夫卡的那一次，那裡是第二連第二排的常駐地。[5] 在寇馬盧夫卡的猶太人中有位來自漢堡的女性，她之前曾擁有一家電影院（米勒托〔Millertor-Kino〕），一名警察經常光顧這家電影院。[6] 武庫夫的猶太人區是第二個「猶太中轉區」，接收來自拉津郡其他小鎮的猶太人。[7] 當然，這一集中的過程是個不祥的前奏，預示著開往特雷布林卡的死亡列車將再次啟動，以及讓北盧布林區成為德文的judenfrei，即沒有猶太人（free of Jews）的地方的系統性運動。

黨衛隊下級突擊隊領袖弗里茲・費雪（Untersturmführer Fritz Fischer）指揮的安全警察分局，負責協調針對拉津郡猶太人區的十月「攻勢」。拉津、武庫夫及緬茲熱茨猶太人區的行政權已經在一九四二年六月由安全警察的警官接管，[8]但是當地人力仍相當不足。拉津分局和它在武庫夫的哨站可能總共有四十名德國安全警察和德裔「幫手」可用。費雪還擁有一支由二十名志願者組成的常設部隊可供調度。緬茲熱茨、武庫夫和拉津總共有總數四十至五十人的郡警。[9]即使再加上費雪自己的志願者軍，安全警察和郡警的有限警力仍極度依賴外部援助將猶太人從這些猶太人區驅逐。第一〇一後備警察營再度提供了大部分人力，沒有他們就不可能執行猶太人區淨空行動。

十月一日，將猶太人驅逐至特雷布林卡的行動重新展開，從拉津猶太人區運出了二千名猶太人。十月五日是五千名猶太人，十月又有二千名猶太人從武庫夫被驅逐到特雷布林卡。在同一時間展開的行動中，有數千名猶太人於十月六日和九日從緬茲熱茨被驅逐。推測來自武庫夫和緬茲熱茨的列車可能在裝載完成後被連接在一起，但沒有證人為此作證。在十月十四日至十六日間，拉津的二、三千名猶太人被轉移到緬茲熱茨，拉津猶太人區完成了淨空作業。他們停留在緬茲熱茨的時間很多，因為猶太人在十月二十七日和十一月七日又再度從緬茲熱茨被驅逐。十一月六日，科克剩下的七百名猶太人被帶到武庫夫。隔天，當緬茲熱茨的猶太人區正在執行淨空作業時，三千名猶太人從武庫夫被驅逐到特雷布林卡。[10]在驅逐過程中，為了清除那些成功躲藏逃過猶太人區淨空的猶太人，或那些因為火車上沒有空間或為清理善後而被刻意留下的猶太人，有時也會執行槍決。當為期六週的襲擊行動結束時，第一〇一後備警察營的人在八次行動中協助將二萬七千多名猶太人驅逐至特雷布林卡，在圍捕行動及最後四次的「掃除」槍決中殺害的猶太人可能達一千多名。

警察們對每次行動發生過什麼的記憶有很大差異。十月一日，第二連的警察與二十名志願者在黨衛隊下級突擊隊領袖弗費雪的指揮下執行了首次行動，驅逐二千名拉津猶太人。雖然志願者在將猶太人押送到火車站時經常鳴槍警告，但現場顯然沒有發生什麼殺戮事件。[11]第二天，也就是十月二日，史坦梅茲中尉的第二連第三排完成了帕切夫猶太人區的清除行動，他們在格納德的命令下，槍決了一百多名顯然因為太晚被帶到那裡所以無法被轉移到緬茲熱茨的猶太人。[12]

在這之後，第一和第二連分別在武庫夫和緬茲熱茨的二個猶太人中轉區同時執行了驅逐行動。從九月初開始，格納德中尉就把他的新連部設在緬茲熱茨。為了避免困難的波蘭語發音，第二連的警察用Menschenschreck這個恰當的德文暱稱來稱呼它，意即人類恐怖（human horror）。格納德的司機埃腓德．海爾曼（Alfred Heilmann）★記得有一天傍晚，他載著這名中尉去參加一場長達五小時的會議，會議地點在一棟位於緬茲熱茨主廣場的建築物中，該棟樓被用作安全警察的總部及監獄。會議進行時，從地窖傳來了一聲可怕的哭喊。二、三個黨衛隊軍官走出大樓，從地窖窗戶向內射光了他們衝鋒槍的子彈。「現在我們可以安靜了，」當他們回到大樓時其中一人說。海爾曼小心翼翼地走近地窖窗戶，但味道實在惡臭難聞，於是他轉身回去。樓上的聲音愈來愈大，直到格納德在午夜時分醉醺醺地出現，並告訴海爾曼明天將執行猶太人區淨空行動才停止。[13]

駐紮在緬茲熱茨的第二連警察們在早上五點左右被叫醒，從寇馬盧夫卡來的德魯克的第二排以及一隊為數不少的志願者加入他們。當志願者和其餘秩序警察將猶太人押送至主廣場時，德魯克的人顯然封鎖了猶太人區。格納德和其他人用鞭子抽打聚集在一起的猶太人，強迫他們保持安靜。一些人甚至在開始步行到火車站前就被毆打至死。[14]海爾曼看著被關押在安全警察總部地窖監獄裡的猶太人被拖出來帶走。他們身上沾滿了排泄物，顯然已經好幾天沒有進食。在聚集了所需數量的猶太人後，他們就被押送到火車站。那些走不動的人被當場射殺，只要猶太人隊伍一放慢，這些警衛就無情地朝他們開槍。[15]

為了不讓波蘭人圍觀，一小隊警察已經守在火車站。格納德負責督導將抵達的猶太人裝上火車。為了將最大數量的猶太人擠進每一節運送牛隻的車廂，警察們毫無節制地開槍及毆打他們。

二十二年後，格納德的連士官長做了一個不尋常的自白，不尋常是因為證人們明顯不願批評他們以前的同袍。「讓我遺憾的是，我必須說，格納德中尉給我的印象是這整件事情他非常樂在其中。」[16]

但即使是最不受拘束的暴力也無法克服列車車廂短缺的問題，當列車門終於被強力關上時，還有大約一百五十名猶太人（以婦女和兒童居多，但也有一些男人）留在原地。格納德召來德魯克，告訴他把這些猶太人帶到墓地。警察們在墓地入口趕跑了一些「趕著看熱鬧的人」[17]並且等待，直到奧斯特曼連士官長（First Sergeant Ostmann）★搭乘的卡車載著給槍手的伏特加補給抵達。奧斯特曼轉向一個至今一直避免開槍的手下，責備他。「現在喝吧，菲佛（Pfeiffer）★。你這次逃不了了，因為這些猶太女人得被射殺。你至今一直讓自己置身事外，但現在你不得不做。」一個約二十人的行刑隊被派到墓地。猶太人被分成一組二十人帶過來，男人先，然後是婦女與孩童。他們被迫面朝下躺在墓地的牆邊，接著子彈從後方朝他們的脖子射擊。每個警察都開了七、八槍。[18]在墓地門口，一個猶太人拿著一根針筒衝向德魯克，但被迅速制服。其他猶太人安靜地坐著等待他們的命運，即使槍決已經開始了。「他們骨瘦如柴，看起來像是餓到快死了，」一名警衛回憶道。[19]

十月六日在緬茲熱茨的驅逐行動及三天後的下一次行動都無法確定受害者人數。證人的說法間有很大差異。[20]無論如何，十月中時，猶太人區再次補貨，二至三千名猶太人從拉津被帶過來。這些猶太人在十月十四日一大早被集合起來，裝上由一百多匹馬拉的篷車組成的篷車隊。在波蘭警察、特勤隊的德裔人士以及幾名第一連警察的護衛下，篷車隊緩慢地駛向位於北方二十九公里處的緬茲熱茨，於天黑後抵達。接著，空了的篷車回到拉津。[21]

在十月二十七日及十一月七日的隨後行動中，除了一千名左右的工作猶太人外，緬茲熱茨猶太人區整個被淨空。這些行動的規模必然小於十月初的那些行動，因為警察們沒有獲得來自志願者或拉津的安全警察的支援。格納德現在全權負責。他顯然在驅逐程序中加入了一個新步驟，那就是「脫光搜身」(strip search)。在市場集合後，被驅逐者就被押送到二個軍營裡，他們在那裡被迫脫光衣服，以便搜尋他們身上的貴重物品。儘管秋天天氣寒冷，但他們只被允許穿著內衣。他們在幾乎衣不蔽體的情況下被押送到火車站，然後裝進運牛隻的車廂，駛往特雷布林卡。[22] 隨著十一月七日行動結束，自八月底以來，第一〇一後備警察營各單位已將至少二萬五千名猶太人從「人類恐怖」城驅逐到特雷布林卡。

當格納德忙著從緬茲熱茨驅逐猶太人時，第一連也同時在武庫夫展開了行動。但沃勞夫上尉不再是行動負責人了。他與特拉普的關係持續惡化，少校公開表達他對於在緬茲熱茨發生的那件插曲的不悅，當時沃勞夫將新婚妻子帶去見證了執行猶太人區淨空行動的過程。[23] 賽羅科姆拉大屠殺後，沃勞夫陪他的妻子返回了漢堡，在那裡待了幾天才回來。十月中回到拉津，他又罹患黃疸病。十一月初，他唯一的兄弟被殺，他是名納粹德國飛行員，幾天後，他父親也在德勒斯登（Dresden）過世。沃勞夫返回德勒斯登參加葬禮，報告他生病的事，並為了他的黃疸病再次回到漢堡接受門診治療。他在休養期間得知，他以他是唯一倖存的兒子為由請求從前線調回的申請已獲批准。所以在一九四三年一月，他只是短暫回到拉津去收拾他的個人物品。[24]

如果說沃勞夫順利從第一〇一後備警察營脫身，他的手下可就沒有類似暫緩的空間。十月五日及八日這兩天，在和從沃瑪濟和帕切夫來的史坦梅茲的人（第二排、第三連）以及一隊志願者會合後，他們執行了二次驅逐行動，分別從武庫夫驅逐了五千名及二千名猶太人。人們對這些驅逐行動的記憶差異十分巨大。有些人聲稱只有偶爾才開槍，幾乎沒有殺人。[25]其他人則記得發生很多次槍擊。[26]事實上，一個警察差點就被流彈擊中。[27]第一次驅逐行動時，猶太人委員會的主席及其他知名猶太人在德文稱為Schweinemarkt，即「毛豬市場」(hog market)的集合地點，就遭到了殺害。很多成功躲過第一次驅逐行動的人在三天後被發現並遭驅逐。[28]一個警察的結論是，相較於八月時從緬茲熱茨的驅逐行動，武庫夫的驅逐行動「明顯更有條理且更符合人道」，但這不能說明什麼，因為後者的殘暴程度是前者無法相比的。[29]

結束最初幾場驅逐行動後，史坦梅茲的排就返回了帕切夫，營部也從拉津轉移到武庫夫。十一月六日，在布蘭德中尉和尤里錫中士的督導下，科克的最後七百名猶太人被轉移到武庫夫。當尤里錫發現許多猶太人失蹤時，他當場射殺了猶太人委員會主席。和從拉津轉移至緬茲熱茨時一樣，這次驅逐也用到了用馬拉的篷車，直到深夜才抵達武庫夫。[30]

最後一場驅逐行動在隔天早晨（十一月七日）展開，從武庫夫驅逐三至四千名猶太人，行動持續了數天。[31]猶太人對自己的命運不再有任何懷疑，當他們被帶走時，猶太人唱著：「我們要去特雷布林卡。」為報復猶太人區的警察沒有告發躲起來的猶太人，秩序警察槍決了四、五十名猶太人。[32]

在這最後一次驅逐的過程中，許多猶太人顯然頑強地躲藏起來。列車離開後，秩序警察用了一個詭計把倖存的猶太人從他們的藏身處引誘出來。他們在整個猶太人區宣布將發放新身分證。任何前來報到領取身分證的人，都會得到赦免，但若發現任何人沒帶身分證，一律立刻射殺。絕望的猶太人希望在驅逐行動間至少能得到另一次短暫的喘息機會，於是走出他們的藏身處向警察報到。十一月十一日，在至少收集到二百名猶太人後，警察將他們押送到武庫夫鎮外射殺。十一月十四日，他們又收集並射殺了另一群人。[33]

在這些最後的槍決行動中，如果不是二次都被捲入的話，第一〇一後備警察營成員至少也被捲入了其中一次行動。因為特拉普和第一連的大部分成員顯然都在其他地方，所以布赫曼暫時失去了他的保護者。他和幾乎是營裡所有可以用的文職人員，包括行政人員、通訊員及司機，他們至今一直迴避直接參與集體處決，卻忽然發現自己被當地的警察強迫參與行動。相較於那些到秋天時已經參加過許多猶太人行動因而疲倦不堪的老兵們的模糊回憶，這些新手們對武庫夫槍決猶太人的記憶相當生動鮮明。[34]一個警察回憶，即將執行槍決行動的消息在前一天晚上就已經傳開。

在這天晚上，一個柏林警察娛樂隊（所謂的前線福利）到我們這裡作客。這個娛樂隊由音樂家和表演者組成。娛樂隊成員也都聽說了即將執行猶太人槍決的事。他們要求，事實上是強烈乞求我們讓他們參與猶太人處決。營上准許了他們的請求。[35]

第二天早上，布赫曼開完會回來，把他的手下帶到猶太人區入口附近的安全警察大樓。警察沿著這條街道兩側站崗。猶太人區的鐵門開了，數百名猶太人被趕出來。警察將他們押送到鎮外。[36]因為還有一隊猶太人，所以需要更多警衛。營上的文職人員因此被下令到安全警察總部報到。幾天前，他們已從學校改建的宿舍窗戶看到被押送到火車站的武庫夫猶太人經過那條路。他們從安全警察那裡接到了一支人數約五十到一百人的猶太人，並沿著同樣的路線離開鎮上。[37]

與此同時，第一個猶太人縱隊已經拐出了大路，沿著一條小徑來到一片開闊的砂質土壤草地上。一名黨衛隊軍官叫所有人停下，並告訴布赫曼的副手漢斯·普魯茲曼（Hans Prutzmann）★要開始槍決猶太人了。普魯茲曼組建了一支十五到二十五人的行刑隊，主要是來自娛樂隊的自願者，營上給他們配了槍。這些猶太人必須脫光衣服，男人脫到全裸，女人脫到只剩內衣為止。他們將自己的鞋子和衣物放在一堆，然後被分批帶往約五十公尺外的處決地點。他們在這裡面朝下躺下，像往常一樣，警察用刺刀當作瞄準器，從後方射擊。布赫曼和幾個黨衛隊軍官就站在附近。[38]

當營上的文職人員到達砂質草地時，槍決已經開始了。布赫曼走過來告訴他們，他們必須提供一個行刑隊來射殺他們帶過來的猶太人。一名管制服的職員要求放過他。「因為我們帶來的猶太人裡有孩子，而我當時也是個家裡有三個小孩的父親，所以我跟中尉說了些話，大意是我無法執行槍決，並問他是不是能指派我別的工作。」其他幾個人也立即提出了同樣的請求。[39]

於是布赫曼發現自己處在跟特拉普在約瑟烏夫時相同的處境，而且他基本上也採取了同樣的反應方式。安全警察的上級黨衛軍軍官直接下令他指揮的秩序警察執行集體槍決猶太人的任務，布赫曼服從了命令。面對著明確要求分派不同任務給他們的下屬——正如他在約瑟烏夫時也做了同樣的要求，布赫曼同意，並解除了四個人的任務。隨著槍決持續進行，布赫曼離開現場，在一名資深的文職人員的陪同下（他跟這個人很熟，並應要求解除了他的行刑隊任務），走到離處決地點有一段距離的地方。

一段時間後，營中文職人員中的通訊員和司機被命令參與了另一場槍決，對象是安全警察在武庫夫收集的猶太人。這次布赫曼並不在場。[40]他多次請求調回漢堡，終於得到了批准。回德後，他先是擔任一名防空軍官。在一九四三年一月至八月間，擔任了漢堡警察局長的隨從副官。接著他被允許回去管理他的木柴公司，在戰爭的最後幾年，他的生意讓他踏上了法國、奧地利和捷克斯洛伐克。在他從秩序警察退職前，他才剛被晉升為後備役中尉。[41] 顯然特拉普不僅保護他遠離波蘭的猶太人行動（武庫夫槍決行動除外），還想辦法讓他在個人檔案留下了絲毫無損於他職業生涯的積極正面評價。

13 霍夫曼上尉奇怪的健康狀況

到一九四二年秋天為止，在黨衛隊高級突擊隊領袖沃夫岡·霍夫曼的指揮下，第一〇一後備警察營第三連過著愜意的日子，他們很大程度上避免了正在成為營裡其他單位主要活動的殺人工作。在約瑟烏夫，二個第三連的排一開始就被分配到外圍警戒線，所以排裡沒有人被派到樹林裡的行刑隊。當第一〇一營轉移到盧布林區的北安全區時，第三連第二、三排則駐紮在普瓦維。第三排駐紮在普瓦維鎮，由霍夫曼直接指揮，霍普曼中尉的第二排駐紮在附近，先在庫魯夫（Kurów），然後是凡多林（Wandolin）。在普瓦維郡，大部分猶太人都已在一九四二年五月就被驅逐到索比堡（他們是第一批在該營被殺害的猶太人），該地區剩餘的猶太人被集中孔斯科沃拉

（Końskowola）小鎮上的「猶太人集中區」（collection ghetto），該鎮位於普瓦維以東約六公里處。因此只有駐紮在附近拉津郡的皮特斯中尉的第一排曾參與八月一連串驅逐行動，以及九月下旬的槍決。波蘭人的抵抗一開始也沒有打擾到第三連在普瓦維的日子。霍夫曼後來報告他們發現該郡「相對太平」，在十月前他們不曾遭遇過一次「武裝匪徒」。[1]

然而在十月初時，第三連的好運用光了。就像鄰近拉津郡的猶太人區一樣，安置了一千五百至二千名猶太人的孔斯科沃拉「猶太人集中區」[2]預定將執行淨空。北盧布林將沒有猶太人。一支相當規模的部隊被集結起來以便完成此次任務：第三連的全部三個排，包括從切米爾尼基來的皮特斯的排；擁有約十二名警力的當地郡警察所，由亞馬中尉（First Lieutenant Jammer，他的主要任務是監督當地波蘭警察的工作）★指揮；一個由郡警察組成的巡行摩托連（roving motorized company）*，由梅斯曼中尉（First Lieutenant Messmann）★指揮；以及約一百名志願者和三名來自盧布林的黨衛隊人員。[3]第三連在普瓦維集結，霍夫曼看著一張紙宣讀了他的指示。徹底搜查猶太人區，並將猶太人集中在市場；那些行動不便者，即老弱病殘以及嬰兒，當場射殺。這已是有一段時間的標準程序了，他補充道。[4]

警察們驅車前往孔斯科沃拉。在與亞馬和梅斯曼協商後，出席的高級警官霍夫曼將人員做了分配。與一般做法不同，志願者和一些警察一起被分配到警戒線上。最初進入猶太人區的搜查分遣隊由第三連及梅斯曼的機動郡警隊的人組成。每個分遣隊隊員都被分配到某一街區裡的房子。[5]

猶太人區受到痢疾傳染病的侵襲，許多猶太人無力走到市場，甚至無法從床上起身。因此當分遣隊隊員執行他們的第一次掃蕩任務時，到處都能聽到槍聲響起。一名警察回憶，「我自己在住宅裡射殺了六名老人，他們是臥床的老人，他們明確要求我這樣做。」[6] 第一次掃蕩完成後，大部分倖存的猶太人都被集中到市場裡，被分配到警戒線上的單位被召回執行猶太人區搜索任務。他們之前已經聽到連續不斷的槍聲。當他們搜索猶太人區時，發現到處都躺著屍體。[7]

許多人對於充作猶太人區醫院的那棟建築物尤其記憶鮮明，事實上那不過是間擺滿了三、四層上下鋪床的大房間，散發出可怕的惡臭。一組約五、六名警察被指派進入這個房間，將大部分罹患痢疾的四、五十名病患清除。「無論如何，幾乎所有人都憔悴不堪，完全營養不良。可以說幾乎只剩皮包骨了。」[8] 警察們無疑希望盡快逃離那股惡臭，因此一進入房間就瘋狂地開火。在槍林彈雨中，屍體從床的上鋪倒下。「這種做法令我非常反感，我是如此地羞愧，因此我立刻轉身離開那房間。」一名警察說。[9] 另一名警察回憶，「看到病人的樣子，我不可能向其中任何一個猶太人開槍，所以我故意把所有子彈都往其他地方瞄準。」他的中士也參與這次的槍決行動，並注意到

＊ 編按：此處 motorized 指摩托化部隊，本身有編制汽車與卡車可以快速反應。

他槍法有異，「因為行動結束後他把我帶到一旁，罵我『叛徒』、『懦夫』，還威脅要把這件事報告給霍夫曼上尉。不過他沒真的那麼做。」[10]

在市場裡，猶太人被分開，男人一邊，婦女和小孩一邊。年紀在十八至四十五歲間的男性都被挑選出來，尤其是技術工人。也許也有一些婦女被挑出來從事工作。這些猶太人從猶太人區被押送到普瓦維鎮外的火車站，從那裡運到位於盧布林的勞動營。他們的身體狀況十分虛弱，許多人甚至無法步行五公里前往火車站。證人估計，約有五百至一千名猶太人被挑出來從事勞動，但有一百人因疲憊不堪倒下而在路上被射殺。[11]

當適合工作的猶太人被押送出鎮時，同時間，剩餘的猶太人（八百至一千名的婦女及孩童，以及許多的老人）被帶到位於小鎮外樹林裡的一個槍決地點。皮特斯的第一排和梅斯曼的一些郡警察組成行刑隊。他們先是將猶太男子帶入樹林，強迫他們面朝下躺著並射殺他們。隨後則是婦女及孩童。[12]一名警察曾與猶太人委員會的主席閒聊，他是來自慕尼黑的德國猶太人，直到他最後也被帶走為止。[13]當護送工作猶太人前往火車站的警察返回到孔斯科沃拉的市場時，他們發現市場已空無一人，但他們可以聽到樹林裡傳來的槍響聲。他們被派去對整個猶太人區再度進行掃蕩，之後才被允許解散休息。那時已是下午很晚了，一些人找到了一棟舒適的農舍，並玩起紙牌。[14]

二十五年後，沃夫岡．霍夫曼聲稱對孔斯科沃拉行動毫無記憶，在這次行動中，他指揮的警察在一天之內就殺害了一千至一千六百名猶太人。他的健忘症可能不只是法庭上的權宜之計，也跟他在普瓦維執行任務期間經歷到的健康問題有關。當時霍夫曼將他的病怪罪是八月底時的痢疾疫苗引起的。在一九六〇年代，他發現把他的病歸咎於約瑟烏夫大屠殺造成的心理壓力更方便些。[15] 無論原因為何，一九四二年九月和十月，霍夫曼開始出現腹瀉和嚴重的胃痙攣。根據他的說法，他的症狀（診斷為靜止性結腸炎〔vegetative colitis〕）因為搭乘如自行車或汽車而產生的顛簸而嚴重惡化，所以他當時很少親自指揮他連隊的行動。然而，出於「軍人的熱血」及仍抱持著症狀改善的希望，他直到十月底前一直拒絕報告他的病情。直到十一月二日才在醫生的指示下住進軍醫院。

霍夫曼的手下則異口同聲地提供了一個不同的觀點。根據他們的觀察，他「聲稱」的胃痙攣發作讓他可以安全地躺在床上，他發病的時機與可能令人不快或造成危險的連隊行動完全一致。以致當這些人在前一晚聽說即將執行一項行動時，往往就能預測到他們的連長到了早上將臥床不起。

由於二個因素加劇了嚴重性，霍夫曼的行為令他的手下更為惱火。首先，他以前一直都很嚴格而且難以親近，他是個喜歡白領子與手套的典型「基地軍官」，總著在制服上別著他的黨衛隊徽章，要求別人對他高度尊重。他在面對行動時明顯的膽怯如今看來簡直偽善到了極點，他們都嘲笑他是個「屁孩」(Pimpf，這個詞是指希特勒青年團中十到十四歲這一年齡組的成員)，實際上就是說他是「希特勒的童子軍」。

其次是，霍夫曼試圖透過加強監督他的屬下來彌補他的行動不便。他堅持從他的床上對每件事發號施令，實際上他不只是連長，也擔任了排長的角色。每次巡邏或行動前，士官們都要到霍夫曼的臥室報告詳細的指示，事後也要再次親自向他報告。駐紮在普瓦維的第三排沒有中尉，領導他們的是上士（Senior Sergeant）尤斯特曼（Justmann）★。他特別受到指示，沒有霍夫曼的許可不能對人員做任何處置。尤斯特曼和其他的中士都覺得他們被降級成下士了。[16]

霍夫曼從十一月二日至二十五日都在普瓦維的醫院裡住院治療。他接著回德國休養直到過完新年。回德國重新接受治療前，他短暫地再次領導他的連，為期一個月。在第二次回德國休假期間，霍夫曼得知特拉普已經解除了他的連隊指揮權。

霍夫曼與特拉普的關係在一月時就已經惡化，當時這位營長要求他所有的軍官、士官及警察簽署一份特別聲明，保證不偷、不搶，或者不會拿東西不付錢。霍夫曼寫一封措辭猛烈的回信，明確拒絕執行這個命令，因為它深深傷害了他的「榮譽感」。[17]特拉普也從他的臨時代理人梅斯曼中尉那裡，聽說關於霍夫曼在普瓦維無所作為的不利說法，梅斯曼是機動郡警連的指揮官，曾參與孔斯科沃拉大屠殺。特拉普徵詢了第三連的卡爾森連士官長（First Sergeant Karlsen）★，他證實了霍夫曼的生病模式。一九四三年二月二十三日，特拉普提出了解除霍夫曼連長職務的請求，因為他總是在重要行動前報告說他病了，這種「缺乏服務精神」的態度會對他手下的士氣產生不利影響。[18]

驕傲、易怒的霍夫曼對於他被解職一事做出強有力的回應，他再次宣稱他「作為一名軍官與軍人的榮譽受到了最深刻的傷害」。他控訴特拉普的行為是出於個人私怨。[19] 特拉普詳細回應他的指控，並獲得支持。盧布林區秩序警察的指揮官做出結論，霍夫曼的行為「一點也不令人滿意」，如果他真的病了，他不按規定報告是不負責任的行為，應該讓他有機會在另一個單位證明自己。[20]

事實上，霍夫曼被調職到一個警察營，曾在一九四三年秋天參與過俄羅斯的前線作戰，他在那裡獲得了二等鐵十字勳章。後來他擔任明斯克附近一個白羅斯輔警營的指揮官，接著又指揮了一個高加索「志願者」營。戰爭結束時，他是波茲南警察總司令的第一參謀。[21] 簡言之，從他後來的職業生涯來看，很難得出結論，就像他的手下和特拉普懷疑的，霍夫曼在一九四二年秋天的行為是出於懦弱。他是病了。雖無法確定他的病最初是否是由第一〇一後備警察營的殺戮活動引發，但他確實出現了心理因素導致的「腸躁症」(irritable colon) 或「適應性結腸炎」(adaptive colitis) 症狀。當然，霍夫曼的職責也加重了他的病情。此外，霍夫曼明顯沒有利用他的病來逃避涉及屠殺波蘭猶太人的任務，而是盡一切努力向上級隱瞞，並避免住院治療。如果說集體屠殺讓霍夫曼感到胃痛，這也是令他深感羞愧並設法盡最大努力去克服的一件事。

14「獵殺猶太人」

經歷了約瑟烏夫、沃瑪濟、賽羅科姆拉、孔斯科沃拉和其他地方的大屠殺，以及緬茲熱茨、武庫夫、帕切夫、拉津及科克猶太人區的清除行動後，到了一九四二年十一月中，第一〇一後備警察營的人已經直接參與處決了至少六千五百名波蘭猶太人，並將另外至少四萬二千名猶太人驅逐至特雷布林卡的毒氣室。但他們在集體屠殺行動中的角色仍未結束。北盧布林區的城鎮和猶太人區的猶太人一清除完畢，第一〇一後備警察營就立刻接到了一個任務，那就是追捕並系統性消滅所有躲過了先前圍捕、現在仍在躲藏中的猶太人。簡言之，他們要負責讓他們的地區變成完全「沒有猶太人」。

一年前的一九四一年十月十五日，波蘭總督府總督漢斯・法朗克（Hans Frank）下令，任何在猶太人區邊界外被抓到的猶太人都將被拖到一個特別法庭，並處以死刑。這道命令至少在一定程度上回應了德國駐波蘭公共衛生官員的請求，他們意識到只有最嚴厲的懲罰才能阻止饑餓的猶太人離開猶太人區走私食物，並因此將當時肆虐猶太人區的流行性斑疹傷寒傳播開來。例如華沙區的公共衛生負責人藍布雷西特博士（Dr. Lambrecht）就主張立法，用「吊死的恐懼」來威脅在猶太人區外被抓到的猶太人，這種恐懼「比餓死的恐懼更強大」。[1] 然而，執行法郎克的命令很快就引起了抱怨。用來護衛被捕的猶太人的人力太有限，涵蓋的距離也太大，特別法庭的司法程序過於繁瑣且耗時。補救措施很簡單：免除所有司法程序，在猶太人區外被發現的猶太人一律當場射殺。在一九四一年十二月十六日區長與法郎克的一場會議中，華沙區長的副手說到了人們如何「感激地歡迎秩序警察總長的槍決令，只要在農村遇到猶太人都可以射殺」。[2]

簡言之，甚至在被系統性驅逐到死亡營之前，波蘭猶太人就會在猶太人區外遭到即刻處決。但這道「槍決令」在盧布林區並沒有被嚴格執行，因為相對於總督府其他地方，那裡的猶太人尚未全部住進猶太人區。住在北盧布林小鎮和村莊裡的猶太人直到一九四二年九月和十月才被集中到緬茲熱茨和武庫夫的猶太人中轉區。第三〇六警察營在特拉普的單位之前駐紮在北盧布林區，該營有時確實會射殺在鎮外遇到的猶太人。[3] 但直到猶太人全部住進猶太人區後，才開始系統性地追捕猶太人；而當猶太人區都清除完成後，才真正加強了追捕工作。

八月下旬時，帕切夫成為該營安全區中第一個完全清除的猶太人區。史坦梅茲中士的第二連第三排駐紮在帕切夫，根據他的說法，他們持續在該地區發現猶太人。他們被關在當地的監獄裡。格納德命令史坦梅茲槍決這些被關起來的猶太人。「格納德中尉的這個命令也明確延伸到所有未來的案件，我被賦予的任務是保持我的防區沒有猶太人。」[4] 德魯克中尉也記得在八月下旬接到了來自營部的命令，「凡遇到在農村遊蕩的猶太人一律當場射殺。」但直到最後驅逐行動將猶太人從這些小村莊驅逐到猶太中轉區為止，這道命令始終沒有被充分執行。

到了十月，這道命令開始被當真了。[5] 標語牌宣布，所有不去猶太人區的猶太人都將被射殺。[6]「槍決令」變成固定向警察發出的連隊指示並反覆下達，尤其是在他們被派去巡邏前。[7] 毫無疑問，在該營的安全區裡沒有任何猶太人能活。用官方的行話來說，該營進行「森林巡邏」以追捕「嫌疑犯」。[8] 但由於倖存的猶太人將像動物一樣被追捕和射殺，所以第一〇一後備警察營的警察就非正式地給最終解決方案的這個階段取了個德文綽號 Judenjagd，即「獵殺猶太人」（Jew hunt）。[9]

「獵殺猶太人」採取了多種形式。最盛大的二次是一九四二年秋天及一九四三年春天時在帕切夫森林的營級掃蕩行動，第二次與陸軍部隊一起進行。這些掃蕩行動的目標不只是猶太人，還有游擊隊員以及逃跑的俄國戰俘，雖然猶太人似乎是一九四二年十月第一次掃蕩行動的主要受害者。第三連的格奧格・雷弗勒（Georg Leffler）★回憶：

> 我們被告知有很多猶太人躲藏在森林裡。所以我們組成散兵線對整個樹林進行搜索，但什麼也沒找到，因為猶太人顯然藏得很好。我們對樹林進行了第二次徹底搜索。這次我們才發現一根根的煙囪管從土裡伸出來。我們發現猶太人躲藏在這裡的地下掩體裡。我們把他們拖出來，只有在一個地堡遭到抵抗。一些戰友爬進地堡裡面把這些猶太人拖出來。猶太人接著被當場射殺……猶太人不得不面朝下躺在地上，並從脖子處遭射殺。我不記得誰在行刑隊裡。我認為這次的情況是只要誰站在附近，誰就會被命令去射殺他們。約五十個猶太人遭射殺，包括各種年紀的男男女女，因為整個家庭都藏身在那裡……槍決過程相當公開。完全沒有設任何警戒線，因為一些來自帕切夫的波蘭人就直接站在槍決地點旁邊。他們接著被命令，大概是霍夫曼下的令，去把被射殺的猶太人掩埋在一個蓋到一半的地堡裡。[10]

營裡的其他單位也記得發現地堡並分批殺害了猶太人，每批人數約二十到五十人。[11] 一名警察估計，在十月的掃蕩行動中，屍體的總數是五百具。[12]

到了春天，情況有了一些變化。少數仍活著的猶太人大多能加入游擊隊和逃跑的戰俘組成的隊伍。春天的掃蕩破獲了一個由逃跑的俄國人和猶太人組成的「森林營地」，他們進行了武裝抵抗。約一百至一百二十名猶太人及俄國人被殺。第一〇一營至少有一人死亡，因為特拉普的副官哈根中尉被自己人意外殺害。[13]

一些猶太人被送去各個大型農莊當工人，這些農莊是被德國占領者沒收的，現在由他們管理。在帕切夫附近的古特亞布隆（Gut Jablon）農莊，史坦梅茲的排的一支隊伍將三十個猶太工人裝上卡車，載到森林，然後以現在已變成例行公事的頸部射殺方式殺了他們。德國管理者沒有收到他的勞工即將要被清除的通知，徒勞無功地抱怨著。[14]普瓦維附近的古特潘維茨（Gut Pannwitz）農莊的德國管理者則遇到了相反的問題——猶太工人太多了。他的農莊變成猶太人的避難所，他們從猶太人區逃到附近森林，然後在他的工作猶太人中尋找庇護所和食物。每當猶太工人數量明顯增加時，莊園管理人就打電話給霍夫曼上尉，他就會派出一個德國警察分遣隊去射殺多出來的猶太人。[15]在霍夫曼入院治療後，他的繼任者梅斯曼中尉就組成了一個機動中隊，有系統地一批批消滅了普瓦維方圓五、六十公里內的猶太工人。梅斯曼的司機埃腓德·斯培理希（Alfred Sperlich）★回憶這一殺戮程序：

在可以迅速到達農田和猶太人住處的情況下，我高速駛入農田，警察從車裡跳出來，並立即

> 衝進猶太人的住處。接著當時在場的所有猶太人都會被趕出來，在乾草堆、馬鈴薯坑或糞堆附近的農田裡被射殺。受害者幾乎總是赤身裸體，躺在地上從頸部被槍殺。

但如果通往田裡的道路太顯眼，警察會以步行方式悄悄接近，以免受害者逃走。在靠近森林的工作地點，按慣例，警察發現的猶太人總是遠比預期的還要多。[16]

一些猶太人因為躲在鎮上而非樹林裡而倖存下來，但他們也遭到追捕。[17] 最令人難忘的一個案例在科克，一名為德軍工作的波蘭人翻譯告發了一個在地窖的藏身處。四名猶太人被捕。他們在「審訊」中，透露了位在小鎮邊上一座大房子裡的另一處地窖藏身處。一個德國警察隻身和這名波蘭人翻譯前往該藏身處，沒有預期到會遇到困難。但這是個猶太人擁有武器的罕見情況，接近的警察遭到槍殺。增援被召集而來，一場槍戰隨之爆發。最後，有四、五名猶太人在企圖突圍時被殺，地窖裡還有八到十人在發現時已經死亡或身受重傷。只有四、五人毫髮無傷地被捕；他們同樣遭到「審訊」，當晚就被槍決。[18] 德國警察接著開始搜捕房子的主人，一名即時逃脫的波蘭婦女。她被追蹤到藏在附近村莊她父親的房子裡。布蘭德中尉給了她父親一個嚴酷的選擇——要他的命還是他女兒的命。這個男人交出了他的女兒，她當場就被射殺了。[19]

最常見的「獵殺猶太人」形式是以小規模巡邏隊的方式進入森林，清除被人告發的個別地堡。

第一〇一營建立了一個由告密者和「森林跑者」(forest runners)或追蹤手組成的網絡，他們會搜尋並揭露猶太人的藏身處。許多其他波蘭人志願提供有關樹林裡的猶太人的情報，這些人為了生存下去，不顧一切地從鄰近的田地、農場和村莊裡偷食物。接到這類告密後，當地警察指揮官會派出小規模巡邏隊去找出躲起來的猶太人。同樣的場景經常上演，只是情節略有不同。一開始是手榴彈攻擊，倖存下來的猶太人會從地堡中出來，並被迫面朝下躺在地上，從頸部射殺。按慣例，屍體會被留在現場，由附近的波蘭村民掩埋。[20]

因為這些巡邏「太頻繁」，大多數警察都記不得自己參加過幾次。「這差不多就像是我們每天要吃的麵包，」一名警察說。[21]另一個警察也在談到「獵殺猶太人」時用了「每天的麵包」這個說法。[22]從巡邏隊隊長們的行為，警察可以很快判斷出他們面對的是可能的游擊隊行動，還是只是去搜捕被舉報的猶太人，後者被認為是沒有武裝的。[23]根據至少一名警察的說法，「獵殺猶太人」巡邏隊占主導地位。「這類行動是我們的主要任務，跟真正的游擊隊行動比起來，他們的數量多得多。」[24]

由於這些追捕倖存猶太人的小規模巡邏隊任務，第一〇一後備警察營的人幾乎像是重新經歷了約瑟烏夫事件一般。在大型驅逐行動中，幾乎所有警察都至少必須執行警戒任務。他們雖然把人群驅趕到火車上，但還是可以跟發生在旅途另一端的殺戮保持一段距離。他們跟他們驅逐的那些猶太人的命運維持著難以動搖的疏離感。

但「獵殺猶太人」就不一樣了。他們再次面對面見到自己的受害者，殺戮是個人的事。更重要的是，每個警察再次擁有相當程度的選擇權。每個人如何行使這一選擇權，透露了第一〇一營在多大程度上分成「強者」與「弱者」二個陣營。自從約瑟烏夫行動以來的幾個月間，許多人已變得麻木不仁，甚至在一些情況下成了熱中此道的殺手；其他人則限制自己在殺戮過程的參與，在可以不用付出巨大代價或不便的情況下，能避就避。只有少數不從眾的人設法保留了一個飽受批評的道德自主空間，使他們有勇氣去運用行為模式和逃避策略，讓自己完全不會變成殺人者。

關於熱中殺人的人，布蘭德中尉的妻子對她去波蘭探望她丈夫期間發生的一件事仍記憶猶新。

一天早上，我和我的丈夫正坐在我們住處的花園裡吃早餐，我丈夫排上的一名普通警察走到我們面前，直挺挺地立正站好並說，「中尉先生，我還沒吃早餐。」當我的丈夫疑惑地看著他時，他又說，「我還沒殺死任何猶太人。」這些話聽起來實在太玩世不恭了，我憤怒地嚴厲斥責了那名警察，還叫他（如果我沒記錯的話）無賴。我丈夫把那個警察打發走，然後責備我，他告訴我我這樣說話會給自己帶來很大的麻煩。[25]

從警察在槍決後的行為也可以看出他們日漸變得冷酷無情。在約瑟烏夫和早期的槍決行動後，這些警察都是驚惶、痛苦不堪地回到自己的宿舍，既沒有食慾，也不想談論剛才做過的事。但隨著無休止的殺戮，這類感覺也減少了。一名警察回憶，「在午餐的桌上，一些同袍對他們在一次行動中的經歷開起了玩笑。從他們的故事我可以得知他們剛完成了一次槍決行動。我還記得一個特別粗暴的笑話，其中一個警察說現在我們吃『被屠殺的猶太人的腦吧。』」[26]只有那個證人覺得這個「笑話」不怎麼好笑。

在這樣的氛圍下，軍官和士官們只要徵求志願者，很容易就能組成「獵殺猶太人」巡邏隊或行刑隊。最強調這方面的是阿道夫·畢特納（Adolf Bittner）★。「首先我可以明確地說，針對處決突擊隊來說，在負責軍官的要求下，基本上響應負責軍官要求的志願者是足夠的……我必須補充，志願者通常很踴躍，以至於不得不回絕其中一些人。」[27]其他人則沒那麼斬釘截鐵，他們說除了徵求志願者以外，有時軍官或士官們也會從站在附近的人裡挑人，通常是他們知道願意當槍手的人。正如畢克麥爾中士所說的，「總的說來，或許可以說在小規模行動中，當沒有需要那麼多槍手時，總是可以找到夠多的志願者。但在大規模的行動裡，當需要許多槍手時，也會有很多的志願者，但如果這些人還不夠，也會指派任務給其他人。」[28]

就像畢克麥爾，華特·齊默曼（Walter Zimmermann）★也區分大小規模的處決行動。關於小規模的處決，他說：

我無論如何都不記得有任何人在宣稱他無法繼續時，還被迫繼續參與處決。就小隊和排的行動來說，我在這裡必須誠實地承認，針對這些小規模的處決，一直都有些同袍比其他人更容易射殺猶太人，所以各突擊隊隊長在尋找適合的槍手時從未遇到過困難。[29]

那些不希望繼續「獵殺猶太人」或參加行刑隊的人遵循三個行動原則。他們從不掩飾他們對殺戮的憎惡，從不志願參加，並在組成「獵殺猶太人」巡邏隊和行刑隊時跟軍官和士官們保持距離。一些人從來沒被選中，只因為他們的態度眾所周知。奧圖—尤利烏斯·席姆克是在約瑟屋夫行動中第一個站出來的人，他經常被指派參加游擊隊行動，但從未被指派去「獵殺猶太人」。他說，「不排除是因為這次事件，我才從其他猶太人行動中解脫出來。」[30]阿道夫·畢特納同樣認為，由於他早期公開反對該營的猶太人行動，所以才能免於進一步捲入這些行動。

我必須強調，從最早的時候起，我就讓我的同袍清清楚楚知道我不贊成這些措施，也從來不曾自願參加。因此在最初的搜索猶太人行動中，有一次我的一個同袍當著我的面用棍子毆打

> 一名猶太婦女，我往他臉上揍了一拳。這件事被報告上去，我的上級也因此知道了我的態度。我從未受到過正式懲罰。但知道這個體制怎麼運作的人都知道，除了正式懲罰以外，還有各種花招可以讓你比受到懲罰更有得受的。所以我被指派了週日的任務和特別值班。[31]

但畢特納從未被派去行刑隊。

古斯塔夫・邁克爾森（Gustav Michaelson）★曾在約瑟烏夫行動中不顧同袍的奚落，一直逗留在卡車陣中，他也因為他的名聲而獲得某種豁免。關於經常執行的「獵殺猶太人」行動，邁克爾森回憶，「從來沒有人就這些行動來找過我。因為軍官會帶著『男人』去進行這些行動，而在他們眼裡我不是『男人』。其他表現出像我的態度和行為的同袍也都被豁免了這類的行動。」[32]

海因里希・費希特（Heinrich Feucht）★提到了保持距離的策略來解釋他如何避免參加所有的槍決行動，只有一次例外。「人們一直都有某種移動幾公尺的自由，我從經驗中很快注意到排長幾乎總是選擇站在他旁邊的人。所以我總是設法盡可能遠離事件的中心。」[33]其他人也同樣用待在遠處來避免參加槍決行動。[34]

有時距離和個人名聲還不夠，必須直接拒絕才能避免殺人。在第三連第二排，霍普納中尉成為「獵殺猶太人」最狂熱的實行者之一，並且最終試圖推行人人都必須開槍的政策。一些在這之前從未開槍的人殺死了他們的第一批猶太人。[35]但阿爾特・羅爾鮑（Arthur Rohrbaugh）★無法射殺手無寸鐵的人。「霍普納中尉也知道我做不到。他之前已經告訴過我我必須變得更堅強。這是他曾說過的，我也將學會頸部射殺的意思。」在與海頓下士（Corporal Heiden）★還有其他五名警察一起在樹林裡巡邏時，羅爾鮑遇到了三名猶太婦女和一名孩童。海頓下令他的手下射殺這些猶太人，但羅爾鮑直接走開了。海頓抓起他的槍，自己射殺了那些猶太人。羅爾鮑把自己沒承受任何負面後果歸功給特拉普。「我想，由於這老傢伙的關係，我沒遇上任何麻煩。」[36]

其他人則更加謹慎，只有當沒有軍官在場及與跟自己有同樣觀點的可信賴戰友在一起時才會避免開槍。正如馬丁・戴特莫德（Martin Detmold）★回憶的，「在小規模行動中，我們抓到猶太人又放走的情況經常發生。這種情況發生在我們確定沒有上級會知道這件事的時候。隨著時間經過，人們學會如何評估自己的戰友，以及是否可以冒險違抗長期命令，不射殺被俘猶太人，而是放他們走。」[37]第一〇一營的通訊人員也聲稱當他們獨自在鄉下地方鋪設線路時，他們無視遇到的猶太人。[38]當從一段距離外射擊，而不是用頸部射殺時，至少有一名警察只是「向著空中」開槍。[39]

第一〇一後備警察營在「獵殺猶太人」的過程中到底殺了幾百名（實際上可能是幾千名）猶太人？這個單位的這類數據報告並未保存下來。然而，從其他三個在波蘭行動的單位保存下來的報告中，我們可以某種程度瞭解到「獵殺猶太人」在最終解決方案中的重要性。

從一九四三年五月到十月，距離逃離猶太人區圍捕並企圖躲藏的大部分猶太人均遭追捕及射殺，已有很長一段時間，盧布林區秩序警察指揮官（區團長，因此這些數字也包括了第一〇一後備警察營的貢獻）向他在克拉科夫的上級（秩序總指揮）報告他的手下每月射殺的猶太人人數。在早已過了盧布林區屠殺高峰期的這六個月期間，總數為一千六百九十五人，平均每個月二百八十三人。有二個月特別突出：八月，當時執行了另一次大規模森林掃蕩；以及十月，當時他們追捕到從索比堡死亡營逃出的人。40

華沙郡警排的報告更能說明「獵殺猶太人」高峰時期的屠殺率。這個排只有八十名警察，負責巡邏附近城鎮以及華沙周圍的鄉村，由利布舍中尉（Lieutenant Liebscher）領導，此人以精力充沛、熱中參與最終解決方案而惡名昭彰。從一九四三年三月二十六日至九月二十一日為止，他的每日報告顯示他的排總共殺死了一千零九十四名猶太人，平均每名警察殺死十四名猶太人。不意外的是，高峰期落在四月和五月，當時猶太人正拚命地設法逃離華沙猶太人區的最後清除行動，因此不得不穿越利布舍的管區。利布舍在報告中詳細地描述了發生的各種日常事件。這些報告以「已按照現有規則執行」作為結語的標題，後面僅有日期、地點及男女猶太人數目。最後就連標題都因多餘而省略，只列出日期、地點及男女猶太人數目，沒有進一步解釋。41

和第一〇一後備警察營的情形最相關也最接近的，也許是駐紮於拉瓦盧斯卡（Rawa Ruska）的第一三三後備警察營的一個連，拉瓦盧斯卡位於靠近盧布林東部的加利西亞區。根據一九四二年十一月一日至十二月十二日期間的六份每週報告，這個連共處決了四百八十一名猶太人，這些人不是藏起來就是在火車駛往貝烏熱茨時跳車逃避驅逐行動。因此在這短短六週間，在一個猶太人已被驅逐行動清除並因「獵殺猶太人」而「沒有猶太人」的地區，該連的每名警察平均殺害了近三名猶太人。[42]

雖然「獵殺猶太人」並未引起太大關注，但這仍是最終解決方案的一個重要並具有統計意義的階段。在波蘭總督府的猶太人受害者中，有相當比例的人是因這種方式喪生的。撇開統計不談，「獵殺猶太人」也是理解加害者心態的一個心理上的重要關鍵。許多在波蘭的德國占領者可能在幾個場合中見證或參與了猶太人圍捕行動——在一生的時間裡，在心理上壓抑幾個短暫片刻是很容易的。但「獵殺猶太人」不是個短暫的插曲。這是一場頑強、無情且持續的行動，「獵人」在直接而個人的對抗中追蹤並殺害他們的「獵物」。這不是個暫時的階段，而是一種持續準備並意圖殺死所能找到的每個猶太人的存在狀態。

15 最後的大屠殺：「豐收節」

一九四二年十月二十八日，波蘭總督府的黨衛警高級領導威廉·克魯格下令，允許保留盧布林區的八個猶太人區。[1]八個地方中有四個位於第一〇一後備警察營的安全區：武庫夫、緬茲熱茨、帕切夫及孔斯科沃拉。事實上，只有前二個地方在秋天的驅逐行動後仍保留為猶太人區，盧布林區其他保留下來的猶太人區還有皮亞斯基、伊茲比卡及沃達瓦（Włodawa）。一方面面對饑餓及行蹤曝光，另一方面則有背叛與射殺，在持續面臨的死亡威脅下，許多在十月和十一月驅逐行動中逃進森林裡的猶太人又回到了重新恢復的武庫夫及緬茲熱茨猶太人區。冬季的天氣令森林裡的生活變得日益艱險；雪地中任何移動都會留下足跡，至少有一次是凍住的排泄物洩漏了乾草堆裡猶太人的藏身處。[2]因此，當驅逐行動看似告一段落時，許多猶太人便以為待在經許可的猶太人區裡，生存的機會遠大於被當成森林裡的獵物。

事實上，從拉津郡驅逐猶太人的行動只是暫停而已，在武庫夫和緬茲熱茨猶太人區裡的生活仍面臨著持續的威脅。在武庫夫，黨衛隊猶太人區管理者約瑟夫．布爾格（Josef Burger）為了減少猶太人區人口，在十二月下令槍殺了五、六百名猶太人。[3]在緬茲熱茨，五百名刷子工廠的工作猶太人雖倖免於秋季的驅逐，卻在一九四二年十二月三十日被驅逐到特拉夫尼基的勞動營。[4]隔天深夜，約十一點左右的新年夜裡，來自鄰近的比亞瓦波拉斯卡的安全警察出現在緬茲熱茨猶太人區，在有醉意的狀態下他們開始射殺剩下的猶太人，只是「為了好玩」，直到拉津安全警察抵達並將他們趕跑為止。[5]

經過了相對平靜的四個月後，好日子結束了。在五月一日晚上，第二連的警察包圍了緬茲熱茨猶太人區，去年秋天他們已在那裡執行了多次的驅逐行動。一支來自特拉夫尼基的隊伍再度與他們會合，他們在早晨逐漸縮小包圍住猶太人區，並將猶太人集合在市場中。警察們估計這次的行動驅逐了約七百至一千名猶太人，但有一個人承認，據說人數高達三千人。[6]一名猶太證人的估計是四到五千人。[7]猶太人在格納德的脫衣室裡再度被徹底搜身及剝奪財物，然後他們被塞進火車車廂裡，車廂內空間緊迫到車門都幾乎關不上。一些人被送到盧布林的馬伊達內克勞動營，但大部分人被驅逐到特雷布林卡的毒氣室，以此結束了在緬茲熱茨所謂的第五次行動。[8]「第六次行動」發生在五月二十六日，又有一千名猶太人被送往馬伊達內克勞動營。[9] 此時只剩下了二百名猶太人。雖然有一些人逃走，但剩下的一百七十名在一九四三年七月十七日的「第七次」，也是最後一次的行動中被安全警察射殺，此後緬茲熱茨就被宣布為「沒有猶太人」。五月二日，在格納德的第二連重新展開從緬茲熱茨的驅逐行動的同時，來自盧布林的黨衛隊部隊與來自特拉夫尼基的烏克蘭輔警攜手清除了武庫夫的猶太人區，將另外的三至四千名猶太人驅逐至特雷布林卡。[10]

許多一九四二年六月隨第一〇一後備警察營來到波蘭的人逐漸被重新指派了新的任務。在一九四二至一九四三年的那個冬天，年紀較大的人（在一八九八年之前出生者）被送回德國。[11] 與此同時，從第一〇一營每一排中挑選出來的警察則集結在布蘭德中尉指揮下的一個特殊單位。他們被送到盧布林區南部的札莫斯奇，參與將波蘭人趕出村莊的行動，這是因為希姆萊和格洛博奇尼克計劃在波蘭內陸建立一個純德國人的定居區，這個行動即是其中的一部分。[12] 一九四三年初，一群第一〇一營的年輕士官被重新分配到武裝黨衛隊並接受特殊培訓。[13] 不久後，格納德中尉被調到盧布林區，以組建一個特別警衛連。他讓史坦梅茲中士當他的副手。[14] 但格納德又短暫地回到緬茲熱茨去執行五月的驅逐行動。最後，席爾中尉也被重新分配到盧布林，負責指揮二個特殊的「追捕（pursuit／Jagdzüge）排」中的一個排，成立這些排的目的是為了加強追捕游擊隊。

為了填補空缺，他們也接收到一些增援，尤其是一群柏林人幫助補充了人員大量流失的第三連人力。[15]但是第一〇一後備警察營在大多數情況下仍人力不足。

由於人員流動及重新分配的比例很高，一九四三年十一月時，只有一部分曾參與過第一次約瑟烏夫大屠殺的警察還留在該營，此時它在最終解決方案的參與在「豐收節」（harvest festival／Erntefest）大屠殺中達到了最後的高潮，這是在整場戰爭中德國人針對猶太人的最大一場屠殺行動。整個盧布林區總共有四萬二千名猶太人受害，豐收節甚至超過基輔城外惡名昭彰的娘子谷大屠殺的三萬三千多人。只有一九四一年十月殺害五萬多名敖德薩猶太人的羅馬尼亞大屠殺才超越了它。

豐收節是希姆萊這場摧毀波蘭猶太人運動的高潮。一九四二年，隨著屠殺運動愈演愈烈，希姆萊就一直飽受來自工業和軍事部門對於清除猶太工人的抱怨所苦，他們認為猶太工人對戰爭至關重要。為了回應這類抱怨（他認為這只是藉口），他同意放過一些猶太工人，條件是他們必須住在完全由黨衛隊控制的營地和猶太人區。這樣做讓他可以迴避基於戰爭經濟必要性的務實主張，同時確保他能掌控對所有猶太人的生殺大權。因為最後，勞動營和工作猶太人區提供的庇護也只是暫時的。正如希姆萊所言，「在那裡，猶太人有一天也同樣會按照元首的心願消失。」[16]

在盧布林區，緬茲熱茨、武庫夫、皮亞斯基、伊茲比卡和沃達瓦的工作猶太人區已得到允許，在一九四二年至一九四三年的那個冬天還可以繼續存在。後三個猶太人區在一九四三年的三月和四月被剷除，正如我們已經看到的，緬茲熱茨和武庫夫也在五月遭遇了相似的命運。[17]在這之後，唯一在德國人同意下活下來的盧布林區猶太人，只剩下在格洛博奇尼克的勞動營帝國裡的大約四萬五千名工人。這裡面包括盧布林猶太人區的少數倖存者，以及從華沙和比亞維斯托克已清除的猶太人區送過來的工人。

到了一九四三年秋天，有二件事對希姆萊而言十分明顯。首先，如果要完成他的任務，就必須殺死勞動營裡面的工作猶太人。第二，在過去六個月以來，在華沙（四月）、特雷布林卡（七月）、比亞維斯托克（八月）和索比堡（十月）均出現了猶太人反抗事件，因為他們在這些地方看不到更多的生存希望。直到一九四三年春為止，波蘭猶太人一直緊抱著一個完全可以理解但卻錯誤的假設，那就是即使是納粹也不至於違背功利主義的標準，非理性到去屠殺對於德國戰爭經濟做出至關重要貢獻的工作猶太人。他們因此無計可施地採取了「勞動得拯救」的策略，將之當成是殘餘猶太人倖存下來的唯一希望。這個策略與希望是猶太人持續服從的關鍵前提。但猶太人的幻想正在逐漸破滅。當德國人試圖在華沙和比亞維斯托克猶太人區執行最終的清除行動時，他們遭到猶太人抵抗，當特雷布林卡和索比堡死亡營裡的工作猶太人意識到這些營地即將關閉時，那裡隨即爆發了反抗。希姆萊不可能認為在逐步或逐個清除盧布林勞動營的過程中，不會遇到猶太人出於絕望而採取進一步的抵抗。因此，必須在一次大規模行動中殺死盧布林勞動營的囚犯，而且這個行動要讓他們措手不及。這就是豐收節的由來。[18]

要執行這種規模的集體殺戮必須經過計劃與準備。繼格洛博奇尼克之後擔任黨衛警領導的雅各布．斯波倫貝格（Jakob Sporrenberg）前往克拉科夫與他的上級威廉．克魯格進行商議。他帶著一個特殊的文件夾返回後就開始發號施令。[19] 十月下旬，猶太囚犯被安排在馬伊達內克、特拉夫尼基和波尼亞托瓦（Poniatowa）營的外面挖掘壕溝。這些壕溝深三公尺、寬一．五至三公尺，但因為它們被挖成之字形，使人相信了挖掘這些壕溝的用意是為了躲避空襲的說法。[20] 隨後，來自總督府各地的黨衛隊及警察部隊開始被動員。十一月二日傍晚，斯波倫貝格會見了各個部隊的指揮官，這些部隊包括來自克拉科夫和華沙區的武裝黨衛隊、來自克拉科夫的第二十二警察團、盧布林自己的第二十五警察團（包括第一〇一後備警察營），以及盧布林安全警察和馬伊達內克、特拉夫尼基及波尼亞托瓦勞動營的指揮官，還有斯波倫貝格的黨衛警領導的參謀與助理。會議室裡坐滿了人。斯波倫貝格從他自克拉科夫帶回來的那個特殊文件夾下達指示。[21] 大規模屠殺行動於隔天清晨展開。

第一〇一後備警察營成員實際上全程參與了盧布林豐收節大屠殺的每個階段。他們在十一月二日抵達該區首府（因此推測特拉普參加了斯波倫貝格的會議），並在此過夜。十一月三日清晨，他們就上工了。第一〇一營的一個小隊協助將猶太人從盧布林周圍的各個小型勞動營押送到距離市中心幾公里遠的集中營，位於一條往東南方的要道上。[22]第一〇一後備警衛營的最大一支隊伍在一條有彎角的街道兩旁以每人間隔五公尺的方式就定位，這條街道從主要幹道延伸出來，經過指揮官的房子來到內營入口。他們在這條街上看著來自盧布林各個工作地點的猶太人列隊走過，這條人龍長得像是沒有盡頭。[23]騎著自行車的女守衛護送從「舊機場營」出來的五、六千名女囚，她們受僱整理堆放衣物的倉庫，這些衣物都是從死亡營收集來的。加上原本已經在集中營裡的三千五至四千名猶太人，這些人讓受害者人數增加至一萬六千五至一萬八千人。[24]當猶太人從後備警察組成的人鏈中間經過進入營地時，從二輛擴音器卡車上傳出了刺耳的音樂。儘管企圖淹沒其他的聲音，但仍依稀可聞集中營中穩定傳來的槍聲。[25]

猶太人被帶到最後一排營房，在那裡脫光衣服。他們舉起雙臂，將雙手抱在脖子後方，赤裸著身子地從營房裡被分批帶出來，穿過柵欄上的一個洞走到集中營後面挖好的壕溝。這個路徑的守衛也由第一〇一後備警察營負責。[26]

第一連的海因里希·伯霍特（Heinrich Bocholt）★就站在距離這些墓穴只有十公尺的地方目睹了整個殺人流程：

從我所站的位置，我現在可以觀察到猶太人如何赤身裸體地從營房裡被我們營上的其他成員趕出來……處決小隊的槍手坐在我正前方的墓穴邊上，他是保安局的人……每個槍手後方一定距離外站著其他幾個保安局的人，不斷將衝鋒槍的彈匣填滿並交給槍手。每個墓穴都被指派了一些這樣的槍手。時至今日我已經記不得關於墓穴數量的細節了。可能有許多這樣的墓穴在同時進行槍決。我清楚記得赤裸的猶太人被直接趕進墓穴，他們被迫躺在那些在他們之前被殺的人的正上方，槍手接著就對這些趴著的受害者開火……我無法確定地說這場行動進行了多久。應該持續了一整天。因為我記得我的工作曾被人接替過一次。我無法提供關於受害者人數的細節，但受害者的數量極為龐大。[27]

從更遠距離外觀察這場屠殺的是黨衛警高級領導斯波倫貝格，他搭乘著一架菲斯勒鸛鳥型（Frieseler Storch）飛機盤旋在營地上方。波蘭人則從屋頂上觀看。[28]

在盧布林以東四十公里處的特拉夫尼基勞動營以及幾個較小的營地，其他的德國部隊也在同一天、以同一種方式屠殺了猶太囚犯（特拉夫尼基受害者的估計人數從六千至一萬都有）。但盧布林西方五十公里處的波尼亞托瓦的一萬四千名猶太人還活著，位於布津（Budzyn）和克拉斯尼克營的三千名猶太人也還活著。這最後的二個勞動營將可倖免於難；布津為亨克爾（Heinkel）飛機公司生產飛機，克拉斯尼克則滿足盧布林黨衛警高級領導的個人需求。但在波尼亞托瓦的大型勞動營之所以沒有在十一月三日被清除掉，只是因為德國人缺乏人手而已。由於該營已經被封鎖、電話線也被切斷，因此馬伊達內克和特拉夫尼基發生的事件無法提前讓那裡對於第二天，也就是十一月四日將要發生的事有個心理準備。所以這裡也完全措手不及。

在許多第一〇一後備警察營的人的記憶中，二個集中營發生的二次大屠殺合併成在一個集中營發生的一次為期兩到三天的行動，可能是在馬伊達內克或波尼亞托瓦。但有些見證者（至少每個連中都有一位）確實記得發生在二個集中營的槍決行動。[29]因此似乎很清楚，十一月四日的一大清早，第一〇一後備警察營的人就從盧布林動身前往西方五十公里外的波尼亞托瓦。

這次第一〇一營沒有被打散。該營警察不是被派在脫衣室和槍決地點的之字形墓穴中間，就是待在槍決地點。[30]他們用身體圍成一道警戒線，當一萬四千名波尼亞托瓦的工作囚犯赤裸著身子、雙手在脖子後方地穿越他們並走向死亡時，擴音器再次傳出了刺耳的音樂，企圖掩飾槍擊聲卻徒勞無功。最接近槍決現場的證人是馬丁．戴特莫德（Martin Detmold）。

我和我的小隊在墓穴正對面執行警衛工作。墓穴是以之字形方式串連起來的一長串狹長壕溝，每個約三公尺寬、三至四公尺深。從我的位置，我可以觀察到猶太人……是如何被迫在最後的營房裡脫掉衣服並交出所有財物，然後被驅趕著穿越我們圍成的警戒線，從傾斜的開口走進這些壕溝。站在壕溝邊上的保安局的人把猶太人趕到處決處，在這些地點的其他保安局的人拿著衝鋒槍從壕溝邊上開火。因為我是小隊長，所以可以較自由地走動。我一度直接走到處決處，看到剛到這裡的猶太人不得不被迫直接躺在已被射殺的人的屍體上。接著他們也遭到衝鋒槍的連發子彈射殺。保安局的人刻意讓被射殺的猶太人倒下的屍體形成斜坡，好讓新來的人能夠躺在高達三公尺的屍體堆上。

……這整個過程是我一生中看過最令人毛骨悚然的畫面，因為我常可以看到在連發子彈射出之後，猶太人只是受傷而已，還活著的人卻活生生地被埋在後來被射殺的人的屍體下面，那些受傷的人沒有得到所謂的仁慈射擊。我記得聽見傷者從屍體堆中詛咒著那些黨衛隊的人。[31]

其他警察早已對大規模屠殺猶太人習以為常，很少有人像戴特莫德一樣對豐收節大屠殺留下深刻印象。令他們覺得新鮮且印象深刻的是處理這麼多屍體的問題（迄今為止一直是維持著相對祕密的死亡營才有的問題）。威廉・格布哈特（Wilhelm Gebhardt）★是格納德的特別警衛連成員，該連在屠殺後繼續駐紮在盧布林，他回憶道：「一連好幾天盧布林的空氣都散發著惡臭。那是典型的屍體燒焦味道。誰都能想像馬伊達內克集中營焚燒了大量猶太人。」[32]

如果盧布林居民只需從遠處聞到焚燒屍體的味道，許多第三連成員則對波尼亞托瓦屍體處理有更為直接的體驗。由於波尼亞托瓦位於普瓦維南方僅三十五公里處，該連的成員有時會去那裡，事實上有些人曾被派去看守工作猶太人，他們負責掘墓和焚燒屍體的可怕任務。警察可以仔細觀察到屍體如何從壕溝中拿出並由馬拉去焚燒場，再由猶太工人將這些屍體放在鐵柵欄上，然後焚燒。一股「野獸般的惡臭」充斥著整個地區。[33] 有一次，一輛卡車載著警察停在該營前面，當時正在焚燒屍體。「一些我們的同袍因為那味道還有看到半腐爛的屍體而感到噁心，結果忍不住在卡車上吐得到處都是。」[34] 當第三連的新指揮官哈斯萊西上尉（Captain Haslach）★聽到回來的警察的報告時，他覺得「難以置信」，於是告訴卡爾森連士官長，「來吧，我們去那裡自己親眼看看。」當他們抵達時，工作已經完成，但一名熱心的黨衛隊軍官向他們展示了那些墓穴以及大小約四乘八公尺的鐵柵欄「燒烤架」。[35]

在豐收節大屠殺結束時，盧布林區實際上已經「沒有猶太人」了。第一〇一後備警察營在最終解決方案中的參與也告一段落。保守估計，該營在像是約瑟烏夫和沃瑪濟等初期行動中射殺了六千五百名猶太人，在「獵殺猶太人」行動中射殺了一千名猶太人，在馬伊達內克和波尼亞托瓦行動中估計最少射殺了三萬零五百名猶太人；因此，該營參與直接槍決至少三萬八千名猶太人。加上一九四三年五月初該營從緬茲熱茨驅逐到死亡營的至少三千名猶太人，被他們送上前往特雷布林卡的火車上的猶太人數量達到了四萬五千人。對一個人數不到五百人的警察營而言，最後的計算數字是他們造成至少八萬三千名猶太人的死亡。

16 後來的事

隨著第一〇一營完成對最終解決方案的任務及戰爭態勢轉為對德國不利，第一〇一後備警察營的人發現自己在行動中的作戰對象愈來愈常是武裝游擊隊及敵兵。一九四三年春，該營經歷了一次罕見的傷亡，哈根中尉被警察意外開槍打死。軍官的死傷人數在戰爭的最後一年急劇上升；格納德、霍普納和皮特斯中尉均在行動中陣亡，德魯克中尉受傷回到德國。[1] 特拉普少校也在一九四四年初回到了德國。[2] 一些警察被挺進的俄羅斯軍隊俘虜，但大多數人均隨著第三帝國的戰敗瓦解而返回德國。

許多人重操戰前的舊業。對三位黨衛隊高級突擊隊領袖霍夫曼和沃勞夫以及有資料的三十二名士官中的十二名士官而言，這意味著他們將繼續幹警察這一行。在一百七十四名普通警察中，另有十二名成功運用他們的預備役服役經驗在戰後當上了警察。審訊紀錄中幾乎沒有提到這二十六個人繼續擔任警察一職的容易程度，這不令人意外。雖然這些後備役警察中只有二名是黨員，九名士官是黨員，其中三名也曾是黨衛隊。當然，霍夫曼和沃勞夫也是黨員及黨衛隊。霍夫曼曾提到由於他的黨衛隊身分，他曾被英國短暫拘留。雖然曾受到波蘭當局的審訊，但他仍被釋放並立即重新加入漢堡警方。[3]

諷刺的是，因為第一〇一後備警察營在波蘭的行動而在戰後遭遇困難的，不是那些鐵桿黨衛隊軍官，而是特拉普少校和布赫曼中尉。有名曾在塔爾辛擔任行刑隊的警察被分居的妻子告發。在接受審訊時，他提到了他的營長特拉普、他的連長布赫曼以及連士官長卡默。這些人都在一九四七年十月被引渡到了波蘭。一九四八年七月六日，他們在謝爾德采（Siedlce）市接受了為期一天的審判。這場審判單獨聚焦於在塔爾辛針對七十八名波蘭人的報復性槍決事件，而非關注該營對波蘭猶太人次數多得多的謀殺行動。那名警察和特拉普被判處死刑，並於一九四八年十二月處決。布赫曼被判八年徒刑，卡默三年。[4]

直到一九六〇年代，第一〇一後備警察營都未遭到進一步的司法調查。一九五八年，總部位於斯圖加特北方路德維希堡的納粹罪行司法調查聯合中心成立，負責啟動並協調針對納粹罪行的調查。聯合中心的工作人員組成各種任務小組，每組均被分配調查不同的「複合式罪行」（crime complexes）。直到他們針對一個特殊複合式罪行進行了初步調查，並發現最高級別嫌疑人的下落後，他們才會將司法管轄權交給個別或多位主要嫌疑人所居住的聯邦州的州檢察官辦公室。而正是在調查盧布林區各種複合式罪行的過程中，路德維希堡調查人員初次遇到了幾個來自第一〇一後備警察營的證人。一九六二年，這個案子被移交給漢堡警方及司法當局，仍活著的警察營成員大多仍居住在這裡。

從一九六二年底至一九六七年初，該營的二百一十位過去成員接受了審訊，許多人接受了不只一次的審訊。被判有罪的十四個人是：霍夫曼和沃勞夫上尉；德魯克中尉；史坦梅茲、班泰姆、畢克麥爾、鞏特中士；葛拉夫曼（Grafmann）★和馬勒（Mehler）★下士；以及五名後備役警察。審判於一九六七年十月開始，次年四月宣判。霍夫曼、沃勞夫及德魯克被判八年徒刑、班泰姆六年、畢克麥爾五年。葛拉夫曼及五名後備役警察被宣布有罪，但由於法官行使自由裁量權（引用了管轄此審判的一九四〇年刑法中的一項規定，以避免紐倫堡審判應用溯及既往的法律所遭致的批評），因此未被判刑。鞏特、史坦梅茲和馬勒未被納入此次判決，因為他們的健康情形不佳，因此他們的案件在審判期間被分開審理。漫長的上訴過程終於在一九七二年告一段落。班泰姆和畢克麥爾維持原判，但他們也未被判刑。霍夫曼的徒刑減為四年，德魯克減為三年半。有鑑於一審時除了三名被告外檢方無力讓其他任何人被定罪，檢方於是撤銷了針對該營其他成員待決案件的告訴。

無論戰後的司法起訴結果乍看是如何地不盡如人意，我們都必須牢記，僅有少數幾項調查導致了對前秩序警察成員的審判，針對第一〇一後備警察營的調查即是其中之一。針對警察營的大部分調查甚至沒有導致起訴。少數確實進入審判階段的案件，也只有極少數能定罪。相對來說，對企圖處理警察營問題的德國司法當局來說，針對第一〇一後備警察營的調查與起訴是個罕見的成功案例。

針對二百一十名第一〇一後備警察營成員的審訊紀錄仍存放於漢堡的州檢察官辦公室。它們是這項研究最主要（實際上是不可或缺）的資料來源。相較於伸張正義，希望檢方在準備此案時所做出的令人欽佩的努力，能在還原歷史方面更有成果。

17 德國人、波蘭人與猶太人

當然，運用第一〇一後備警察營成員的審前及法庭證詞時，必須相當地謹慎。涉及到自證其罪以及使同袍入罪等司法上的算計，對每個證人而言都是沉重的心理負擔。二十五年的記憶喪失與扭曲的影響，即便不是為了司法上的便利而假裝，同樣是重要的因素。心理防衛機制，尤其是壓抑與投射，也對證詞產生了關鍵影響。在所有關於證詞可靠性的限定條件中，只要跟德國、波蘭與猶太人三方命定的關係扯上關連，就會變得非常有問題。簡單地說，這些證詞對德國人與波蘭人及德國人與猶太人之間關係的描繪極大程度上是開脫之詞；相較之下，對於波蘭人與猶太人關係的描繪則又譴責得異常嚴厲。如果我們從這些前警察所描繪的前二種關係開始檢視，就可以比較清楚他們對第三種關係的描述中出現的不對稱性與扭曲。

關於德國人與波蘭人的關係（譯按：下簡稱德波關係），最明顯的特徵就是缺乏評論。警察們會泛泛地提到游擊隊、土匪和強盜，但他們評論的要點並不是這類現象中明確具體的反德特徵。相反，他們將土匪描繪成在德國占領波蘭前就已存在的地方性問題。因此他們會以二種方式提到游擊隊與土匪的存在：一方面是要暗示德國人是在保護波蘭人，使當地擺脫缺乏法紀的問題；另一方面則是要掩蓋該營進行反猶活動的頻率與強度，因此他們聲稱游擊隊和土匪才是警察主要專注的工作。

一些證人提到維持良好德波關係的具體努力。霍夫曼上尉明確地吹噓他的連隊和普瓦維當地居民的友好關係。他聲稱他曾指控梅斯曼上尉，因為後者指揮的巡行摩托郡警隊的「看見就開槍」戰術令波蘭人懷恨在心。[1] 布赫曼中尉指出，特拉普少校在選擇塔爾辛報復性射殺行動的受害者時，諮詢了波蘭鎮長的意見。他們有留意只槍決陌生人和赤貧者，而不是守規矩的公民。[2]

只有二份證詞與這幅德國占領波蘭溫和無害的圖像產生矛盾。布魯諾・普羅布斯特回憶一九四〇至一九四一年間該營在波茲南和沃茨的早期活動，當時警察們執行了殘暴的驅逐任務，並以殘酷騷擾當地居民為樂。他對於一九四二年時德國人對待波蘭人的態度更抱持批判的態度。

在當時，甚至是來自眼紅鄰人的告發或批評，就足以讓波蘭人和他們全家都一起被射殺，僅僅是因為懷疑他們持有武器或窩藏猶太人或土匪。就我所知，波蘭人從來沒有因為這些原因而被逮捕並交給主管的警察機關。從我自己的觀察及同袍們的故事，我記得，當有上述所提到的懷疑理由時，我們總是將波蘭人當場射殺。[3]

第二個挑戰德波關係的「玫瑰色」看法的證人不是活下來的警察，而是布蘭德中尉的妻子，她曾去拉津短暫探望他。她說，當時以「主宰種族」（master race）的方式來對待波蘭人，即使對德國公民而言也是件很平常的事，更別說是穿著制服的警察了。例如，當德國人走在鎮上的人行道時，波蘭人要靠邊禮讓；當德國人進入一家商店時，波蘭顧客就被認為要離開。她在拉津時，有天，一群懷有某種敵意的波蘭婦女擋住了她的去路；她和她的同伴威脅要叫警察，她們才得以脫身。當特拉普少校聽到這件事時，他勃然大怒，並聲稱這些波蘭婦女應該要在公共市場上被槍殺。根據布蘭德夫人的說法，這個事件說明了德國人對波蘭人的態度。[4]

只有二份證詞談到了德國警察與波蘭婦女之間的性關係。霍夫曼聲稱曾保護一名他的手下，因為他沒有把他與一名波蘭女性發生被禁止的性關係而染上性病的案子報告上去。[5]另一名警察就沒那麼幸運了。他因為違反和波蘭人發生性關係的禁令而在「懲戒營」待了一年。[6]當然，這類禁令的存在本身就清楚地說明了關於德波關係的真實情況，而這份證詞的大部分內容都隨手就忽略了這種真實情況。德國警察會不會像對待猶太人那樣地對波蘭人呢？雖然規模要小得多，但似乎他們也對波蘭人的生活日益冷漠無情、無動於衷。一九四二年九月在塔爾辛時，該營仍對大量波蘭人遭到報復性槍決的效應持謹慎態度。在屠殺了七十八名「可犧牲的」波蘭人後，特拉普用槍決猶太人來滿足了他的報復配額。布魯諾・普羅布斯特仍記得到了一九四三年一月時，人們已普遍保持著一種不同的態度。當霍普納的第三連第二排正要去奧波列看電影時，他們收到了一名德國警察遭到波蘭襲擊者射殺的報告。霍普納帶著他的手下前往涅茲多夫（Niezdów）進行報復，卻發現除了最老的人以外，其他人全部逃走了。雖然在行動中傳來消息說那名德國警察只是受傷而已，並沒有被殺，但霍普納仍下令槍殺十二到十五名波蘭老人（大多為女性），並把村子燒了。然後這些人又回到奧波列的電影院。[7]

這份證詞在關於德國人對猶太人的態度方面也出現了類似的疏漏。造成這類遺漏的原因之一明顯是法律考量。根據德國法律，將殺人行為定義為謀殺的標準之一是存在「基本動機」（base motive），如種族仇恨等。任何公開支持反猶太主義立場的第一〇一營成員，都將嚴重損及他的法律地位；任何談論其他人反猶態度的人都可能讓自己陷入尷尬的位置，做出對自己前同袍的不利證詞。

但這種不願討論反猶主義的態度，是對國家社會主義、警察自身或其同袍在那段時期的政治態度的整體現象一種更一般且普遍沉默的一環。要承認他們的行為具有明顯的政治或意識形態面向，承認國家社會主義那顛倒是非黑白的世界——而這與一九六〇年代的政治文化及公認的規範如此抵觸——對當時的他們曾是至理，就相當於承認他們在政治及道德是無能者，只是順應著每個相繼的政權而隨波逐流。這是一個少有人願意或能夠面對的真相。

霍夫曼上尉十六歲加入納粹高中學生組織、十八歲加入希特勒青年團、十九歲入黨並成為黨衛隊，他的證詞即是對這一政治及意識形態面向的尋常的否認：「我在一九三三年五月加入一般黨衛隊（general SS），當時人們將黨衛隊視為一個單純的自衛性團體。我加入的根本原因，不是因為特殊意識形態為基礎的態度。」[8] 雖然沒那麼不誠實，但仍閃爍其詞的是德魯克中尉的解釋，他是唯一認真想要面對他過往態度問題的被告。

> 我只是在衝鋒隊的培訓架構下才接受了國家社會主義意識形態的培訓，當時的宣傳也有一定程度的影響。因為我在海軍衝鋒隊擔任排長，當時認為排長最好也是黨員，所以我在戰爭爆發前不久入黨。在時代的影響下，我對猶太人的態度是帶有某種程度的厭惡。但我不能說我特別仇恨猶太人——無論如何，這是現在的我對於我當時態度的印象。[9]

有少數案例是警察作證其他人的殘暴行為及抱持反猶主義，通常是與普通警察對於特定軍官的評論有關。例如，儘管有些不情願，但證人們仍認為格納德是個殘暴、有虐待狂傾向的酒鬼，他是「出於信念的」納粹及反猶主義者。在幾份證詞中，有二名中尉也得到相當負面的評論。當布赫曼被免除參與猶太人行動時擔任他代理人的魯道夫・葛特有個綽號是「毒藥侏儒」，因為他為了彌補自己的矮小身材總是對手下高聲吼叫。他的特徵是「特別嚴苛及聒噪」、「一個積極進取的人」，一個「百分之一千的納粹」，展現出「對職責的極大熱情」。[10] 海因里希・畢克麥爾被形容為「極令人不快的人」，總是自豪地別著他的納粹徽章。他不受手下愛戴，波蘭人和猶太人特別怕他，因為他對他們的態度「野蠻又殘酷」。他的一名手下講述了在沃瑪濟，畢克麥爾如何強迫一群猶太人邊唱歌邊爬過一個泥坑。當一個筋疲力竭的老人倒下並向畢克麥爾舉雙手求饒時，這名中士向他的嘴開了一槍。這名證人下了結論，畢克麥爾是「一條常見的狗」。[11] 但警察做出的這類譴責十分罕見，即使譴責的對象是不受歡迎的上級，更別說是他們的同袍了。

在審訊過程中，一些較不直接、較不保留的陳述透露了德國人對猶太人的一些態度。例如，當被問到他們在鄉下地方如何區分波蘭人和猶太人時，一些人會提到衣著、髮型和一般外觀。然而有幾個人選擇的用詞仍然反映了二十五年前的納粹刻板印象：和波蘭人相比，猶太人「骯髒」、「蓬頭垢面」、「比較不乾淨」。[12] 其他警察的評論則反映出一種不同的情感，他們將猶太人視為受害的人類：他們衣衫襤褸、餓得半死。[13]

他們對於槍決現場猶太人行為的描述也反映了類似的分裂。一些人有時以一種十分脫罪的方式強調猶太人的被動性，似乎暗示猶太人是自身死亡的同謀。沒有抵抗、沒有企圖逃跑。猶太人接受了他們的命運；他們幾乎是等不及被告知就躺下來準備被射殺。[14]其他的描述則清楚強調受害者的尊嚴；猶太人的沉著鎮定「令人驚訝」及「難以置信」。[15]

少數提及德國人與猶太人之間性關係的證詞給人的印象截然不同於德國警察和波蘭婦女間的禁忌之愛，甚至像是性需求的快速滿足。在涉及德國男性與猶太女性的案例中，呈現出對無力者的宰制問題，即強暴及窺淫癖的問題。有名警察曾被人目睹企圖強暴一名猶太婦女，事實上他就是後來被自己妻子向占領的盟軍告發的那名警察，他被引渡到波蘭，並與特拉普、布赫曼及卡默一起受審。目擊事件的士官並未將這名強暴犯報告上去。[16]第二個案例涉及到皮特斯中尉，他在傍晚喝伏特加喝醉，在猶太區進行夜巡。他「全副武裝」地進入猶太人的住所，撕開婦女蓋著的東西，看一看，然後就離開了。到了早上時他又再次清醒了。[17]

很大程度上，猶太人始終是德國人敘述中的一個匿名集體，但是有二個例外。首先是警察們經常提到遇到德國猶太人，而且幾乎總是能記得他們提到的這些猶太人的家鄉：來自布萊梅、曾獲得授勳的一戰退伍軍人；來自卡塞爾的那對母女；來自漢堡的電影院老闆；來自慕尼黑的猶太人委員會主席。這經驗必定相當出人意料之外，而且不協調——與他們通常認為猶太人是外國敵人之一形成了鮮明對比——才會如此生動地留在他們的記憶中。

在德國警察眼中擁有個人身分的其他猶太受害者是那些為他們工作的人，尤其是在廚房裡。一個警察記得他為他在武庫夫監督的一個猶太人工作隊採購了額外的口糧，「因為這些猶太人幾乎完全沒有得到吃的東西，雖然他們得為我們工作。」同一個人也宣稱他曾在清除猶太人時，讓猶太人區警察負責人的妻子逃走。[18] 在緬茲熱茨，一名廚房工曾乞求另一名警察在清除猶太人區時救她的母親和姊妹，他讓她把她們也帶到了廚房。[19] 在科克，一名警察在九月底的槍決行動中遇見了一名哭泣的猶太婦女，並把她送去廚房。[20]

但警察與他們猶太廚房幫工之間發展出的脆弱關係，最終很少能拯救猶太人的生命。在一次從武庫夫的驅逐行動期間，當他的二名廚房幫工沒有來上班時，一名警察去了集合點。他找到這二人，但負責行動的黨衛隊的人只允許一個人離開。不久後，她也被帶走了。[21]

警察們記憶最鮮明的是，當他們不但沒有救出他們的猶太工人，事實上還應該要親自執行處決任務的那些時刻。在普瓦維，霍夫曼上尉把內林下士（Corporal Nehring）★召到他的臥房，給了他一瓶好酒當禮物，叫他去他之前擔任警衛的農莊槍決那些猶太工人。內林對這項工作提出抱怨，因為他「親自認識」許多那裡的猶太工人，但沒有發揮作用。他和他的單位和駐紮在普瓦維的一名郡警官以及四、五名警察一起承擔了這項任務。內林告訴那名郡警官，那些猶太人很多都跟他很熟，他無法參與槍決工作。這名警官比霍夫曼更願意幫忙，他讓他的手下自行槍殺了十五到二十名猶太人，這樣內林就不用在現場了。[22]

在科克，二名叫作布魯瑪（Bluma）和露絲（Ruth）的猶太廚房幫工請求警察幫助她們逃跑。一名警察告訴她們逃跑是「毫無意義的」，但其他人幫助她們逃走。[23]二個星期後，一些警察發現布魯瑪和露絲和十幾個其他猶太人一起藏身在一處地堡。其中一名認出她們的警察試著離開，因為他知道將要發生什麼事，卻被下令要槍決她們。他拒絕並還是離開了，但包括那些前廚房幫工在內的所有地堡中的猶太人都被槍殺了。[24]

在寇馬盧夫卡，德魯克的第二連第二排有二名廚房工，叫作尤塔（Jutta）與海利（Harry）。有一天德魯克說他們不能再待下去了，除了槍決他們已經沒有別的辦法。一些警察把尤塔帶到樹林裡，在從背後射殺她前故意和她交談。不久後，海利也在採摘漿果時被一把手槍從後腦射殺。[25]這些警察顯然格外費心，刻意選在受害者沒有意識到時射殺那些在過去幾個月裡為他們準備食物並且他們知道名字的猶太人。按照一九四二年德國人與猶太人關係的標準，那些殺人的人認為在沒有因預期而痛苦的情況下迅速死亡是人類同情心的典範！

儘管警察們的證詞極少提供有關德國人對波蘭人和猶太人態度的訊息，但這些證詞卻很頻繁地提到波蘭人對猶太人的態度，並且是十分不利的評論。在評價這些證詞時，至少有二個因素必須牢記在心。首先，德國警察很自然地和波蘭人有大量接觸，因為那些波蘭人在最終解決方案中合作並協助他們追捕猶太人。事實上，這類波蘭人企圖透過狂熱的反猶主義來討德國占領者歡心。更不用說，幫助過猶太人的波蘭人會盡一切努力來徹底瞞過德國人。所以，和德國警察有過第一手接觸的波蘭人的同情心和行為中，存在著一種內在固有的偏見。

就我看來，這種內在固有的片面性又因第二個因素而受到進一步的扭曲。可以公平地推測，德國人對於波蘭人反猶主義的批評中包含了大量的投射成分。這些警察往往不願做出對於他們同袍的指控性陳述，或對自己的事說真話，他們一定在和波蘭人分擔罪責中找到了很大的心理安慰。他們可以相當坦率地說出波蘭人的惡行，但當討論到德國人時態度就相當保留。事實上，波蘭人分擔的罪責愈重，德國人這一邊的罪責就愈輕。當權衡以下證詞時，我們必須牢記這些保留意見。

德國人對波蘭人的連篇指控（就像集體屠殺本身一樣）從對約瑟烏夫的陳述開始。根據一名警察的說法，波蘭鎮長在市場裡向德國人提供了幾小瓶烈酒。[26] 根據其他人的說法，波蘭人協助將猶太人趕出他們的住所，並透露猶太人在花園地堡或是雙層牆後方的藏身處。即使在德國人已經結束搜查後，一整個下午，波蘭人仍繼續將個別猶太人帶到市場。他們進入猶太人的房子，猶太人一被帶走，他們就開始打劫；當槍決結束時，他們又從猶太人的屍體掠奪財物。[27]

最經典的是霍夫曼上尉所做的指控，這個人聲稱關於他的連在孔斯科沃拉進行的大屠殺，他什麼都記不得了。相反的，他卻仔仔細細地記住了下面陳述的事。在撤除外圍警戒線，他的第三連進入約瑟烏夫鎮中心後，二個波蘭學生邀請他到他們住的地方喝杯伏特加。這些年輕的波蘭人和霍夫曼交流了希臘和拉丁文詩句，但沒有隱藏他們的政治觀點。「他們都是波蘭民族主義者，對他們所受的待遇表達了憤慨，並認為希特勒只有一個可取之處，那就是他正在將他們從猶太人手中解救出來。」[28]

幾乎所有關於「獵殺猶太人」的敘述都沒有漏掉一個事實，那就是猶太人的藏身處和地堡大部分都是波蘭「情報員」、「線人」、「森林跑者」和憤怒的農民洩漏的。但警察們選擇的用詞透露的不只是關於波蘭人行為的訊息。他們一再使用「背叛」這個詞，這毫無疑問地帶有強烈的道德譴責意涵。[29]就這方面表達得最為明確的是古斯塔夫．邁克爾森。「我當時感到非常不安，因為波蘭人背叛了這些藏起來的猶太人。這些猶太人在森林、地下掩體或其他藏身處把自己偽裝得很好，如果不是因為波蘭平民出賣了他們，他們絕不會被發現。」[30]邁克爾森屬於少數「軟弱」的警察之一，他們從未射殺過猶太人，因此可以不那麼徹底偽善地發表他的道德評論。但指控波蘭人「背叛」的其他大多數人則不然，而他們從未提到是德國的政策要求招募這類人及獎勵這類行為。

再一次，誠實得殘忍的布魯諾・普羅布斯特從一個更平衡的角度來看這件事情。他指出，「獵殺猶太人」行動往往是由波蘭線人提供的線索啟動的。但他補充道：「我還記得當時我們也漸漸開始，比過去更系統化地射殺提供住處給猶太人的波蘭人。我們幾乎總是同時燒掉他們的農場。」[31] 除了幾個警察曾經作證一名波蘭婦女因為將猶太人藏匿在她在科克的地窖裡，而被她父親交出來並遭到槍殺之外，普羅布斯特是二百一十名證人中，唯一承認有系統性槍決藏匿猶太人的波蘭人這項德國政策存在的人。

普羅布斯特還說了另一個故事。有一次，霍普納中尉帶領一個巡邏隊發現了一個藏了十個猶太人的地堡。一個年輕人站出來，說他是波蘭人，他藏在那裡是為了和他的新娘在一起。霍普納讓他選擇離開還是和他的猶太妻子一起被殺。這名波蘭人留下來並遭到槍殺。普羅布斯特的結論是，霍普納對這個提議從來就不是認真的。如果他決定離開的話，那名波蘭人「肯定」會因「企圖逃跑」而被槍殺。[32]

這些德國警察也描述了波蘭人共犯行為的其他例子。在孔斯科沃拉，一名打扮成波蘭農民的婦女走向一名警戒線上的警察。附近的波蘭人都說她是猶太人假扮的，但這名警察還是放她過去了。[33] 許多警察都說過關於波蘭人逮捕並留置猶太人，直到德國人能夠過來槍決他們的故事。[34] 有幾次當德國人抵達時，猶太人已經被人打過一頓了。[35] 但只有一名證人說波蘭警察曾經二次陪同德國巡邏隊並參與了槍決。[36] 相反的，托尼·班泰姆講述了當寇馬盧夫卡的波蘭警察報告他們抓到了四名猶太人時發生了什麼事情。德魯克命令班泰姆槍決他們。他把這些猶太人帶到墓地後，本打算自己一個人將他們四個人全部槍決，但他的衝鋒槍卡彈了。於是他問陪同他的波蘭警察「是否想要處理一下這件事。然而，令我驚訝的是，他拒絕了」。班泰姆只好用了自己的手槍。[37]

德國人對波蘭共謀行為的描繪不假。可悲的是，他們歸咎於波蘭人的那種行為在其他敘述中得到了證實，而且經常發生。畢竟，大屠殺是一個英雄太少，而加害者及受害者都太多的故事。德國人描繪的錯誤之處是視角上的多面向扭曲。警察們對於波蘭人對猶太人的協助以及德國人對這類協助的懲罰，均保持沉默。這些警察們如此偽善地譴責波蘭「叛徒」，卻對德國人在這方面扮演了煽動的角色隻字不提。還有一個無人提及的事實是，大量的殺人輔助部隊（惡名昭彰的志願者軍）並不是從波蘭人中招募的，這和瀰漫反猶情緒的東歐其他民族形成了鮮明的對比。因此，就某些方面而言，德國警察對波蘭人的評論既揭示了前者，也揭示了後者。

18 普通人

為什麼第一〇一後備警察營的大多數人成為了殺手，只有也許一〇%的少數人（肯定不超過二〇%）沒有？過去對這樣的行為有過許多解釋：戰時的殘暴化（wartime brutalization）、種族主義、任務的分割與例行公事化、對加害者的特別挑選、職業野心（careerism）、對命令的服從、對權威的敬畏、意識形態灌輸，以及從眾。

戰爭必然伴隨著暴行。正如道爾（John Dower）在他的傑作《沒有慈悲的戰爭：太平洋戰爭的種族與強權》（*War Without Mercy: Race and Power in the Pacific War*）中曾說的，「戰爭仇恨」催生了「戰爭罪行」。[1] 畢竟，戰爭是大規模派遣武裝人員彼此殺戮，當這內在固有的殘暴性加入根深柢固的負面種族刻板印象時，人們就會更頻繁、更凶殘地從各方面破壞本已脆弱的戰爭慣例與戰鬥規則。因此造成了更傳統的戰爭（例如德國與西方盟國之間的戰爭）與不久前發生的「種族戰爭」，二者之間存在的差異。從納粹在東歐的「毀滅戰爭」與「反猶戰爭」，到在太平洋地區及更近期在越南的「沒有慈悲的戰爭」，士兵們經常折磨並屠殺手無寸鐵的平民百姓及無助囚犯，犯下無以計數的其他暴行。讀到道爾對於整個美軍在太平洋地區公開吹噓的「趕盡殺絕」（take no prisoners）政策，以及例行地收集日軍屍體碎塊作為戰爭戰利品的敘述，會讓那些沾沾自喜地以為戰爭暴行專屬於納粹政權的人不寒而慄。

戰爭，尤其是種族戰爭，導致殘暴化，殘暴化導致暴行。可以說，這條共同的主線一路連結了布魯伯格（Bromberg）[2]和娘子谷，新幾內亞與馬尼拉，以及美萊村（My Lai）。但是，如果戰爭，尤其是種族戰爭，是第一〇一後備警察營運作的重要背景（正如我將確實主張的），戰爭的殘暴這一概念對於這些警察在約瑟烏夫和之後的具體行為有多少的解釋力？尤其，在各式各樣的戰爭罪行及犯下這些罪行者的心態之間，必須做出什麼樣的區分？

許多最惡名昭彰的戰時暴行——歐哈杜爾（Oradour）及馬爾默迪（Malmedy）；日本人在馬尼拉的肆虐殘殺；美國人在許多太平洋島嶼上屠殺戰俘並毀壞屍體，以及在美萊村的大屠殺——都涉及了某種「戰場上的狂熱」。士兵們對暴力已習以為常，他們對奪取人類生命麻木不仁，對自己的傷亡憤憤不平，對於一群陰險、似乎沒有人性的敵人的頑強抵抗則感到挫折，他們有時會爆發出來，或冷酷地下定決心，一有機會就要報復。雖然指揮結構中的成員經常會容忍、縱容或默認地（有時甚至是明示地）鼓勵這種暴行，但它們並不代表政府的官方政策。[3]儘管每個國家都推出充滿仇恨的政治宣傳，而許多領導人及指揮官都發表了趕盡殺絕的言論，但這類暴行仍代表著紀律及指揮鏈的崩潰失靈。暴行並不是「標準作業程序」。

其他種類的暴行，那些缺乏戰場狂熱的即時性並充分代表政府官方政策的暴行，則毫無疑問是「標準作業程序」。針對德國及日本城市的燒夷彈轟炸；在德國營地及工廠或在泰國至緬甸鐵路沿線，對於外國勞工的奴役與謀殺式虐待；在南斯拉夫或東歐其他地方，每當一名德國士兵被殺即對一百名平民執行報復性槍決——所有這些都不是自發的情緒爆發，或殘暴化的人的殘酷報復，而是有條理地執行的政府政策。

這二種暴行均發生在殘暴化的戰爭背景下，但執行「政策性暴行」的人處於不同的心理狀態。他們不是在狂熱、怨恨及挫折的情緒下行凶，而是經過了深思熟慮。當第一〇一後備警察營的人在執行系統性滅絕歐洲猶太人的納粹政策時，顯然是屬於第二類。除了少數幾個最年長的人是一戰退伍軍人，以及從俄國被調到波蘭的幾名士官外，第一〇一營的人沒有見過戰鬥，也沒有面對過致命的敵人。大多數人從未在面對敵人作戰時開槍，或被開過槍，更別說失去在自己身邊戰鬥的同袍。因此，透過先前的戰鬥而導致的戰爭的殘暴化，並不是直接影響警察們在約瑟烏夫行為表現的直接經驗。然而，一旦開始殺人，這些人就變得愈來愈殘暴。因為在戰鬥中，最初遭遇的恐怖最終變成例行公事，而殺人也變得愈來愈容易。就這層意義而言，殘暴化不是原因，而是這些人行為的效果。

然而，我們當然必須以更普遍的方式來思考戰爭的背景，而不是只將它當成是戰鬥誘發的殘暴化及狂熱的原因。戰爭，是「我們的人」和「敵人」之間的鬥爭，它創造了一個兩極化的世界，在這裡，「敵人」很容易被物化並從人類義務的共同體中剔除出去。戰爭是最具傳導力的環境，政府可以採取「政策性的暴行」，並且在實施政策時很少遇到困難。正如道爾已觀察到的，「對他者的去人性化對於創造讓殺人變得容易的心理距離有莫大的貢獻。」[4]距離，而不是狂熱和殘暴化，才是第一〇一後備警察營成員行為的關鍵之一。戰爭及負面種族刻板印象則是二個相互增強這種距離的因素。

許多大屠殺學者，尤其是希爾伯格（Raul Hilberg），都曾強調毀滅過程的科層制及行政管理面向。[5]這一取徑強調現代科層制生活相當程度地助長了功能性與物理性的距離，就和戰爭及負面的種族刻板印象促進了加害者與受害者之間的心理距離一樣。事實上，許多大屠殺加害者是所謂辦公桌前的殺人者，他們參與的科層制本質大幅促進了他們在集體滅絕中的角色。他們的工作經常由整個殺人過程中的微小步驟組成，而他們以一種例行公事的方式來執行這些工作，且從未見過受到他們行動影響的受害者。官僚或專家的工作具有分割、例行公事及去個人化的特質——無論涉及的是沒收財產、安排火車、起草立法、發送電報或收集名單——這些工作都可以在不面對集體屠殺的現實下進行。當然，第一〇一後備警察營的人沒有享受到這樣的奢侈，他們可說是實實在在地浸泡在被近距離射殺的受害者的鮮血裡面了。沒有人比這些在約瑟烏夫樹林裡的人更直接地面對過集體屠殺的現實。分割化及例行公事化，即科層化屠殺的去個人化面向，無法解釋第一〇一營在那裡的最初行為。

然而，我們不能忽略殺人過程的勞動分工所產生的促進殺人的心理效應。儘管第一〇一營成員在賽羅科姆拉、塔爾辛和科克，以及後來在數不清的「獵殺猶太人」行動中，確實單獨執行了進一步的槍決工作，但較大規模的行動涉及了聯合行動及職責分工。警察總是提供警戒線勤務，許多人直接參與將猶太人從他們家裡押送到集合地點，接著送上死亡列車的工作。但在最大規模的集體槍決行動中，「專家們」會被請來執行殺人工作。在沃瑪濟，如果不是因為醉到無法完成工作，志願者們本來可以自己完成槍決。豐收節行動期間，在馬伊達內克和波尼亞托瓦，是由盧布林的安全警察提供了槍手。將猶太人驅逐至特雷布林卡的行動在心理上有一個額外的優勢。不只殺人工作由旁人代勞，而且整個過程是在這些清除猶太人區並強迫猶太人坐上死亡列車的警察們眼睛看不到的地方完成的。在經歷了約瑟烏夫的純粹恐怖後，這些警察的疏離感，他們對自己隨後在猶太人區清除行動及警戒線任務沒有真正的參與感，或不覺得需要對其負責，正是勞動分工造成感性鈍化（desensitizing effects）*的鮮明證據。

如果有的話，在何種程度上，第一〇一後備警察營的人可以展現為了實施最終解決方案的特殊任務而進行的特別挑選過程？根據德國歷史學家威爾罕（Hans-Heinrich Wilhelm）最近的研究，海德里希的帝國安全總局（Reich Security Main Office）的人事部花費了大量時間精力來挑選及指派特別行動隊的軍官。[6]急於找對人做對事的希姆萊在挑選黨衛隊、警察高級領導人和其他關鍵位子上的人時也很謹慎。因此他堅持把令人討厭的格洛博奇尼克留在盧布林，不顧他過去的貪腐紀錄，以及甚至在納粹黨內也有人反對他的任命。[7]姬塔·瑟倫尼在她對特雷布林卡指揮官法蘭茲·斯騰格（Franz Stangl）的經典研究《進入那黑暗》（*Into That Darkness*）這本書中做出結論，一定是經過特別挑選，才能從大約四百人中只挑選出九十六個人從德國的安樂死計畫轉移到波蘭的死亡營。[8]是否曾有類似的挑選過程，也就是謹慎地選擇特別適合執行集體屠殺任務的人員，決定了第一〇一後備警察營的人員組成？

關於普通警察，在一定條件下，答案是否定的。事實上，從大部分的標準來看，情況正好相反。從年齡、出身地域及社會背景來看，第一〇一後備警察營的人最不可能被認為是合適塑造成未來大規模殺人者的材料。根據這些標準，這些中年、大部分來自勞工階級、出身漢堡的普通警察們並不代表著特別挑選，甚至不代表隨機挑選的過程，實際上是為了執行手頭任務所做的負向選擇。

然而，在某一方面，一種更一般形式的挑選過程可能在更早時就已經發生了。在該營普通士兵中，納粹黨成員的比例很高（二五%），尤其對於工人階級出身的人而言更是不成比例，這表示（早在將他們的用途設想為最終解決方案的殺手前）最初的後備役人員徵召就不完全是個隨機的過程。如果希姆萊最初是認為當大量現役警察駐紮在國外時，可以將這些後備役警察當成潛在的國內安全部隊，他會提防徵召到政治可靠性不足的人是合乎邏輯的。一個解決方法是，徵召中年黨員擔任後備役的比例要高於從一般人中挑選後備役。但這種政策的存在只是種猜想，因為沒有找到任何文件可以證明曾刻意徵召黨員進入秩序警察的後備役單位。

要證明對軍官進行過特別的挑選就更困難了。按照黨衛隊的標準，特拉普雖然是個愛國的德國人，卻很傳統，而且過分多愁善感——這在納粹德國是會被人輕蔑地視為「軟弱」且「反動」

---

* 譯按：desensitize在醫學上常譯為減敏感、脫敏，desensitizing effects或有學者譯為減敏感效果、敏感度鈍化，此處譯為感性鈍化。

的特質。儘管希姆萊和海德里希將黨衛隊和警察合併、儘管特拉普是個曾獲得授勳的一戰退伍軍人、職業警察和一九三二年入黨的老黨員，但他從未被納入黨衛隊，這點肯定具有啟示意義。他當然不是因為被認為是大規模殺人者的適合人選，才得到第一〇一後備警察營的指揮權，並被特別分配到盧布林區的。

第一〇一營的其餘軍官也很難當成曾實施過精挑政策的證據。儘管黨內資歷無可挑剔，但按照黨衛隊的標準，霍夫曼和沃勞夫的職業生涯都曾陷入慢車道。沃勞夫在秩序警察的職涯尤其因平庸、甚至負面的評價而顯得突出。諷刺的是，成為最冷血無情、有虐待狂傾向的殺手的人是年齡相對較長（四十八歲）的後備役中尉格納德，而不是二個年輕的黨衛隊上尉；格納德成了一個以他的工作為樂的人。最後，任何有意識地挑選有潛力殺手的人，都不太可能指派後備役中尉布赫曼。

簡言之，第一〇一後備警察營不是因為它是由精挑細選或被認為特別適合這個任務的人組成，才被派去盧布林謀殺猶太人的。相反，該營是由戰爭進行到那個階段時，人力庫中所能夠撈到的「渣滓」組成的。它被用來殺害猶太人是因為它是唯一可從事這類後方任務的部隊。最可能的情況是，格洛博奇尼克只是想當然耳地認為，不管派給他什麼營，無論組成為何，都能勝任這項謀殺任務。如果是這樣，他也許在約瑟烏夫事件後的短時間內感覺失望，但長遠來看，事實證明他是正確的。

許多對納粹殺人者的研究指出了一種不同的挑選，即那些具有不尋常暴力傾向的人自我選擇加入納粹黨和黨衛隊。戰爭結束後不久，阿多諾（Theodor Adorno）及其他人發展出「權威性人格」（authoritarian personality）的概念。他們覺得情境或環境的影響已被研究過了，因此選擇聚焦在直到當時仍被忽視的心理因素。他們從這一假設著手：某些根深柢固的人格特質使「潛在的法西斯主義者」特別容易受到反民主宣傳的影響。[9] 根據他們的調查，他們編制了一個「權威性人格」關鍵特質清單（透過F量表進行測試），包括：嚴格遵從傳統價值；順從權威人物；對外部群體具侵略性；反對內省、反思及創意；容易產生迷信和刻板印象；執迷於權力及「強硬」；破壞性及犬儒主義；投射性（「傾向相信世界是野蠻而危險的」以及「對外投射無意識的情感衝動」）；對性的過度關注。他們做出結論，反民主人士「懷抱著強烈的潛在侵略性衝動」，而法西斯主義運動允許他透過對作為意識形態目標的外部群體實施許可的暴力，投射這股侵略性。[10] 鮑曼（Zygmunt Bauman）將這一取徑總結如下：「納粹主義是殘酷的，因為納粹是殘酷的；而納粹是殘酷的是因為殘酷的人往往成為納粹。」[11] 鮑曼高度批判阿多諾及其同僚的方法論，因為這一方法忽略了社會影響，並暗示了普通人沒有犯下法西斯主義暴行。

後來的心理學解釋提倡者修正了阿多諾的取徑，更明確地將心理及情境（社會、文化及制度）

因素結合在一起。斯坦納（John Steiner）研究一群自願加入黨衛隊的人，他得出結論：「似乎存在著一個殘暴性的自我選擇過程。」[12]他提出「沉睡者」（sleeper）的概念，指的是具暴力傾向者的某些人格特質往往是潛伏的，但在某些條件下可以被啟動。在一戰後陷入混亂中的德國，F量表測量分數高的人大量受到作為一種「暴力次文化」的國家社會主義所吸引，尤其是受到黨衛隊的吸引，黨衛隊為充分實現他們的暴力潛能提供了誘因與支持。第二次世界大戰後，這些人又恢復了循規蹈矩的行為。斯坦納因此下了結論，在喚醒「沉睡者」時，「情境往往是黨衛隊行為最直接的決定因素。」

斯托伯（Ervin Staub）接受「一些人是因為性格上的原因而成為加害者；他們是『自我選擇的』」這個觀點。但他得出的結論是，斯坦納的「沉睡者」是一種非常常見的特質，在特殊情境下，大部分人都有能力實施極端暴力及摧毀人類生命。[13]事實上，斯托伯相當強調，「普通心理過程和正常、常見的人類動機，以及人類思想及情感中某些基本但並非不可避免的傾向，」是人類大規模摧毀人類生命的能力的「主要來源」。「從普通的思想中產生並由普通人實施的邪惡是常態，而非例外。」[14]

如果斯托伯把斯坦納的「沉睡者」變普通了，鮑曼則甚至將它斥為「形上學命題」。對鮑曼而言，「殘酷的根源是社會的，而不是性格的。」[15]鮑曼主張，大部分的人「滑」入了社會提供給他們的角色，他對於任何暗示「有問題的人格」才是人類殘酷原因的主張都持高度批評。對他而言，例外（真正的「沉睡者」）是那些有能力抗拒權威並主張道德自主性的極少數人，但直到受到考驗之前，他們很少意識到這股隱藏的力量。

那些強調情境因素凌駕於個人心理特質的相對或絕對重要性的人，往往會提出津巴多（Philip Zimbardo）的史丹佛監獄實驗。[16] 津巴多篩選出在一系列心理學測試中得分超過正常範圍的人，包括一個「嚴格遵守傳統價值以及對權威的順從、不批判態度」的測試（也就是「權威性人格」的F量表），他將他同質「正常」的試驗組隨機分為警衛與囚犯，並將他們放進模擬的監獄中。雖然禁止直接的身體暴力，但是在六天之內，監獄生活的內在固有結構（在這個結構內，以三人輪班方式運作的看守們必須設計出方法來控制人數更多的囚犯）已產生了迅速升級的殘暴性、羞辱及去人性化。「對我們來說，最戲劇性、最令人痛苦的是觀察到在不屬於『虐待狂類型』的人身上，可以輕易地誘發出虐待狂行為。」津巴多下了結論，光是監獄情境就「足以產生反常、反社會行為」。

也許與這個針對第一〇一後備警察營的研究最相關的是津巴多在他的十一個警衛樣本中發現的行為光譜。大約三分之一的警衛變得「殘忍而強硬」。他們持續發明出新的騷擾形式，並享受他們新得到的權力，表現出殘忍、獨斷的行為。中間的一組警衛則是「強硬而公平」。他們「按照規矩走」，不會故意去虐待囚犯。只有二個人（也就是不到二〇％）成為了「好警衛」，他們不會虐待囚犯，甚至會對他們施以小惠。[17]

津巴多的警衛行為光譜和第一〇一後備警察營中出現的小團體有著驚人的相似性：一個由愈來愈狂熱的殺人者組成的核心，他們志願參加行刑隊及「獵殺猶太人」任務；更大一群警察，被指派時會擔任槍決者及猶太人區清除者，但不會找機會殺人（在某些情況下，當沒有人監督他們的行動時，也會違反現行命令而避免殺人）；以及一小群（不到二〇％）的拒絕者及逃避者。

津巴多的警衛和第一〇一後備警察營的警察們間除了這個驚人的相似性外，在權衡以心理傾向為基礎的「自我選擇」的相關性時，還必須考量到另外一個因素。第一〇一營是由後備役中尉及在戰爭爆發後才被徵召的人組成。戰前即已加入秩序警察的士官，不是因為希望追求一份警察的職業（在這個案例裡是成為漢堡大都會的警察，而不是政治警察或祕密國家警察），就是想要逃避被徵召入伍。在這些條件下，很難察覺到任何自我選擇機制的存在，而通過這機制，秩序警察的後備營可以吸引到異常集中的暴力傾向者。事實上，如果納粹德國提供了異常多的許可及獎賞暴力行為的職業道路，那麼從（已經耗盡其最具暴力傾向者的）剩餘人口中隨機徵召，可以說只會產生「權威性人格」低於平均數的結果。簡言之，基於人格特質的自我選擇不太能解釋第一〇一後備警察營警察的行為。

如果特別挑選並沒有扮演重要的角色，自我選擇也似乎沒有發揮作用，那麼自利和職業野心呢？那些承認當過槍手的人並未拿職業考量為由為自己的行為辯護。與此相反，幾個沒開過槍的人卻將名利野心的議題表達得最為清楚。布赫曼和古斯塔夫．邁克爾森中尉在解釋他們的不尋常行為時指出，不同於他們的同僚軍官或同袍，他們有根基穩固的民間職業可以回歸，不需考慮對未來警察職業可能產生的持續負面影響。[18]布赫曼明顯不願意讓檢方用他的行為來對付被告，因此可能強調了職業因素，因為這對表現出不同行為的人構成的道德譴責較小。但邁克爾森的證詞並未受到任何這類計算或緘默的影響。

除了那些沒有職業考量的人的證詞外，還有那些明顯不是沒有這類考量的人的行為。霍夫曼上尉是受到職業野心驅使的人的經典例子。因胃痙攣而行走困難（如果不是全部，至少有部分是由於該營的殺戮行動而誘發的身心症）的他頑強地企圖向上級隱瞞他的病情，而不是用來逃避。他冒著被他的手下公開質疑懦弱的風險，徒勞無功地想要保住他的連指揮權。當他終於被解職，他也對這一威脅職業生涯的發展提出了激烈抗議。有鑒於第一〇一後備警察營成員在戰後仍留在警察這一行的人數，對許多其他人而言，職業野心必然也扮演了一個重要角色。

當然，在加害者中，服從命令向來是他們對自己的行為最常引用的解釋。納粹獨裁統治的威權政治文化對公開異議極端難容，再加上服從命令以及無情實施紀律的標準軍事需要，造成了一個個個人在其中毫無選擇的情境。他們堅稱，命令就是命令，在那樣的政治氛圍下，不能期望任何人不服從命令。抗命無疑意味著如果不是立即處決，就是關進集中營，可能連家人也無法倖免。加害者發現自己處在一種難以應付的「受脅迫」情境中，因此無法為他們的行動負責。至少，在戰後的德國，被告們在一次又一次審判中是這樣說的。

　然而，這個解釋有一個通病。很簡單，在過去四十五年裡的數百場戰後審判中，沒有一個辯護律師或被告能夠記錄下一個案例是有人因拒絕服從命令殺死手無寸鐵的平民，而導致了所謂不可避免的可怕懲罰。[19]這類抗命偶爾確實導致了懲罰或斥責，但其嚴重性從來不能與這些人被要求犯下的罪行相提並論。

　這個逃避不了的命令的解釋有一個不同版本，即「推定的受脅迫」。即便抗命的後果可能不會那麼可怕，但服從命令的人當時並不會知道。他們是真心認為，面對著殺人的命令，他們別無選擇。無疑的，在許多單位，狂熱的軍官用不祥的威脅來霸凌他們的手下。正如我們已經看到的，在第一〇一後備警察營，德魯克和赫格等某些軍官和士官一開始就試圖讓每個人都執行槍決，即使他們後來解除了那些無法繼續的人的任務。而像霍普納和奧斯特曼等其他軍官和士官則把那些被稱為不槍決者的人挑出來，逼迫他們殺人，有時還成功了。

　照例，即使是推定的受脅迫這個解釋，對第一〇一後備警察營而言也不成立。從特拉普少校在約瑟烏夫用哽咽的聲音、雙頰垂淚地提出要免除那些「下不了手」的人的任務，並保護了第一個接受他提議的人，不讓他被霍夫曼上尉的盛怒所傷開始，推定的受脅迫情境就不存在於該營中了。特拉普後續的行為，不只允許布赫曼中尉不用參與猶太人行動，還明確地保護了一個毫不掩飾自己不贊同的人，只是讓事態變得更清楚。營裡出現了一套不成文的「基本規則」。針對小規模的槍決行動，會請求志願者或挑選槍手，挑選的對象則是那些已知願意殺人的人，或是那些在組織行刑隊時根本沒有努力保持距離的人。至於大規模行動，也未強迫那些不殺人的人參與。即使軍官們企圖強迫個別的不槍決者殺人，他們也可以拒絕，因為那些人知道軍官們無法向特拉普少校申訴。

除了如布赫曼等最公開的批評者之外，每個人確實都必須參與警戒線及圍捕工作，但在這類情況下，個人還是可以對槍決一事做出自己的決定。證詞中充滿了這些人的故事，他們在猶太人區清除行動中沒有服從長期命令，不射殺嬰兒或企圖躲藏或逃跑的人。即使是承認曾參與行刑隊的人，也聲稱當沒人密切觀察他們的行為時，他們沒有在猶太人區清除行動的混亂場面中或在外出巡邏時開槍。

如果出於對嚴厲懲罰的恐懼而服從不是個有效的解釋，那麼，米爾格蘭（Stanley Milgram）在更一般意義上使用的「服從權威」概念，又如何？服從僅是社會化與演化的產物，一種「根深柢固的行為傾向」，即服從那些位於上位者的指令，甚至不惜執行違反「普遍被接受」的道德規範的可憎行動。[20]在一系列如今十分著名的實驗中，米爾格蘭測試一個人抗拒沒有任何外在強制性威脅撐腰的權威的能力。在一個聲稱的學習實驗中，一個「科學權威」對天真的自願受試者下達指令，指示他們對一名由演員假扮的受害者實施一連串連續升級的假電擊，這名「受害者」則以精心設計過的「聲音反饋」作為回應——這是一連串連續升級的抱怨、疼痛哭喊、求救，最終則是不祥的沉默。在標準聲音反饋實驗中，米爾格蘭的受試者中，有三分之二的人一直「服從」到實施了造成極端痛苦的電擊。[21]

這項實驗的幾種變化形式產生了十分不同的結果。如果遮住演員假扮的受害者，使得受試者無法聽見和看見任何反應，那麼服從性就大為增加。如果受試者聽得到也看得到反饋，服從到極端程度的比例會降到四〇％。如果受者者必須和這名演員／受害者有身體接觸，即強行將他的手放到電擊板上施以電擊，服從性降到三〇％。如果下命令的是一個非權威人物，服從性為零。如果天真的受試者執行輔助或附屬任務，但不是親自施以電擊，服從性近乎百分之百。相反的，如果受試者也是演員假扮的同儕團體成員，並經過精心計畫地演了一齣拒絕繼續遵循權威人物指令的戲碼，絕大部分的受試者（九〇％）都會加入他們的同儕團體，也停下手來。如果允許受試者全權決定要實施的電擊強度，除了少數幾個虐待狂外，所有人都會始終如一地施以最小電擊。當不在科學家的直接監視下時，許多受試者「作弊」，給予比規定強度更低的電擊，即使他們做不到對抗權威及放棄實驗。[22]

米爾格蘭舉出一些因素來解釋為何對於一個非強制性的權威，會出現程度高到始料未及的潛在謀殺性服從。演化偏差（evolution bias）有利於那些能夠適應階層制情境及有組織社會活動的人的生存。透過家庭、學校和兵役進行的社會化，以及整體社會中存在的一整套獎懲措施，增強並使人內化了服從的傾向。表面上的自願進入一個「被認為」正當的權威體制中，會創造出一種強烈的義務感。那些在階層制裡的人採納了權威的觀點或是「情境定義」（在這個案例中，情境被定義為一項重要的科學實驗，而不是施以肉體折磨）。「忠誠、責任、紀律」的概念在權威眼中需要有充分的表現，成為了凌駕於任何認同受害者的道德命令。正常人進入一種「代理人狀態」，他們在這種狀態中是另一個人意志的工具，他們不再感覺對自己的行動內容負有個人責任，而只對自己的表現負責。[23]

一旦糾纏其中，人們就會遭遇到一連串的「結合因素」或「接合機制」，令抗命與拒絕甚至變得更加困難。這一過程的推力阻礙了任何新的或相反的倡議。「情境義務」或禮節規矩使得拒絕顯得不恰當、粗魯，甚至是不道德地違反了義務。對於抗命的潛在懲罰感受到的一種社會化焦慮則成了進一步的威懾力量。[24]

米爾格蘭直接提到了他實驗中的人類行為與納粹政權下的人類行為間的相似性。他得出結論，「引導人去殺人並不是什麼難事。」[25]然而，米爾格蘭也意識到這二個情境之間的重大差異。他很明確地承認，他的實驗的受試者得到保證，他們的行為不會造成永久的身體傷害。受試者本身並沒有受到威脅或脅迫。最後，那名演員／受害者並不是透過對受試者進行系統性灌輸的「強力貶低」對象。相反的，第三帝國的殺人者則生活在一個警察國家，抗命的後果可能十分嚴重，他們還受到了強力的思想灌輸，但他們也知道他們不只會造成痛苦，而且是在摧毀人的生命。[26]

約瑟烏夫大屠殺是個激進的米爾格蘭實驗嗎？只是它發生在波蘭森林裡，有真實的殺人者與受害者，而不是發生在只有天真的受試者和演員／受害者的社會心理學實驗室裡？米爾格蘭的觀察與結論可以解釋第一〇一後備警察營的行動嗎？將約瑟烏夫事件解釋為服從權威的案例有些困難，因為米爾格蘭實驗的變化無法完全等同於約瑟烏夫的歷史情境，相關差異構成了太多變因，以至於無法得出具有科學意義的可靠結論。然而，米爾格蘭的許多洞見在第一〇一後備警察營成員的行為與證詞中得到了生動的證實。

在約瑟烏夫，這些人回應的權威體制相當複雜，與實驗室的情境不同。特拉普少校代表的不是個強有力的權威人物，而是非常軟弱的權威人物。他哭泣著承認了手頭任務的可怖性質，並邀請年紀較大的後備役警察自請解除任務。如果特拉普是與他們最接近的軟弱的權威人物，但他確實援引了一個更遙遠的權威體制，而這個權威體制一點也不軟弱。他說，大屠殺的命令是最高層下達的。特拉普本人和第一〇一營全營都受到這個遙遠權威的命令的束縛，即使特拉普對他手下的關心令個別警察得到了豁免。

當特拉普絕大多數的手下沒有選擇站出來時，他們是在回應哪一個權威呢？是那個由特拉普或他的上級所代表的權威嗎？還是他們在回應特拉普時，主要不是將他當成一個權威人物，而是一個個人——一個受到歡迎與愛戴、他們不會棄之不顧的軍官？米爾格蘭本人指出，人們更常援引權威，而不是用從眾來解釋他們的行為，因為似乎只有權威可以免除他們的個人責任。「受試者否認從眾，而樂於接受服從作為他們行為的解釋。」[27]然而，有許多警察承認他們回應的是從眾的壓力——他們在同儕眼中的形象——而不是權威。在米爾格蘭看來，這種承認只是冰山一角，而這個因素肯定比這些警察在自己證詞中勉強承認的更為重要。如果是這樣，在約瑟烏夫，從眾扮演的角色比權威更為核心。

米爾格蘭用增強個人抵抗權威的能力來測試同儕壓力的影響。當演員假扮的內部合作者離開實驗時，天真的受試者發現他們更容易選擇跟隨。米爾格蘭也企圖測試相反的情況，也就是增強受試者施加痛苦的能力，以測試從眾發揮的作用。[28]有三個受試者，二個為內部合作者、一個為天真的受試者，科學家／權威人物指示他們用他們之中的人提出的最小強度電擊來施加痛苦。當實驗允許一個單獨行動的天真受試者全權決定電擊強度時，受試者幾乎清一色選擇施加最小強度的痛苦。但是當二個內部合作者（他們總是先進行實驗）提出要逐步升級電擊強度時，天真的受試者受到了很大的影響。雖然個體差異很廣，但平均結果是選擇了一個介於不增加強度及持續逐步增加強度之間的電擊強度。但這仍不是一個以同儕壓力補償軟弱權威之缺陷的測試。這裡沒有哭泣但受愛戴的科學家邀請受試者離開電擊板，而與受試者有同袍關係，並且受試者感覺必須在他們面前表現出男子氣概及強硬的其他人留了下來，持續實施造成痛苦的電擊。事實上，幾乎不可能建構一個可以測試這種場景的實驗，因為那要求天真受者者與演員／內部合作者之間存在著真正的同袍關係。然而，米爾格蘭似乎已經清楚地證明了權威與從眾的相互增強關係。

雖然約瑟烏夫的權威多面性及在警察中扮演關鍵角色的從眾性與米爾格蘭的實驗並未完全一致，但它們仍然為他的結論提供了相當程度的支持，他的一些觀察也得到了明確的證實。直接與殺戮恐怖鄰近，大幅增加了不再服從命令的人數。另一方面，隨著勞動分工以及將殺戮過程轉移到死亡營，警察們對自己的行動幾乎再也感覺不到任何責任。正如在沒有直接監督時的米爾格蘭實驗一樣，許多警察在沒有直接監督的情況下也不服從命令；他們可以在沒有個人風險的情況下放水，但是無法公開拒絕參與該營的殺戮行動。

有二個因素需要進一步的調查，一個是公認並非米爾格蘭實驗關注重點的思想灌輸，以及只有被部分觸及的從眾因素。米爾格蘭指明「情境定義」或意識形態，會賦予社會場合意義與自圓其說，這是敬畏權威的一個關鍵前提。米爾格蘭認為，控制人們詮釋他們世界的方式是控制行為的一種方式。如果他們接受了權威的意識形態，就會順理成章、心甘情願地進行行動。因此「意識形態正當化對於得到心甘情願的服從至關重要，因為它允許人將他的行為視為是在為一個可欲的目標而服務」。[29]

在米爾格蘭的實驗中，「首要的意識形態正當化」出現的形式是對科學良善及其對進步貢獻的信仰，它是不用說出口而無可質疑的。但是這些實驗沒有系統性地「貶低」演員／受害者，或是向受試者反覆灌輸某一特定意識形態。米爾格蘭假設，在納粹德國，人們在少了許多直接監督的情況下出現的更具毀滅性的行為，是「透過相對長期的思想灌輸，某種在一小時的實驗室時間裡不可能做到的思想灌輸」而將權威內化的結果。[30]

那麼，納粹教條有意識的反覆灌輸，在多大程度上形塑了第一〇一後備警察營成員的行為呢？他們是否因為接收了大量巧妙而陰險的政治宣傳，導致喪失了獨立思考及負責任行動的能力？對猶太人的價值貶抑以及殺人勸誡是否是這種思想灌輸的核心？

「洗腦」這個流行語來自一些被俘美軍的韓戰經驗，代表強烈思想灌輸及心理操縱。這些殺人者在某種一般意義上「被洗腦」了嗎？

無庸置疑，希姆萊十分強調對黨衛隊成員及警察的意識形態思想灌輸。他們不只要是有效率的軍人及警察，也要是意識形態戰士，對抗第三帝國政治及種族敵人的十字軍。[31]思想灌輸的對象不僅是黨衛隊的菁英組織，也包括秩序警察，甚至延伸至低階的後備役警察，儘管後備役警察不太符合希姆萊的新納粹種族貴族的概念。例如，要取得黨衛隊的成員資格必須證明祖上五代人不曾受到猶太人血統的玷汙。相反，即使是一等混血者（first-degree Mischlinge，即有二個猶太祖父母的人）及他們的配偶，也是直到一九四二年十月才被禁止擔任後備役警察；直到一九四三年四月才禁止二等混血者（有一個猶太祖父母的人）及其配偶擔任後備役警察。[32]

在一九四〇年一月二十三日的基本培訓守則中，秩序警察總局規定，除了體能、武器使用及警察技巧外，所有秩序警察營都需加強性格及意識形態。[33]基本訓練包括為期一個月的「意識形態教育」單元。第一週的主題之一是「種族作為我們世界觀的基礎」，第二週則是「維持血統的純淨」。[34]基本訓練之外，無論現役及後備役，警察營均要接受來自軍官的持續軍事及意識形態培訓。[35]軍官被要求參加為期一週的工作坊，內容包含對他們自身的一小時意識形態教育以及對他人意識形態教育的一小時實作。[36]一九四一年一月的一個學習計畫將內容分為五部分，包括「瞭解種族作為我們世界觀的基礎」、「德國的猶太問題」以及「維持日耳曼血統的純淨」等小節。[37]

這種持續培訓意識形態的精神與頻率被給予了明確的指示，國家社會主義世界觀將是這種意識形態培訓的「鉛錘線」。每天，或至少每二天，警察們都會被告知當前發生的事件，以及從意識形態角度對這些事件的正確理解。每週，軍官們都要舉行為時三十至四十五分鐘的討論會，在會中發表短講，或閱讀從推薦的書籍或特別準備的黨衛隊手冊中節選的教誨性文章。軍官們要選擇一些主題，如忠誠、同袍情誼、進攻精神等，透過這些主題可以清楚地表達國家社會主義的教育目標。每月，他們要就當時最重要的主題舉行討論會，並可特別邀請黨衛隊和黨的軍官及教育人員參加。[38]

第一〇一後備警察營的軍官顯然遵守了這些關於意識形態教育的指令。一九四二年十二月，霍夫曼上尉及沃勞夫和格納德中尉因為他們「在地區意識形態訓練及照顧部隊」的活動而受到表彰。他們每人都得到了由他們的指揮官頒發的一本書作為獎品。[39]然而，撇開希姆萊明確無疑的意圖不談，檢視用來對第一〇一後備警察營進行思想灌輸的實際教材，就會對於用黨衛隊思想灌輸來解釋這些警察成為殺人者是否適切，產生嚴重的懷疑。

位於科布倫茨（Koblenz）的德國聯邦檔案館（German Federal Archives／Bundesarchiv）保存了二種秩序警察教育材料。第一種是一九四〇至一九四四年間由秩序警察「意識形態教育」部門發布的二個系列的每週傳單。[40]有幾篇主文是由如戈培爾（Joseph Goebbels）、羅森堡（Alfred Rosenberg，希特勒在俄國占領區的代表）和格羅斯（Walter Gross，納粹黨種族政治辦公室主任）等納粹名人及意識形態煽動家所寫的。內容當然充斥著一般性的種族主義觀點。然而，在總共約二百期的傳單中，明確以反猶太主義及猶太人問題為主題的篇幅相對稀少。有一期刊出的〈猶太人與犯罪〉（即使從這二個系列傳單相當平凡的標準來看也十分冗長沉悶）得出結論，所謂的猶太人特徵，如「無節制」、「虛榮」、「好奇心」、「否認現實」、「了無生氣」、「愚蠢」、「懷有惡意」、「殘暴」等，正是「完美罪犯」的特徵。[41]這樣的散文也許會讓讀者睡著，但肯定不會把他們變成殺手。

另外一篇完全針對猶太人問題的文章是在一九四一年十二月通告的底頁，標題為〈這場戰爭的目標：沒有猶太人的歐洲〉。它語氣不祥地指出，「元首說過，一場猶太人挑起的新戰爭不會讓反猶太主義的德國崩潰，相反，它會帶來猶太人的滅亡，這句話現在正在實現。」「猶太人問題的終極解決，那就是，不只要奪走他們的權力，還要確實把這個寄生蟲種族從歐洲人民的大家庭中清除乾淨」，這即將來臨。「二年前似乎不可能發生的事現在正在一步步成為現實：這場戰爭結束時，將出現一個沒有猶太人的歐洲。」[42]

在談到「沒有猶太人的歐洲」這一終極目標時回顧希特勒的預言並援引他的權威，這當然不是黨衛隊思想灌輸教材所特有的。相反，同樣的訊息也被廣泛傳播給一般大眾。此外，從一九四二年九月二十日的另一篇文章（這是整整兩個系列中唯一以後備役警察為主題的一篇文章）也能看出，在把後備役警察「洗腦」成大屠殺凶手方面，這些教材有多不用心。別說是想把他們變成冷血無情的超人以便完成偉大的任務，這篇文章根本認為後備役警察做的事沒有什麼重要性。為了提振他們主要因無聊而備受威脅的士氣，作者向「老後備役人員」保證，無論他們的工作看來多麼無足輕重，在整個戰爭中「每個人都很重要」。[43]而此時，第一〇一後備警察營的「老後備役人員」已執行過約瑟烏夫和沃瑪濟的集體槍決，以及從帕切夫和緬茲熱茨的最初驅逐行動了。他們正處於對盧布林北部猶太人區進行為期六週的大舉屠殺猛攻的前夕。他們之中不可能有任何人會認為這篇文章有什麼了不得的意義，更別說是獲得啟發了。

第二組思想灌輸教材是由一系列的「秩序警察意識形態教育」特別手冊（一年四到六冊）組成。一九四一年的一期刊出了〈日耳曼民族的血緣共同體〉（The Blood Community of the German Peoples）和〈大德意志帝國〉（The Great German Empire）這兩篇文章。[44]一九四二年有一期的主題為〈德國重組歐洲〉（Germany Reorganizes Europe），以及一期題為〈黨衛隊成員及血統問題〉（SS Man and the Question of Blood）的「特刊」。[45]一九四三年有一期大型的合併號專門討論〈種族政治學〉。[46]始於一九四二年針對血統問題的那一期特刊，但特別是在一九四三年的〈種族政治學〉這一期中，對於種族學說教條及猶太問題的處理變得非常細緻與系統化。日耳曼「種族」（people／Volk）或「血緣共同體」（blood community／Blutsgemeinschaft）是由六個血緣相近的歐洲民族所組成，其中人數最多（占五〇％到六〇％）的是北歐人種。嚴酷的北方氣候無情地淘汰弱者，塑造出優越於世界上任何其他人種的北歐人種，從日耳曼文化及軍事成就中即可看出。日耳曼民族面對著自然命定下的持續生存鬥爭，根據自然法則「弱者及劣者均要被消滅」，「只有強者、有力者才能繼續繁衍。」為了贏得這場生存鬥爭，日耳曼民族必須做二件事：征服生存空間以容許進一步的人口成長、保持日耳曼血統的純淨。在斯巴達和羅馬的例子中，可以看到沒有擴張人口或保存其人種純淨的民族的下場。

對於領土擴張及人種純淨需求的健全意識，受到的主要威脅來自於提倡人類實質平等的學說教條。第一個這類學說教條是基督教，由猶太人保羅加以廣傳。第二個則是自由主義，發源於法國大革命——「劣等種族的起義」——由充斥猶太人的共濟會所煽動。第三也是最大的威脅是馬克思主義／布爾什維克主義（Marxism/Bolshevism），創作者為猶太人馬克思（Karl Marx）。

「猶太人是個種族混合體，相較於其他民族與種族，首先是透過其寄生本能來保存基本特質。」不管前言是否對得上後語或邏輯通暢與否，這本小冊子接著斷言猶太人在維持其種族純淨的同時，透過種族混合來攻擊其宿主種族的生存。一個有種族意識的民族與猶太人間沒有共存的可能，只有當「最後一個猶太人離開我們在地球上的土地」，才能贏得這場鬥爭。目前這場戰爭正是這樣的一場鬥爭，它將決定歐洲的命運。「隨著猶太人的毀滅」，歐洲崩潰的最後威脅將被清除。

寫作這些小冊子的明確目的為何？這篇對於國家社會主義種族思想基本信條的回顧希望敦促讀者得出什麼結論？〈血統問題〉或〈種族政治〉這二期都沒有在結束時呼籲消滅種族敵人。它們的結論反而是勸告生育更多的德國人。種族戰役某種程度上是由「生育力」和「天擇」法則所決定的人口學戰役。戰爭是「純粹的反選擇」，因為最優秀的人不只在戰場上倒下，而且是在生兒育女前就陣亡了。「武器得來的勝利」要求「兒童得來的勝利」。正如黨衛隊代表的主要是對德國人民中北歐成分的選擇，黨衛隊成員有義務早婚，選擇年輕、種族純淨、有生育力的新娘，並生養眾多孩子。

因此，在評估透過這類小冊子對後備役警察進行思想灌輸的成效時，有一些因素需要牢記於心。首先，最鉅細彌遺的小冊子一直到一九四三年才出刊，當時第一〇一後備警察營負責的北盧布林安全區幾乎「沒有猶太人」了。它問世的時間太晚，無法在對該警察營進行集體屠殺的思想灌輸方面發揮作用。第二，一九四二年的那本小冊子明顯針對年輕黨衛隊成員的家庭義務進行指導，這尤其與中年後備役人員不相關，因為後者早就對婚配對象及家庭人口做出決定。因此，即使可以取得這本小冊子，它似乎也很不適合拿來當成該營每週或每月一次的思想灌輸課程的基礎教材。

第三，這些人的年齡也以另一種方式影響了他們對思想灌輸的易受性。許多納粹加害者都是年紀很輕的男性。在他們成長的世界中，納粹價值觀是他們唯一知道的「道德準則」。可以說，這些年輕人完全是在納粹獨裁統治的條件下受教育及養成的，他們根本不知道什麼是更好的。殺死猶太人並不會與他們在其中成長的那套價值體系相衝突，因此對他們進行思想灌輸要容易得多。無論這樣一種主張的優點為何，它顯然不適用於以中年男性為主的第一〇一後備警察營。他們在一九三三年以前的時期受教育並度過了養成的歲月。許多人來自一個相對不易接受國家社會主義的社會環境。他們對納粹到來前德國社會的道德準則瞭如指掌。他們可以用更早的標準來評判他們被要求執行的納粹政策。

第四，那些為秩序警察準備的意識形態手冊等，當然反應了後備役警察接受培訓及指導時置身的更廣泛的環境，也反應了他們過去十年生活其中的那種政治文化。正如德魯克中尉以輕描淡寫的語氣所說的，「在時代的影響下，我對猶太人的態度是帶有某程度的厭惡。」如此持續、普遍、毫不鬆手地詆毀猶太人、宣揚日耳曼種族優越性，這必然形塑了包括一般後備役警察在內的德國大眾的普遍態度。

第五、也是最後一點，涉及猶太人的小冊子及教材雖然為一個沒有猶太人的歐洲的必要做出辯解，並尋求對這樣一個目標的支持與同情，但它們並沒有明確敦促個人透過參與殺害猶太人來實現這一目標。這點值得一提是因為一些與游擊戰役有關的秩序警察指導守則十分明白地表示，每個人都必須強硬到足以殺死游擊隊員，更重要的是，殺死「嫌疑人」。

> 游擊隊鬥爭是針對布爾什維克主義的鬥爭，它不是一場人民運動……敵人必須被徹底摧毀。面對游擊隊員及嫌疑人時必須不斷做出生死抉擇，即使對於最強悍的士兵也是困難的。但不得不做。他的正確作為是拋下所有可能的個人情感衝動，冷酷無情地繼續前進。[47]

在所有現存的秩序警察思想灌輸材料中，並沒有一套相仿的指導方針，企圖使警察們做好殺死手無寸鐵的猶太婦孺的心理準備。當然，在俄國的反游擊掃蕩中，有大量的猶太人因為殺死「嫌疑人」的準則而遭殺害。然而，在一九四二年時第一〇一後備警察營駐防的波蘭領土上，殺害游擊隊嫌疑人與殺害猶太人幾乎可說是兩回事。至少對這個單位而言，殺死猶太人無法用他們接受到殺害游擊隊員及「嫌疑人」的殘酷勸誡來解釋。

這裡還有另一個相關的比較。在特別行動隊進入蘇聯領土前，他們接受了為期二個月的培訓。他們的準備工作包括不同的黨衛隊名人的來訪及演講，這些人為了即將來臨的「毀滅戰爭」向他們發表「精神講話」。入侵俄國的四天前，軍官們被召回柏林，與海德里希本人進行了一次親密會晤。簡言之，為了讓這些人為他們即將要執行的集體殺戮做好準備，人們付出了大量心血。他們甚至也為那些在一九四一年夏天跟隨特別行動隊進入俄國的警察營成員做了某種程度的準備，以便他們因應等候著他們的任務。他們被告知有關處決被俘共產黨員的祕密指令（即「政治委員命令」），以及對待平民的準則。像達呂格及希姆萊來訪時一樣，一些警察營指揮官也試圖透過演講來激勵他們的部隊。相較之下，第一〇一後備警察營的軍官及警察則對於等候著他們的殺戮任務格外地沒有準備，並感到十分意外。

總言之，就像德國社會的其他成員一樣，第一〇一後備警察營的人被一股種族主義及反猶宣傳的洪流所席捲。此外，秩序警察在基本培訓以及每個單位的持續實作中都提供了思想灌輸的材料。這樣不間斷的宣傳轟炸必然對於強化德意志種族優越性的普遍觀念，以及對猶太人的「某種程度的厭惡」，產生了相當大的影響。然而，許多的思想灌輸材料明顯不是針對年長的後備役成員，在某些情況下內容甚至十分不適當，或與他們無關。在現存的文件中，明顯缺乏專門為堅定警察執行殺害猶太人的個人任務而設計的材料。人們必須要對思想灌輸的操弄能力深信不移，才能相信任何這類的材料能剝奪第一〇一後備警察營成員的獨立思考能力。他們之中許多人無疑受到了某種普遍的影響與制約，尤其是被灌輸相信自己的優越性與種族親近感，以及猶太人的劣等性及異他性；但是他們肯定沒有為殺害猶太人的任務做好明確的準備。

除了意識形態思想灌輸，米爾格蘭實驗雖有觸及但未能充分探討的一個重要因素是對於群體的服從。是第一〇一營接到了殺害猶太人的命令，而非個別成員直接接受命令。雖然所有人（至少在一開始）對自己正在做的事情感到震驚與厭惡，但仍有八〇%到九〇%的人繼續殺人。大部分人根本難以想像背棄隊友站出來，採取明顯不從眾的行為。對他們來說，開槍殺人還比較簡單。

為什麼？首先，那些不願意開槍者透過背棄隊友，把「髒活」留給了自己的同袍。因為即使這個人不參加，第一〇一營還是必須執行槍決，拒絕槍決就是拒絕分擔這個不愉快的集體義務。這實際上是針對自己同袍的反社會行為。那些冒著被孤立、拒絕及放逐風險的人——在一個緊密團結的部隊，駐紮在外國、處於懷著敵意的人民之中，部隊中的個人幾乎沒有其他地方可以尋求支持及社會接觸，因此這是一個令人很不舒服的前景。

站出來也可能被視為是對同袍的一種道德譴責：不開槍者可能在暗示他「太善良了」，做不出這種事，這一事實又加劇了被孤立的威脅。大多數（雖然不是全部）的不開槍者，均本能地試圖化解他們行動內在固有的對於同僚的批評。他們提出的理由不是他們「太善良」，而是說自己「太軟弱」，所以無法動手殺人。

這種姿態不會挑戰到同袍的尊嚴；反而正當化並支持了「強硬」作為一種更優越的特質。對於焦慮的個人而言，它的外加好處是不會對於納粹政權的殺戮政策構成道德挑戰，雖然這樣做確實帶來了另一個問題，因為「軟弱」和「懦夫」間的差異並不大。因此，一個因為害怕被認為是懦夫而不敢在約瑟烏夫站出來，但後來退出了行刑隊的警察，就做出了這樣的區別。因為懦弱而甚至不敢嘗試殺人是一回事，但在毅然試著承擔起個人的那份義務後，卻因太軟弱而做不下去，又是另一回事。[48]

因此，不知不覺的，大部分不開槍者只是再次肯定了大多數人的「男子氣概」價值觀（根據這種價值觀，強硬到可以殺害手無寸鐵、非戰鬥人員的男女及兒童是種正面的特質），並試圖不破壞構成了他們社會世界的同袍關係。一方面是良知的要求，另一方面則是警察營的社會規範，為了應對這二者間的矛盾，他們做出了許多折磨人的妥協嘗試：不當場射殺嬰兒而是將他們帶到集合點；巡邏時，如果沒有那種可能會告發這類神經脆弱表現的「積極進取的人」在場，就不開槍；把猶太人帶到槍決地點，開槍但故意射偏了。只有十分與眾不同的人才會對於同袍們「膽小鬼」的奚落無動於衷，忍受自己被人認為「不是男人」的事實。[49]

在這裡，我們轉了一圈回到了道爾提出的戰爭與種族主義的相互增強效應，並配合了持續宣傳及思想灌輸所產生的陰險影響。無處不在的種族主義，排除了猶太受害者與加害者之間存在任何共同點的可能性，這二個因素造成絕大多數警察更容易順應他們直接共同體（警察營）及社會整體（納粹德國）的規範。在這裡，多年的反猶宣傳（以及納粹獨裁統治前存在數十年的尖銳的日耳曼民族主義）與戰爭的兩極化影響一拍即合。納粹意識形態的核心：種族優越的日耳曼人與種族劣等的猶太人的二元對立，很容易與一個被交戰中的敵人圍攻的德國形象合而為一。如果可以懷疑大多數的警察是否理解或支持黨衛隊思想灌輸小冊子中有關納粹意識形態的理論性內容，那麼也可以懷疑他們是否對於「時代的影響」（再次引用德魯格中尉的話）免疫，是否對不斷宣揚日耳曼人優越性和煽動蔑視、仇恨猶太敵人的影響免疫。沒有什麼比戰爭本身更有助於納粹發動種族戰爭。在戰爭時期，當將敵人排除於人類義務的共同體之外如此稀鬆平常時，將猶太人歸入「敵人形象」（image of the enemy／Feindbild）也是如此容易的事。

在他最後一本書《滅頂與生還》（*The Drowned and the Saved*）中，李維（Primo Levi）收入了一篇題為〈灰色地帶〉（The Gray Zone）的短文，這篇文章也許是他對大屠殺最深刻，也最令人不安的反思。[50]他認為，儘管我們自然會希望能有明確的區分，但是集中營的歷史「無法被簡化為受害者與加害者二個陣營」。他以激昂的口吻指出，「認為國家社會主義這樣的地獄體制在清洗受害者的罪是天真、荒誕、歷史錯謬的；恰恰相反，它貶低了他們，使他們和它自己相似。」在加害者與受害者簡化的二元對立形象之間存在著一個「灰色地帶」，是時候該檢視這個地帶的人了。李維專注研究在集中營程度不等的受害者中盛行的「腐敗（protekcya）與勾結的灰色地帶」：從「美麗生動的動物群」——盡力發揮他們比其他囚犯多出的微不足道優勢的下級職員；經過了真正享有特權的卡波（Kapo）*組成的網絡，他們可以為所欲為地「犯下最嚴重的暴行」；直到特殊工作

---

* 譯按：經常被翻為囚監，他們是從集中營囚犯中挑選出來，被賦予管理囚犯權力的人。

隊（Sonderkommandos）的可怕命運，他們在毒氣室和火葬場工作以換取延長自己的生命。（在李維看來，構思並組織特殊工作隊是國家社會主義「最邪惡的罪行」。）

儘管李維聚焦在灰色地帶中不同程度受害者的行為，但他敢於指出這個地帶也存在著加害者。甚至比克瑙火葬場的黨衛隊成員穆斯菲爾德（Muhsfeld）——他「每天的屠宰工作中充斥著武斷任意、反覆無常的行為，以他發明的殘酷施虐為標記」——也不是「鐵板一塊」。當面對清理毒氣室時發現一個奇蹟般倖存下來的十六歲女孩時，心有不安的穆斯菲爾德也曾猶豫了一下。最後他還是下令將女孩處死，但在命令被執行前他就迅速離開了。一個「憐憫的瞬間」並不足以讓穆斯菲爾德「脫罪」，他在一九四七年罪有應得地上了絞刑臺。但它確實「將他也放入了灰色地帶，即使是在極端的邊界上；這個灰色地帶是以恐怖和獻媚為基礎的政權所輻射出來的模糊空間」。

對於李維包含了加害者與被害者在內的灰色地帶概念，必須要加上謹慎的限制。灰色地帶中的加害者與受害者並非彼此的鏡像。加害者並沒有像一些受害者成為加害者的幫凶那樣，成為了受害者的同伴（如同他們後來所聲稱的那樣）。加害者與受害者的關係是不對稱的關係。每一方所面對的選擇範圍也完全不同。

然而，李維的灰色地帶光譜似乎十分適用於第一〇一後備警察營。該營當然也有一定的人接近灰色地帶的「極端邊界」。我最先想到的是格納德中尉，他一開始急著把他的手下從明斯克帶回以免讓他們參與殺人，後來卻學會了享受殺人。很多後備役警察也是如此，他們曾在約瑟烏夫鎮外的樹林中感到驚恐不已，後來卻成了多次行刑隊及「獵殺猶太人」行動的臨時志願者。就像穆斯菲爾德，他們似乎也曾經驗到那短暫的「憐憫的瞬間」，但無法因此而脫罪。在灰色地帶另一端的邊界，即使是布赫曼中尉，對該營的殺戮行動最鮮明敢言的批評者，也至少曾有一次心生動搖。就在被調回漢堡前不久，在他的保護者特拉普上校不在場的情況下，面對來自武庫夫當地安全警察的命令，他也帶著他的手下前往了殺人現場。而在加害者的灰色地帶的正中央，站著特拉普這個可悲的人物，他派他的手下去屠殺猶太人時「哭得像個孩子」，以及臥床不起的霍夫曼上尉，他的頭腦想要執行可怕的任務，他的身體卻不聽使喚。

當然，所有人類行為都是個複雜的現象，企圖解釋這一現象的歷史學家不免懷有某種傲慢。當近五百人參與其中時，要對他們的集體行為給予任何普遍性的解釋就更加危險了。那麼，人們可以得出什麼結論呢？最重要的是，人們離開第一〇一後備警察營的故事後，感到心神不安。這個普通人的故事不是所有人的故事。後備役警察面臨了選擇，他們之中大多數人都做了可怕的事。但是「任何人處在相同情境下都會做出跟他們一樣的事」這個觀念並不能讓那些殺人者脫罪。因為即使在他們之中，也有些人拒絕殺人，還有一些人停止殺人。人類的責任終究是個人造業個人擔。

然而，與此同時，第一〇一後備警察營的集體行為還是有個令人深感不安的意涵。許多社會受到種族主義傳統的困擾，受困在戰爭或受到戰爭威脅的心理狀態中走不出來。任何地方的社會都要求人民尊重及服從權威，事實上，如果不這樣做，社會幾乎無法運作。在每個現代社會，生活的複雜性及其導致的科層化、專業化，均削弱了人們在執行官方政策時的個人責任感。幾乎在每個社會集體中，同儕團體都對人們的行為施加龐大壓力，並制定著道德規範。如果第一〇一後備警察營可以在這樣的情況下成為殺人者，那麼有哪群人不能呢？

後記

自從《普通人》這本書在六年前（譯按：本書初版時間為一九九二年）首次問世以來，就受到另一位作家戈德哈根（Daniel Jonah Goldhagen）的無情審視與批判，他不只寫了一本相同主題的書（關於「普通」德國人成為大屠殺加害者的動機），某種程度上還選擇了透過研究來自同一單位的大屠殺殺人者的同一批文件（也就是戰後對第一〇一後備警察營成員的司法審訊紀錄），來展開自己的研究。[1]當然，針對同一批資料，不同學者提出不同的問題、運用不同的方法，並得出不同的詮釋，也不是什麼少見的事。但這些分歧極少像在此個案中一樣被極力爭辯，並處於敵對的框架中。在學術爭論中，也極少有對手之一的作品既是國際暢銷書，又成為無數評論的對象，從欣喜的正面評論到嚴苛的負面評論都有。[2]對我的作品持如此批判態度的戈德哈根教授自己也成了批評的對象。簡言之，戈德哈根對本書的批評及圍繞他自己作品的後續爭議，值得我在《普通人》的後續版本中做一篇回顧性的「後記」。

我和戈德哈根在幾個問題上並非互不同意：首先是許多「普通」德國人參與了對猶太人的集體屠殺；其次是他們表現出的高度志願性。大部分殺人者都不是精挑細選而來，而是從德國社會各階層中隨機抽選出，他們不是因拒絕後可能受到可怕懲罰的威脅而被迫殺人。然而，這些結論在大屠殺研究這個領域都不是什麼新發現。這是希爾伯格在他一九六一年首次問世的權威巨著《歐洲猶太人的毀滅》（*The Destruction of the European Jews*）中的基本結論之一，就是加害者「在道德人格上與其他人無異。德國加害者並不是某類特殊的德國人」。加害者代表了「德國人當中值得注意的剖面」，毀滅猶太人的運作體制「結構上無異於德國社會整體的組織方式」。[3]德國學者耶格（Herbert Jäger）[4]及一九六〇年代的德國檢察官強有力地證實，沒有人能夠記錄到哪怕一個案例是德國人拒絕執行任務，殺害手無寸鐵的平民，卻遭遇到可怕的後果。戈德哈根的確在這方面給予耶格及德國檢察官肯定，但他卻對希爾伯格完全不屑一顧。

除了我們在寫作關於大屠殺時採用的調性，以及我們對在這個研究領域的其他學者展現出的態度不同之外，戈德哈根與我在歷史詮釋的兩個主要領域存在重大分歧。首先，我們對反猶太主義在德國歷史中上的角色有不同評估，包括國家社會主義時代。其次，我們對於成為大屠殺殺人者的「普通」德國人的（多個）動機也有不同評估。這是我想要詳細討論的二個課題。

在他的著作《希特勒心甘情願的劊子手們》（*Hitler's Willing Executioners*）中，戈德哈根主張，在納粹之前的德國，反猶太主義「或多或少支配了公民社會的思想生活」；[5] 當德國人「選出了」（原文如此）希特勒上臺時，「反猶太主義在該黨世界觀、綱領與修辭中的中心地位……反映了德國文化的情緒。」[6] 由於希特勒與德國人對於「猶太人」是如此「一體同心」，他只需要「鬆綁」或「釋放」他們「早已存在、受到壓抑的」反猶情緒，即可進行大屠殺。[7]

為了支撐他的觀點，就應將納粹視為允許或鼓勵德國人做他們一直想做的事，而不是認為納粹政權在一九三三年後基本上形塑了德國人的態度與行為，戈德哈根提出了一個他宣稱對反猶太主義研究而言的新論點。反猶太主義「不會在一個既定社會中出現、消失，然後又重新出現。它一直都在，反猶太主義多少總會顯現出來」。反猶太主義的「表現」（而不是反猶太主義本身）會根據不斷變化的情況而「或有增減」。[8]

接著，在戈德哈根的敘述中，這幅由潛在永久性與表面波動性所構成的圖像突然在一九四五年後有了變化。作為大屠殺唯一且充分的動機，這種普遍而恆久的消滅主義式（eliminationist）的德國反猶太主義突然消失了。由於再教育、公共對話的改變、法律對反猶太主義言論的禁止，以及缺乏制度性的強化，數世紀以來受到反猶太主義主導的德國文化突然轉變了。[9]現在，我們被告知，德國人就跟我們一樣。

「在一九四五年以前，反猶太主義是德國政治文化中很重要的一個面向。」以及「今天德國的政治文化已有極大不同，反猶太主義大為減少。」這是兩個我可以輕易支持的命題。但如果總體而言，德國文化，尤其是反猶太主義的面向，可以如戈德哈根所指出的那樣，在一九四五年後因教育、公共對話、法律及制度而轉變，那麼在我看來，它們同樣也可以在一九四五年之前的三、四十年裡、尤其是在納粹統治的十二年間出現轉變。

在他的引言章節中，戈德哈根提供了一個對反猶太主義進行三面向分析的有用模型，即使他沒有在隨後的章節中採用自己的模型。他主張，反猶太主義隨著所謂猶太人負面性格的根源或原因（例如種族、宗教、文化，或環境）而有所不同。它隨著關注或優先性的程度，或反猶太主義對反猶分子的重要性而產生差異。它也隨著反猶分子覺得被威脅的程度，或是反猶分子感覺到的瀕危程度而有所不同。[10]反猶太主義可能因其對所謂猶太威脅的判斷而改變、隨著其優先性和強度的程度而不同，這就意味著反猶太主義不僅因為任何一個或全部面向的改變而隨著時間的推移改變，而且可以有無限的變化。即使像德國這樣的單一國家，我認為我們也可以用複數而非單一的形式來談論及思考反猶太主義。

然而，戈德哈根採用的實際概念產生了反效果；它抹殺了所有區別，將反猶太主義在德國的所有表現通通納入一個單一範疇。所有認為猶太人不同於非猶太德國人，並將這種差異視為某種應該消失的負面事物的德國人——無論是透過改宗、同化、移民或滅絕——都應被歸類為持消滅主義態度的反猶分子，即使在戈德哈根之前的模型中，它們是會隨著原因、優先性和強度而有所不同的。根據戈德哈根的看法，這類確實存在的差異在分析上根本無足輕重，因為不同的消滅主義解決方案「往往會擴散」成為支持滅絕。[11]透過運用這種方法，戈德哈根無縫地從德國的各種不同反猶太主義表現形式，跨入到一個單一的德國「消滅主義的反猶太主義」，它具有惡性腫瘤的特性，會自然而然地擴散成為支持滅絕。因此，所有的德國人都「一體同心」地與希特勒站在一起，支持最終解決方案的正義與必要性。

如果人們採用的是戈德哈根提出的分析模式，而不是他實際使用的概念，那麼，他對於德國政治文化中不斷變化的各種不同的反猶太主義，以及它們在大屠殺中的角色，又會怎麼說呢？他會從那裡開始說起呢？

讓我們從十九世紀的德國歷史開始，或者更精確地，從對德國所謂的「特殊道路」（special path／Sonderweg）的各種詮釋說起吧。根據傳統的社會／結構分析取徑，德國一八四八年自由主義革命的失敗打亂了政治與經濟現代化的同步化進程。自此以後，前資本主義的德國菁英就在一個獨裁的政治體制中維持其特權，而不安的中產階級則被快速經濟現代化帶來的繁榮所收買，他們對於過去無法通過自己的革命事業實現的國家統一感到心滿意足，最終成為不斷升級的「社會帝國主義」的操弄對象。[12]根據文化／意識形態的分析取徑，由於某些德國知識分子以扭曲而不完整的方式擁抱啟蒙運動，再加上他們對於日益瀕危及解體的傳統世界感到絕望，導致他們一方面持續拒絕自由主義－民主的價值觀與傳統，另一方面則選擇性地與現代性的某些面向（如現代技術及目的－手段理性）進行和解，從而產生了赫夫（Jeffrey Herf）所稱，德國特有的「反動的現代主義」。[13]由魏斯（John Weiss）和戈德哈根所示範的第三種取徑則根據德國反猶太主義獨特的廣泛性及惡意，而主張一種德國特殊道路；儘管前者比後者的手法更細緻一些，並謹慎地將十九世紀晚期的這種德國反猶太主義定位在民粹政治運動及政治和學術菁英當中。[14]

對我而言，符科夫（Shulamit Volkov）將十九世紀晚期德國反猶太主義詮釋為一種「文化符碼」，似乎值得稱賞地綜合了這些雖然不同，但並非全然互斥的德國特殊道路概念的主要成分。[15]德國保守派雖支配了非自由主義政治體制，但仍感到現代化所釋放出的變化日益威脅著他們的主導地位，他們將反猶太主義與一切令他們深感威脅的事物連結起來——自由主義、民主、社會主義、國際主義、資本主義，以及文化實驗。成為一個自命的反猶分子也就是成為威權主義者、民族主義者、帝國主義者、保護主義者、統合主義者，及文化上的傳統派。符科夫得出結論：「反猶太主義到了那時候已與保守派所代表的一切緊密連結起來。它與他們的反現代主義態度愈來愈密不可分……」但是就保守派從民粹主義、單一議題的反猶太政黨中吸收了反猶太議題，並將偽科學及社會達爾文主義種族思想列入支持而言，保守派是在捍衛反動的過程中擁抱了一個別具現代色彩的議題（與他們同時擁抱組建海軍有幾分相似）。

到了十九、二十世紀之交時，一種性質上愈來愈種族性的德國反猶太主義已經成了保守派政治綱領中的組成部分，並深入滲透到各大學。相較於法國、英國和美國等西方民主國家，它已變得更加政治化及制度化了。但這並不意味著十九世紀晚期時德國反猶太主義支配了政治或思想生活。保守派及單一議題反猶太主義政黨一起構成了一個少數派。儘管多數派在一八七〇年代在普魯士議會（Prussian Landtag）中通過針對天主教徒的歧視性立法、在一八八〇年代在帝國議會（Reichstag）通過針對社會主義者的歧視性立法，但多數派並沒有撤銷對德國猶太人的解放，而猶太人僅占德國人口不到一%，幾乎沒有能力抵禦一個因對猶太人的同仇敵愾而團結起來的德國。如果左派沒有展現出可與右派的反猶太主義相提並論的親猶太主義（philo-Semitism），主要也是因為對左派而言，反猶太主義在它自身的階級分析中根本不構成議題，而不是因為左派本身有反猶太主義。

即使是對公開表達反猶太主義的保守派而言，猶太人議題也不過是眾多議題中的一個而已。

說他們覺得來自猶太人的威脅比國外的三國協約（Triple Entente）或國內的社會民主派更大，是嚴重的歪曲。如果反猶太主義即使對保守派而言都不是優先議題，也不是最大威脅，那麼它對德國社會的其餘人就更別說了。正如理查・李維（Richard Levy）曾指出的，「人們可以令人信服地說，在大多數時間裡大部分德國人都〔對猶太人〕不感興趣。把他們放在十九和二十世紀德國歷史舞臺的中心是種十分無益的策略。」[16]

當然，對一些德國人而言，猶太人是優先性最高的議題，也是最大的恐懼來源。德國保守派在世紀之交的反猶太主義十分符合蘭繆爾（Gavin Langmuir）的「排外的」（xenophobic）反猶太主義概念，這是一種由各種不同論斷組成的負面刻板印象，這些斷言描述的不是真實的猶太少數群體，而是符號化為反猶分子不能也不想去瞭解的各種威脅與恐嚇。[17] 蘭繆爾也指出，「排外的」反猶太主義提供了幻想性或「妄想性」反猶太主義——或是索爾・弗蘭德（Saul Friedlander）不久前稱的「救贖性」反猶太主義——成長的沃土。[18] 如果德國的排外性反猶太主義是政治光譜上某一重要區塊的政治綱領的重心，那麼，這種「救贖性」反猶太主義及其荒誕不經的指控——從猶太人對亞利安人血統的毒害，到祕密存在於馬克思主義革命及財閥民主的雙重威脅背後的猶太人統治世界陰謀——也仍是一種邊緣現象。

德國在一九一二至一九二九年間經歷的一連串創傷經驗，包括右派失去對國會的控制權，軍事挫敗、革命、失控的通貨膨脹，以及經濟崩潰，改變了德國政治。右派成長的代價是犧牲了中間派，在右派之中，激進派或稱新右派（New Right）的成長則犧牲了傳統主義者，或老右派（Old Right）。而妄想性反猶太主義也相應地從一個邊緣現象成長為國家社會工人黨的核心概念，這場運動在一九三二年夏天成為德國最大政黨，並在半年後成為德國執政黨。

光是這一事實就使得德國及德國反猶太主義的歷史不同於歐洲任何其他國家。但即便如此，我們也必須正確地看待這一點。納粹從未在自由選舉中囊括超過三七%的選票，還低於社會主義—共產主義的總票數。戈德哈根正確地提醒我們：「個人在單一議題上的態度無法從他們的投票中推斷出來。」[19] 但是他的相關主張：因經濟原因而投票給社會民主黨（Social Democratic Party）的大量德國人在猶太人議題上與希特勒及納粹持相同看法，卻極不可能是正確的。儘管我無法證明，但我強烈認為，因為反猶太主義以外的原因投票給納粹的德國人，人數遠多於認為反猶太人主義是優先議題，但仍投票給納粹以外政黨的德國人。無論是選舉結果還是對選舉結果的任何可信解釋均不能表明，在一九三二年時，絕大多數德國人在猶太人議題上與希特勒「一體同心」，或是「反猶太主義在該黨世界觀、綱領與修辭中的中心地位……反映了德國文化的情緒」。[20]

戈德哈根認為，從一九三三年起，在一九四五年後瓦解了德國反猶太主義的所有因素，包括教育、公共對話、法律及制度性強化，均從反向的方向運作，並實際上是以比戰後時期更協調一致的方式加劇了德國人的反猶太主義情緒。考慮到由於經濟及外交政策上的成功導致希特勒及納粹政權的人氣高漲，人們可以嚴肅質疑，這產生了重大的影響嗎？正如威廉・謝立登・艾倫（William Sheridan Allen）簡明扼要的結論，即使是在像諾爾泰姆（Northeim）這樣高度納粹化的小鎮，大多數人「被反猶太主義吸引是因為他們被納粹主義吸引，而不是倒過來」。[21] 然而，戈德哈根重複提及的一九三六年索帕德（Sopade，譯按：德國社會民主黨的流亡組織）地下報告——「反猶太主義無疑已在廣大人民中扎根……普遍的反猶太主義精神症狀甚至影響了有思想的人，我們的同志也受到了影響」[22]——即是納粹在一九三三年攫取政權後德國人態度轉變的證據，而不是原本就是反猶太主義信徒的情況。

然而，即使是在一九三三年後的時期，最好也還是以複數的形式來談論德國的反猶太主義。在納粹黨內，的確有一大群處於核心的德國人認為猶太人是可怕的種族威脅，也是核心的優先議題。儘管如此，納粹運動中的死硬派「妄想性」或「救贖性」反猶分子在風格及偏好的反應上仍存在著差異。在光譜一端的是衝鋒隊和像施特來赫（Streicher）那一型的渴望大屠殺者；在光譜的另一端則是冷靜及工於心計的知識分子反猶分子，就像赫伯特（Ulrich Herbert）在他新出版的維爾納・貝斯特（Werner Best）傳記中所描述那樣，他們提倡採取更系統性、不帶感情的迫害方式。[23] 希特勒的保守派盟友支持將廢除猶太人解放（deemancipation）＊與隔離猶太人作為反革命及民族復興運動的一部分。他們努力終結所謂猶太人對德國生活的「過度」影響，雖然相較於解散工會、馬克思主義政黨與議會民主，或重整軍備及恢復德國強權地位，這件事的優先性實在無法並駕齊驅。他們雖然常使用種族的反猶太主義語言，但意見並不一致。包括興登堡總統（President Hindenburg）在內的一些人希望那些透過忠誠地效忠祖國而證明自己值得的猶太人能被豁免，而教會當然也希望豁免那些已改宗的信徒。在我看來，保守派不太可能只憑自己的力量就超越一九三三至一九三四年最初的歧視性措施，也就是將猶太人趕出公部門及軍隊、專業人士及文化生活。

保守派所設想的充分措施與納粹認為勉強算第一步的措施重疊。納粹比保守派更瞭解他們之間的距離。然而，他們在初期反猶太措施的共謀關係就像他們在破壞民主時的共謀關係一樣，保守派無法再反對迫害猶太人的激進措施，就像他們也無法在獨裁統治下要求享有他們曾拒絕給予他人的權利一樣。儘管他們可能也曾哀嘆他們在自己扶持上臺的納粹統治之下日益喪失的特權及權力，但除了少數例外，他們對猶太人的命運並無悔恨或遺憾。主張納粹的保守派盟友沒有與希

* 譯按：猶太人解放即歐洲各國給予猶太人平等地位及公民權利，廢除中世紀以來對猶太人的各項限制及強加義務，廢除猶太人解放基本上即剝奪其平等地位及公民權利。

特勒一體同心，並不是在否認他們行為的可鄙以及他們也負有相當大的責任。和從前一樣，排外的反猶太主義為妄想的反猶太主義提供了肥沃的土壤。

一九三〇年代的德國一般大眾是什麼樣的呢？大部分的德國人是否被納粹的反猶太主義浪潮所席捲？根據克爾肖、庫爾卡（Otto Dov Kulka）以及班克爾（David Bankier）等歷史學家的詳盡研究，只席捲了一部分人而已；這些歷史學家在這個議題上達成了程度驚人的共識。[24]針對一九三三至一九三九年這一時期，這三位歷史學家區分出屬於少數的黨內積極分子，他們將反猶太主義當成具有急迫性的優先事項；以及不這樣想的大多數德國民眾。除了這些積極分子外，絕大多數一般民眾並沒有大聲疾呼或要求採取反猶措施。但大部分的「普通德國人」（弗蘭德將之描述為「旁觀者」，與「積極分子」形成鮮明對比）[25]接受納粹政權的法律措施，這一措施在一九三年結束猶太人解放並將猶太人趕出公共職位，在一九三五年社會性放逐猶太人，並在一九三八至一九三九年完成沒收猶太人的財產。儘管這個群體中的大多數同意對猶太人進行法律迫害，但對於黨內激進派對猶太人採取的流氓式暴力，他們卻持批判態度。一九三三年的抵制、一九三五年爆發的多次破壞猶太人財產事件，尤其是一九三八年的水晶之夜反猶襲擊（Kristallnacht pogrom），均在多數德國民眾中產生了負面的反應。

然而，最重要的是，猶太少數群體與一般民眾之間出現了一道鴻溝。一般民眾雖未被動員進行強硬而暴力的反猶太活動，卻對猶太人的命運日益「無動於衷」、「被動」、「漠不關心」。（當以有序、合法的方式執行時）反猶太措施被廣為接受的原因有二：一是這類措施讓德國人對於遏止令他們極度反感的暴力行為持續抱有希望，二是大多數德國人如今接受將限制甚至結束猶太人在德國社會中的角色當成一個目標。這對納粹政權而言是重大成就，但它仍不足以讓大多數「普通德國人」贊同，更別說是參與大規模屠殺歐洲猶太人，仍不足以讓一九三八年的「旁觀者」成為一九四一至一九四二年的種族滅絕殺人者。

關於戰爭時期，克爾肖、庫爾卡和班克爾在某些問題上存在分歧，但總體上他們同意，反猶太主義的「真正信徒」和一般民眾的反猶態度不盡相同，而納粹政權的反猶太優先性以及種族滅絕承諾也沒有得到普通德國人的支持。絕沒有淡化德國反猶太主義的班克爾寫道：「普通德國人知道如何區別可以接受的歧視……和不可接受的種族滅絕恐怖……當人們愈知曉大規模屠殺的消息，公眾就愈不希望被捲入猶太人問題的最終解決方案。」[26] 然而，正如庫爾卡所說的，「對作為人類之猶太人命運的極度冷漠」給了「納粹政權推動其激進的『最終解決方案』的行動自由」。[27] 克爾肖用他那句令人難忘的話強調了同樣的觀點：「通往奧許維茲的路是由仇恨建造，卻是由冷漠鋪成。」[28]

庫爾卡和羅德里戈（Rodrigue）對於他們和克爾肖使用的「冷漠」一詞感到不安，他們覺得這個詞沒有充分捕捉到一般民眾對於納粹反猶太主義的內化情形，尤其是關於他們對於透過某種不明確的「排除」方式來解決猶太人問題的接受態度。他們提出了更具道德意涵的詞語，例如「消極共謀」或「客觀共謀」。[29]戈德哈根則更強調這點，他宣稱「冷漠」這個概念（他將其等同於「沒有看法」和「對大規模屠殺採取徹底道德中立」）有概念上的缺陷，在心理上也不可能存在。對戈德哈根而言，德國人不是「無動於衷」及冷漠，而是「無憐憫心」、「無同情心」、「冷酷無情」，他們的沉默應被詮釋為贊同。[30]對於庫爾卡、羅德里戈和戈德哈根想要使用更強烈、更具道德譴責意涵的語言來描述德國人的行為，我沒有異議。但我不認為這裡的語言選擇改變了克爾肖、庫爾卡和班克爾的基本論點，即根據反猶太主義的優先性以及對殺害猶太人的承諾，人們可以在納粹核心人士及一般民眾之間做出一個有用而重要的區別。在我看來，戈德哈根是用他對冷漠的定義設了一個稻草人，並曲解了沉默在獨裁統治下的意義。他也似乎忘記了這個事實：當克爾肖指出，在戰爭年代，德國人很可能更不喜歡猶太人也更不關心他們時，克爾肖的冷漠觀點預見了戈德哈根在自己分析模式中提出的連續體概念。

我和戈德哈根在另外二個點上有共識。首先，人們必須檢視普通德國人的態度和行為，不只是在後方，也要檢視在德國占領下的東歐的狀況；其次，當面對殺害猶太人的任務時，那裡的大多數普通德國人都變成了「心甘情願的」劊子手。如果在國內的普通德國人是冷漠、無動於衷、共謀及冷酷無情的，那麼在東部占領區他們則是殺人者。

然而，我們對於這一殺人行為的脈絡及動機有不同意見。對戈德哈根而言，這些普通德國人，在一九三三年以前「只是具備了當時常見的德國的文化觀念而已」，現在終於有了機會，他們就是「想要成為種族滅絕的劊子手」。[31]就我的看法，在東歐的普通德國人具備了一組態度，其中不只包括了德國社會中本已存在，並在一九三三年後受到納粹政權煽動助長的不同形式反猶太主義，還包括了許多其他的東西。正如《布雷斯特—里托夫斯克條約》（*Treaty of Brest-Litovsk*）、自由軍團運動（Freikorps campaigns）以及對《凡爾賽條約》的幾乎普遍拒絕所表明的，德國社會普遍抱持的情緒是拒絕接受第一次世界大戰的判決、對東歐的帝國主義野心（這種野心受到了日耳曼種族優越性觀念的支持），以及激烈的反共產主義。我會主張，相較於反猶太主義，是這些情緒讓大部分德國人與納粹有了更多的共同基礎。

而在東歐的普通德國人，與其說改變他們的是一九三三年至一九三九年在國內獨裁統治下的親身經驗，不如說是一九三九年至一九四一年的事件與局勢。德國正處於戰爭中，而且這是一場帝國主義征服的「種族戰爭」。這些普通德國人被派駐在當地人被宣布為劣等人的土地上，德國占領者不斷被勸勉要表現出主人種族的樣子出來。他們在這些領土上遇到的猶太人是陌生的、異國的東歐猶太人（Ostjuden），而不是已被同化的中產階級德國猶太人。而一九四一年時又增加了二個主要因素，即對布爾什維克的意識形態討伐，以及「毀滅戰爭」。如果說這種戰爭時期局勢及脈絡的變化沒有改變在東歐的普通德國人的態度與行為，只有幾乎所有德國人都共有的在一九三三年以前對猶太人的共同認知意象可以解釋他們為何心甘情願地（某些人甚至是渴望）屠殺猶太人，這種說法難道不牽強嗎？

就這點來說，重要的是注意到，在最終解決方案實施前（一九四一年下半年在蘇聯領土、一九四二年春天在波蘭及歐洲其他地方開始），納粹政權就已經為七、八萬名德國身心障礙人士、數以萬計波蘭知識分子、數萬名報復性槍決下的非戰鬥人員受害者，以及二百多萬名蘇聯戰俘找到了心甘情願的劊子手。顯然，自一九三九年九月開始，納粹政權日益有能力正當化並組織起規模驚人的集體屠殺行動，而這種屠殺行動並不取決於加害者的反猶太主義動機以及受害者的猶太人身分。

戈德哈根不久前寫到，即便他「對德國反猶太主義的範圍與特徵的看法不盡然正確，但這不意味著就可以駁斥」他提出的「關於……加害者及其動機的結論」。[32]戈德哈根詮釋的核心是，這些人不只是「心甘情願的劊子手」，而且他們事實上是「**想要**（粗體為作者所加）成為種族滅絕的劊子手」。[33]他們「滿腔熱忱地」「滿足了他們對猶太人的嗜血欲望」；他們「樂在其中」；他們殺人是為了「找樂子」。[34]此外，「德國人對猶太人施行的個人化暴行及虐待的數量及性質也與眾不同」

且「前所未有」；事實上，他們在「漫長的人類野蠻史中」「獨樹一幟」。[35] 戈德哈根以強調的口吻做出結論：「關於大屠殺的動機原因，對絕大多數的加害者而言，單一原因的解釋就夠了」——那就是「著魔般的反猶太主義」，這是「加害者認知以及整個德國社會的共同結構」。[36]

為了支持這個詮釋，戈德哈根持續訴諸對嚴格社會科學方法論的有意識使用，把這當作使他的書優於優於其他學者的作品，並令此領域的其他學者無可非議的原因之一。[37] 我想要聚焦在戈德哈根對這一解釋的論證的二個面向，並將它們放在他自己設定的嚴格社會科學標準下加以評估：首先是他的論證的設計與結構；其次是關係到證據使用的方法論。

儘管戈德哈根的書大部分篇幅聚焦在德國歷史上的反猶太主義以及大屠殺期間德國對猶太人的待遇，但是有二個比較對他的論證設計來說是至關重要的。[38] 首先是比較德國人與非德國人各自對猶太人的待遇。其次是比較德國人對猶太受害者與德國人對非猶太受害者的待遇。這樣做的目的是要確立只有德國社會特有的普遍存在的「消滅主義」反猶太主義，才能解釋據稱從這些比較中浮現的鮮明差異。

這一論證設計的問題重重。如果第二個比較要能充分支持他的論證，戈德哈根就必須證明不只德國人對待猶太人和非猶太人受害者的方式不同（這點幾乎所有歷史學家都同意），還必須證明不同的待遇基本上可以被絕大部分加害者的反猶太主義動機所解釋，而不是被其他可能的動機所解釋，例如遵守針對不同受害者群體的不同政府政策等。《希特勒心甘情願的劊子手們》的第二和第三個個案研究即旨在滿足這二點的舉證責任。戈德哈根主張，盧布林的利波瓦（Lipowa）和機場猶太人勞動營的個案證明，與其他受害者相較，只有猶太人勞工遭到德國人的屠殺對待，而他們這樣做時沒有考慮、甚至實際上是違背了經濟的動機。他主張，漢姆布雷希茨（Helmbrechts）死亡行軍的個案證明，甚至當命令是讓猶太人活下來時，他們也被殺害了，因此殺戮的動機並不是遵守政府政策或服從命令，而是加害者對他們的猶太人受害者懷有深刻的個人仇恨，這種仇恨是德國文化灌輸給他們的。從他所有的案例出發，戈德哈根主張，德國加害者對待他們猶太人被害者前所未有、持續、普遍的殘酷性也只能用同樣的理由來解釋。

讓死亡行軍得到更廣泛的關注是戈德哈根這本書的可取之處之一，但他從漢姆布雷希茨死亡行軍的一個案例進行普遍性論證的努力，則不具說服力。他對此一可怕事件的有力描寫不應掩蓋掉一個事實，那就是在證明人們普遍渴望殺害猶太人甚至願意違反命令這件事上面，他既沒有確立這個個案在死亡行軍中的代表性，也沒有確立德國人對其他受害者的待遇上沒有出現同樣的現象。甚至在他自己的個案中，戈德哈根也承認，警衛不得不阻止當地德國人為猶太人提供食物和住處、不得不阻止德國士兵向猶太人提供醫療照護，但他卻從未思考過，這些其他的德國人是否和凶殘的死亡行軍警衛一樣，也是總體德國社會的典型。事實上，這些不同群體的德國人在行為上的鮮明差異會顯示出他不予考慮的情境及制度因素的重要性。[39]

同樣的，人們也可以找到一個反例，這個反例涉及的是儘管上層的政策改變卻仍持續殺害非猶太人，以及對非猶太勞動力的不合理濫用。一九四一年十月時，才剛決定要殺害所有歐洲猶太人的納粹政權推翻了自己早前對蘇聯戰俘的立場，下令從今後要將這些戰俘用於勞動，而不是直接讓他們死於饑餓、疾病和日曬雨淋。奧許維茲的魯道夫．霍斯（Rudolf Höss）接獲通知，他將接收到一大批蘇聯戰俘，目的是要在比克瑙蓋一座新集中營——這個計畫在希姆萊優先事項清單上的排序很高。簡言之，無論是經濟的理由或上級命令都指示應該讓蘇聯戰俘活下來，並讓他們從事有用的勞動。一九四一年十月，近一萬名蘇聯戰俘抵達奧許維茲，然後被送到比克瑙。到了四個月後的二月底，只剩九百四十五人仍然活著——存活率為九．五％。[40]希姆萊的命令——將蘇聯戰俘用於一項優先建設計畫——並未扭轉集中營人員將勞動力拿來施以酷刑和滅絕的根深柢固的慣行，也沒有改變比克瑙的致命環境。

事實上，正如麥可．塔德．艾倫（Michael Thad Allen）在他不久前以黨衛隊工商管理總局（Business Administration Main Office／Wirtschaftsverwaltungshauptamt）為主題的博士論文所指出的，[41]在集中營體制內，早在猶太人成為囚犯人口中一大部分之前，將勞動力拿來懲罰和虐待囚犯，而不是從事生產，就已是這個制度文化的一部分了。此外，在整個戰爭期間，由於集中營人員對經濟理性的頑強敵意與抵制，將集中營勞動力利用於生產的努力持續遭遇失敗。事實證明，無論囚犯的族群身分為何，集中營文化在這方面是難以改變的。

此時在比克瑙的猶太勞工又受到什麼樣的待遇呢？相較之下，一九四二年春天，七千名年輕的斯洛伐克猶太婦女被送到奧許維茲主營（Auschwitz main camp or Stammlager／Stammlager），她們被送來這裡的目的也是為了從事勞動。在八月中時，六千名還活著的人被送往比克瑙。到了十二月底，也就是四個多月後，只有六百五十人尚未死去——可比較的存活率為一〇・八％。[42]簡言之，制度及情境因素，加上某種意識形態（其殺人潛能並非只來自反猶太主義），在同樣的時間內、同一座集中營裡，對蘇聯戰俘和斯洛伐克猶太婦女造成了幾乎相同的死亡率，儘管與蘇聯戰俘命運有關的政府政策改變了、儘管他們要執行的經濟任務具有急迫性。

戈德哈根其實是正確的，因為長期而言，對於蘇聯戰俘凶殘的待遇確實改變了，而對猶太勞工凶殘的待遇除了在一些小的地方外，則沒什麼改變。但這只表示，儘管制度惰性及對蘇聯戰俘的謀殺性行為模式最初仍持續存在，但在這二個個案中，遵守政府政策最終還是占了上風。它並未像戈德哈根所說的那樣，[43]證明了斯拉夫人（例如蘇聯戰俘）和猶太人的命運之所以不同，主要是因為文化造成了對這二組受害者的態度不同。德國人在這場戰爭的頭九個月造成了約二百萬蘇聯戰俘的死亡——遠多於截至當時為止的猶太受害者人數。這些戰俘營中的死亡率也遠遠超過最終解決方案之前波蘭猶太人區中的死亡率。納粹政權改變政策要殺害所有猶太人、改變政策不要餓死所有蘇聯戰俘，與其說這個事實可以衡量出德國社會的態度，還不如說它衡量出了希特勒和納粹高層的意識形態、優先排序和執念。蘇聯戰俘在最初幾個月的驚人死亡率首先表明的是，如果這還是該政權目標的話，它就有能力利用普通德國人殺害無限數量的蘇聯戰俘。蘇聯戰俘在進入一九四二年春天時仍持續大量死亡，證明即使政策改變了，但殺人機構沒有關閉，機構人員的態度與行為也沒有改變。

簡言之，有許多想得到的變項——政府政策及過去的行為模式，以及文化誘發的認知圖象——都很重要。然而，在解釋針對猶太與非猶太受害者的不同行為時，戈德哈根的論證無法適當區分多種可能的因果因素。他堅持德國人對猶太人的認知圖象是「唯一」適當的框架，支持這一主張的最重要理由是他強調了加害者的殘酷性。

然而，從前所未有、獨樹一幟的德國人對猶太人的殘酷行為出發而得出的論證，在二個方面是有問題的。首先，戈德哈根主張的獨樹一幟性是基於他的敘事的情感衝擊力，而不是基於實際比較。他對於德國人對待猶太人的殘酷行為進行了大量生動、令人不寒而慄的描寫，接著向震驚的讀者斷言，這類的行為顯然前所未有。但願如此。不幸的是，對羅馬尼亞和克羅埃西亞殺戮事件的敘述輕易表明，這些協力者的殘酷性不只跟德國人並駕齊驅，還往往青出於藍。而且這種說法把從柬埔寨到盧安達等無數可能的非大屠殺例子置於何地呢。

反過來說，他淡化了納粹謀殺其他受害者的殘酷性，尤其是德國殘障人士，聲稱德國人「冷靜地參與了」造成他們「無痛死亡」的過程，並未加以慶祝。[44]然而，在毒氣車和毒氣室開發出來前，心智障礙人士最先被艾曼小隊（Eimann commando）的行刑隊槍殺，許多嬰兒沒有得到哺餵，任其饑餓而死。尖叫逃竄的病人被追捕，從療養院拖上等待著的巴士。而在哈達瑪爾（Hadamar），這些殺人者竟為了達到一萬名受害者的里程碑舉辦了一場派對！[45]

其次，戈德哈根直接像不言自明一樣地斷言，這樣的殘酷性只能用德國文化特有的猶太人認知圖象來解釋。[46]戈德哈根十分正確，大屠殺的殘酷性（它在倖存者記憶中是如此突出）是學者們尚未詳細處理的課題，但並不表示他這種與動機有關、毫無根據的論斷就是正確的。有趣的是，雄辯滔滔的倖存者普利摩・李維至少某種程度上同意法蘭茲・斯騰格這位惡名昭彰的特雷布林卡指揮官對加害者殘酷性另一種十分功能性的解釋，那就是對受害者的徹底貶低與羞辱有助於將受害者去人性化，這對加害者的行動至關重要──「對那些真正必須去執行這些政策的人進行制約。讓他們有可能去做他們所做的事。」但我們可以感受到李維的挫折感，因為這種解釋本身是不充分的，如果不是全然錯誤的話。「這是一個不乏邏輯性的解釋，」他繼續說到，「但它是對天吶喊；這是無用暴力的唯一用處了。」[47]

事實上，有太多殘酷性的例子超越了純粹功能性的解釋。卡茨（Fred E. Katz）採取了另一種方法，他主張在一個殺戮的環境裡，「殘酷性文化」的打造是一個「強有力的現象」，它為那些炫耀他們無由、別出心裁的殘酷性的人提供了許多滿足感，包括個人聲譽、在同儕中地位的提升、減少無聊感，以及一種歡樂過節的感覺。[48]但我們還有一個無法只靠簡單的論斷來解答的問題沒有解決：仇恨文化是這種殘酷文化的必要前提嗎？戈德哈根提出了一個重要的問題。我不認為我們已經找到了令人滿意的答案。

讓我們轉向另一個比較，也就是比較德國人與非德國人對猶太人的待遇。為了達到符合公認的社會科學標準的有效性，德國人的行為會必須和參與最終解決方案的全部國家，或至少是一個沒有偏差的隨機樣本進行比較。但戈德哈根反其道而行，他建議將丹麥人和義大利人的行為當成比較標準，但這並不是隨機、沒有偏差的抽樣。[49]事實上他的建議只是迴避了一個問題：與德國人在歐洲幾乎所有其他地方找到殺戮勾結者的能力相比，丹麥人及義大利人行為實屬罕見。它不能證明德國人對待猶太人的方式獨樹一幟，更別說證明這是因為德國文化特有的反猶太主義所致。戈德哈根在其他地方承認東歐人也參與了殺人小隊，並呼籲人們研究讓這類加害者參與到大屠殺當中的「認知及情境因素的結合」。[50]但他並未說明為何他突然間可以接受對於東歐人的多重因果的解釋，卻不能接受對德國加害者的多重因果的解釋。

此外，正如我在一九九六年四月美國猶太大屠殺紀念博物館（U. S. Holocaust Memorial Museum）的研討會上指出的，[51]第一〇一後備警察營中的盧森堡人提供了一個難得的機會，可以讓我們對處在同一情境但來自不同文化背景的人進行比較。儘管只是提示性而非決定性的證據，但我指出這十四名盧森堡人的行為似乎與他們的德國同袍十分相似，這意味著情境因素確實十分強大。戈德哈根的回答是，這十四個盧森堡人只是很小的數目，人們無法從中得出具概括性的結論，雖然他自己倒不拒絕從利波瓦、機場勞動營或漢姆布雷希茨死亡行軍的少數警衛那裡，得出具概括性的結論。

我對戈德哈根論證設計的反對意見並未否定他的詮釋本身。它們只是表明他沒有達到嚴格社會科學的證據標準，而這是他為自己設下的標準，也是他重複聲稱其他人甚至可恥地沒有理解的標準。為了證明他的詮釋不只缺乏結論性證據，而且存在著使其不具說服力的瑕疵，我們必須檢視他對證據的使用。

戈德哈根承認，他的出發點是基於這個假設：「加害者之所以有動力參與對猶太人的致命迫害，是因為他們對受害者所持的信念。」[52]而用來衡量此假設的第一〇一後備警察營成員行為及動機的證據，主要來自於戰後透過司法審訊所蒐集到的證詞。戰後加害者證詞有很大的問題，針對這一點學者間沒有爭議；審訊者所提的問題，以及證人的遺忘、壓抑、扭曲、逃避及謊言，都影響了這些證詞。

然而，我的看法是，第一〇一後備警察營的司法證詞與絕大多數這類證詞有性質上的差異。該單位的人員名錄被保存下來，四〇%以上的警察營成員（大多數為一般後備役軍人，而非軍官）接受了幹練而堅持不懈的檢察官的審訊。大量異常生動、詳盡的證詞與常見的制式化、明顯不誠實的證詞形成鮮明的對比。儘管明白我將要做出的判斷是主觀且可能犯錯的，但我仍覺如果謹慎使用，這組證詞為歷史學家提供一個獨一無二的機會，可以用一種不可能在其他個案紀錄中得到的方式探究問題。畢竟，在數百場的戰後德國審判中，戈德哈根和我都獨立找到了同一組法庭紀錄，這不是偶然吧。

為了處理加害者證詞的證據價值問題，戈德哈根反而主張：「唯一說得通的方法論立場是忽略不用所有無法從其他來源獲得佐證的自我開脫證詞。」[53]戈德哈根也意識到，「應該抗拒從大量個案中挑選出有利材料的誘惑，才能避免結論中的偏見。」[54]但他也聲稱他的方法中，「此類偏見幾乎不存在。」[55]

但戈德哈根的方法論真的避免偏見嗎？戈德哈根實際上用什麼標準來判斷證詞是自我開脫，因此除非獲得佐證，否則應予以排除？對戈德哈根而言，如果證人否認「在靈魂、在心思意志，並在道德上同意」殺人，那麼證詞就「極有可能」是自我開脫。[56]簡言之，與他的初始假設相抵觸的任何心理狀態或動機，除非獲得佐證，否則均在排除之列，而考慮到缺乏當代信件與日記材料，要找到有關心理狀態的佐證幾乎是不可能的。結果，戈德哈根只剩下與他的假設一致的證詞，結論實際上是預先決定的。一個除了證實它被設計來測試的假設之外幾乎沒有其他用處的方法論，並不是有效的社會科學。

戈德哈根在證據使用上的另一個缺陷，加劇了這個決定論式方法論產生的問題，這個缺陷就是雙重標準，當受害者是波蘭人而不是猶太人時，他沒有採用同樣的證據標準和高排除門檻。比較我們各自對第一〇一後備警察營在約瑟烏夫和塔爾辛最初屠殺猶太人的敘述，可以戲劇性地說明戈德哈根這些在證據使用方面的問題產生的累積效應。

根據戈德哈根，在約瑟烏夫時，特拉普少校發表了一次「精神講話」，透過喚起幾乎所有人共通、對於猶太人魔鬼本質的看法，鼓勵他的手下殺人。雖然特拉普「內心交戰」且「感到不安」，但他的講話洩露了「他對猶太人的納粹式觀念」。戈德哈根不得不承認，「許多人都被這些殺戮嚇壞了，甚至陷入了暫時性的抑鬱」，但他告誡，在解讀關於這些人的負面反應的證詞時，應該抗拒誘惑，而僅將這些反應解讀為面對太多血腥場面出於本能的軟弱。[57]

這段描寫中遺漏了什麼？戈德哈根在一個腳注（雖然不是在正文）中承認，有一名證人看見特拉普「在哭泣」。他沒有提到另外七名描述特拉普在哭泣或明顯表現出悲傷的身體反應的證人。

[58]他沒有提到兩名警員回憶特拉普曾明確表示這些命令不是來自他的證詞，[59]他也沒有提到五人中有四人說特拉普在向他的手下傳達命令時，公開與之保持距離。[60]他沒有提到特拉普司機的證詞：「關於在約瑟烏夫的事件，他後來多少向我說過這樣的話：『如果這筆猶太人的帳終究要清算的話，那麼請向我們德國人開恩吧。』」[61]經過他的審視，那場據稱喚起人們對猶太人魔鬼本質看法的「精神講話」成了一次相當可悲的努力，是為了把即將發生的猶太人大屠殺合理化為對抗德國敵人的戰爭行動，就類似落在德國人家中的婦孺身上的炸彈。那些人重複在證詞中說他們感到震驚、抑鬱、痛苦、沮喪、情緒低落、悲痛、憤怒及深受攪擾，但戈德哈根卻都當成了自我開脫，或只是反映了「一時的」本能軟弱，而摒棄不用。

當描述在塔爾辛的報復性槍決行動中第一次處決波蘭人時，戈德哈根認為：「這一說明性事件將德國人對波蘭人與對猶太人的態度並列在一起。」作為證據，他只引述了兩名證人的話——一名證人大意是說，在塔爾辛，特拉普「哭了」，另一名則說：「一些人事後表示他們不想再執行任何這類任務了。」[62]簡言之，為了證明第一〇一營對殺害波蘭人的感受有多不同，那些戈德哈根在討論該營在約瑟烏夫殺害猶太人時排除或不考慮的各種重複證詞，忽然被接納了（即使只有兩個人這樣說）。

此外，這種證據選擇上的雙重標準也可以在戈德哈根分析這些人的動機時看到。警察們在塔爾辛時沒有選擇退出，這件事並未被他解釋為渴望殺害波蘭人的證據，但警察們在約瑟烏夫時沒有選擇退出卻被引用為他們「想要成為種族滅絕劊子手」的證據。在關於警察們在約瑟烏夫感到沮喪的成堆證詞中，他只看到了「一時」出於本能的軟弱，但一個在塔爾辛的證人的說法卻被他當成是這些人「明顯厭惡且不情願」殺害波蘭人的有效證據。[63]

關於猶太人與波蘭人受害者的雙重標準還可在另一個地方看到。戈德哈根列舉了許多無端且自願殺害猶太人的例子，認為這些例子與評估殺人者的態度有關。但他卻漏掉了一個第一〇一後備警察營無端且自願殺人的類似案例，當時受害者是波蘭人。一名德國警官據說在涅茲多夫被殺，於是正要前往在奧波列的電影院的警察們被派去執行報復行動。由於年輕的波蘭人都逃走了，村子裡只剩下年長的波蘭人，大多是婦女。此外，又有消息傳來說該名遭到伏擊的德國警察只是受了傷，沒有被殺死。儘管如此，第一〇一後備警察營的人還是槍殺了所有的波蘭長者，並放火燒了村子，然後才回到電影院度過了一個休閒放鬆的娛樂之夜。[64]在這個插曲中，我們看不到太多「明顯厭惡且不情願」殺害波蘭人的證據。如果受害者是波蘭人，且可以很容易推斷出反猶太主義動機的話，戈德哈根會漏掉這個事件嗎？

在戈德哈根對這些人近乎千篇一律的描繪中，我們也能看見先入為主的證據選擇模式。[65]海因茲·布赫曼中尉是該營成員中唯一曾明確表達基於理念反對大規模屠殺，並拒絕參與反猶太人行動任何相關任務的人。關於他和黨衛隊上尉尤利烏斯・沃勞夫以及沃夫岡・霍夫曼之間的行為差異，布赫曼曾不情願地作證說，升遷對他來說並不重要，因為他有成功的事業，但是沃勞夫和霍夫曼是有雄心抱負的職業警察，「他們想要成為某號人物。」他還說，「由於我的生意經驗，尤其是因為我的生意發展到國外，我可以對事情有一個比較好的綜合認識。」[66]戈德哈根很快就無視布赫曼本人對於職業野心動機的重視，並將這段陳述的第二部分解釋成營裡只有布赫曼一個人沒有受到德國幻覺性反猶太主義控制的證據。[67]

但如果被拿來當成首要證人，提供營裡成員清一色持反猶太主義的證據，那麼以下的陳述不該也被納入嗎？關於成員對布赫曼本人拒絕參與反猶太人行動的不同反應，他說：「我的下屬裡，有許多人理解我的立場，但其他人則對我說些鄙視的話，看不起我。」[68]關於他們對殺戮本身的態度，他說，「這些人不是熱情地執行猶太人行動的，他們全都非常沮喪。」[69]

最後一個先入為主證據選擇的例子。戈德哈根一貫地強調，加害者在殺害猶太人時「很開心」，以及這些「人們對他們在殺戮場上對話的陳述表明……這些人原則上贊同種族滅絕以及他們自身的行為。」[70]這方面的一個典型例子是他對海因里希・畢克麥爾中士的小隊在大屠殺後在沃瑪濟執行「獵殺猶太人」任務的敘述。戈德哈根寫道：

當畢克麥爾的手下真的找到猶太人時，他們不只是殺了他們，在有人描述的一個例子裡，他們，或至少是畢克麥爾，在殺人前還拿他們取樂。

接著他直接從警察的證詞中引用了這段話：

有個插曲至今還留在我的記憶裡。在畢克麥爾中士的指揮下，我們必須護送一列猶太人驅逐列車到某處。他讓猶太人爬過一個水坑，邊爬邊唱歌。當一名老人再也走不動，無法再爬水坑時，他就近距離從他的嘴向他開了一槍……

此時，戈德哈根切斷了這段引述，並接上後來一場審訊的證詞對同一事件的描述：

在畢克麥爾射殺了這名猶太人後，後者舉起一隻手，就像是在向上帝申訴一樣，接著便倒了下去。猶太人的屍體就那樣被留在那裡。我們對此並不關心。

如果這名證人的敘述沒有被切斷，這個證詞聽起來是多麼不同啊，因為在描述完畢克麥爾向老猶太人的嘴裡開了一槍後，他繼續說道：「我跟站在我旁邊的海因茲・李希特（Heinz Richter）說：『我想斃了這個垃圾。』」事實上，根據這名證人的說法，在「戰友圈」裡，畢克麥爾被認為是「卑鄙的垃圾」跟「一條髒狗」。他因為對「波蘭人和猶太人」都十分「暴力、殘酷」，甚至還會踢自己的手下而惡名昭彰。[71]長話短說，透過先入為主選擇，戈德哈根將這個事件描繪成一個普遍均一的殘暴及贊同模式的一部分，而完整證詞描繪出的圖像卻是一個特別邪惡而不得人心的黨衛隊軍官的殘暴性，他的行為激起了他手下的反對。

與戈德哈根相反，我對該營的描繪是多層次的。營中的不同群體有不同的行為方式。「渴望殺人者」的人數隨著時間而增加，他們尋求殺人的機會並慶祝他們的殺人事蹟。營中最小的群體是由不開槍者組成。除了布赫曼中尉外，他們並沒有對納粹政權及其殺人政策表達出基於理念的反對意見；他們也不譴責他們的同袍。他們利用特拉普的政策，即營裡凡是「覺得無法勝任」的人都可以免除槍決工作，只要說他們太軟弱或有孩子就行。

營裡最大的一個群體是聽命行事的人，從來不會冒著風險和權威對抗或表現出脆弱，但他們不會自願殺人，也不會為此慶祝。他們日益麻木不仁與殘暴，因為他們被派去從事「令人不快的」工作，所以他們更憐憫自己，而不是那些被去人性化的受害者。他們在很大程度上不認為自己做的事情是錯誤或不道德的，因為殺人工作是由正當權威批准的。事實上，他們大部分時候根本沒有嘗試要思考，就這麼簡單。正如一個警察所說的：「說實話，我必須說，當時我們根本沒有想過這件事。直到多年後，我們才開始真正意識到當時發生了什麼事。」[72]大量飲酒也有用：「大部分其他人都喝很多酒，只因為要大量槍殺猶太人，因為清醒時這樣的生活是很難忍受的。」[73]

這些警察是「心甘情願的劊子手」並不意味著他們「想要成為種族滅絕劊子手」。就我的看法，這是戈德哈根始終模糊的一個重要區別。他也反覆用非黑即白的形式提出一個詮釋上的爭議：德國殺人者要不就必然和希特勒在猶太人惡魔本質的看法上「一體同心」，因此同意大規模屠殺的必要性與正義，要不就必然認為他們正在犯下歷史上最大的罪行。在我看來，大部分殺人者都無法用這些二元對立的觀點來加以描述。

除了對第一〇一營的多層次描繪外，我還提供了關於動機的多因果解釋。我指出了從眾、同儕壓力以及服從權威的重要性，我應該更明確地強調政府正當化的能力。我也強調「戰爭與種族主義的相互增加效應」，因為「多年的反猶宣傳……與戰爭的兩極化影響一拍即合」。我主張「沒有什麼比戰爭本身更有助於納粹發動種族戰爭」，因為「納粹意識形態的核心：種族優越的日耳曼人與種族劣等的猶太人的二元對立，很容易與一個被交戰中的敵人圍攻的德國形象合而為一」。普通德國人不必然與希特勒對猶太人魔鬼本質的看法「一體同心」才能執行種族滅絕。只要情境因素加上意識形態的交疊在關於敵人地位及受害者去人性化方面達成了一致，就足以把「普通人」

變成「心甘情願的劊子手」。

戈德哈根聲稱，我們「別無選擇，只能接受」他的解釋，因為他「無可駁斥」、「擲地有聲」地推翻了「傳統解釋」（強制、服從、對人類行為的社會心理學觀察、自利，以及減輕及分散責任）。但出現了幾個問題。首先，學者並未將這些「傳統解釋」當成是解釋加害者行為的唯一且充分的原因，它們往往是多因果方法的一部分，也就是戈德哈根嘲弄的「洗衣清單」。[74]因此它們不需要符合戈德哈根為自己的解釋設定的所謂解釋一切的同樣高標準。第二，聲稱一個人無可駁斥地否證了某樣東西是在設定一個戈德哈根自己也達不到的高標準。第三，即使是對「傳統解釋」的全面駁斥，也未必要接受戈德哈根的命題。

讓我們更仔細地檢視戈德哈根所聲稱的對一個所謂傳統解釋的駁斥：德國人服從命令的傾向，以及社會心理學家研究的人類行為的普遍特質（服從權威、角色適應、對同儕壓力的從眾）。戈德哈根斷然否定了服從命令的傾向及不假思索地服從權威是德國政治文化的顯著要素。畢竟，他指出德國人在威瑪（Weimar）的街頭上戰鬥，並公開表達對這個共和政體的蔑視。[75]但是一個事件不能構成一個國家的歷史，也不能描述它的政治文化。宣稱因為德國人反對威瑪，所以德國政治文化沒有展現出服從的傾向，跟宣稱反猶太主義不是德國政治文化的一部分，因為德國在十九世紀時解放了猶太人（一個戈德哈根大力反對的觀念）相比，二者都一樣沒道理。

更重要的是威瑪不服從的歷史脈絡。戈德哈根指出，德國人只服從他們認為「具有正當性」的政府和權威。這對這個問題確實至關重要，因為正是威瑪民主、非威權性的特質，令它在那些蔑視和攻擊它的人的眼中失去了正當性。正是因為納粹摧毀民主並恢復了威權的政治體制，強調共同體義務更甚於個人權利，才讓他們在相當比例的德國人心中獲得了正當性與人氣。事實上，許多歷史學家都主張，德國不完全、不情願的一八四八年和一九一八年革命為成功的威權反革命及復辟打開了大門，失敗的民主化（而不是反猶太主義）使德國的政治文化與法、英、美國的政治文化產生了決定性的區別。

戈德哈根引用了證據和論述以證明反猶太主義的無所不在，而反猶太主義灌輸仇恨德國猶太人，但他引用的那些證據和論述也可以支持德國人有強大的威權主義傳統，而這一傳統灌輸服從的習慣以及反民主態度。早在納粹將它們用來持續傳播反猶太主義前，戈德哈根認為的形塑政治文化的決定性要素——教育、公共對話、法律，以及制度性強化[76]——就已經在德國發揮灌輸威權價值的作用了。

此外，德國最直言不諱的反猶分子也具有反民主及威權傾向的特質。否認威權主義傳統與價值在德國政治文化的重要性，同時主張反猶太人主義的普遍性，就等於堅持玻璃杯是半滿的，但否認它還有一半是空的。戈德哈根關於德國文化及反猶太主義的論點如果是有效的，那麼對於德國政治文化及服從權威來說，它們就更有效了。

戈德哈根聲稱，社會心理學詮釋是「非歷史的」，它的信眾「暗示，任何群體，無論其社會化或其信念為何，都可能突然落入同樣的境況，並會對於任何任意選出的受害者群體表現出一模一樣的行為。」[77]這是個嚴重的錯誤描述，它將實驗環境與學者們對於所獲見解的後續應用混為一談。例如，米爾格蘭及津巴多實驗的重點是孤立出服從權威與角色適應的變項，以便檢視並幫助人們理解這些因素在人類行為中的動態。如果將塞爾維亞人與波士尼亞穆斯林，或是將胡圖族人（Hutus）與圖西族人（Tutsis）對立起來進行這些實驗會是荒謬的，原因就在於歷史上特有的族群仇恨將會引進第二個強有力的變項，並完全破壞結果。

正是因為這些實驗保持非歷史性，因此實驗所獲得的見解才具有有效性、因此學者如今才會知道服從權威及角色適應是形塑人類行為的強有力因素。對於研究具體歷史情境中之動機的學者而言，在這些情境中，變項無法被孤立，歷史行動者自身也無法充分意識到形塑他們行為的因素的複雜互動，因此，我認為這些見解對於篩選有問題的證據是非常有價值的。

戈德哈根重複宣稱，只有他的詮釋正確地假設加害者認為屠殺猶太人是必要而公正的，而「傳統解釋」則受到錯誤的假設所誤，即假設殺人者認為他們在做的事是錯的，因此必須誘使他們違背意願去殺人。這不但錯誤地描述了他人的立場，也把這個問題變成了錯誤的二分法。凱爾曼

（Kelman）和漢彌爾頓（Hamilton）運用社會心理學方法調查越南歷史上「服從的犯罪」（crimes of obedience）的具體例子，他們指出人們對於權威的回應呈現為一個光譜。一端是那些認同政權及其政策的價值，出於堅定信念而行動的人，一端是在監督下違背自己意志而行動，但不被監督時則不遵守命令的名義服從者，在這之間還有其他可能。許多人接受並內化了軍人的角色期待：必須強悍及服從；執行國家政策，無論具體命令的內容為何。[78] 士兵和警察可以心甘情願地服從命令、執行政策，即使認為這些命令與制策並不符合他們的個人價值觀、即使他們沒有受到監督，就像士兵和警察往往心甘情願地服從命令，以至在執行職務時被殺害，即使他們並不想死。他們可以以士兵和警察的身分做出一些行為，如果這些行為是出於他們的意願時，他們會認為是錯誤的，但是當這些行為得到國家認可時，他們就不這麼認為了。[79] 人們可以改變他們的價值觀，採納不與他們的行動發生衝突的新價值觀，因此在殺戮變成例行公事時，他們就變成了出於堅定信念的殺人者。權威、信念與行動之間的關係不但複雜，而且還不穩定、可以隨著時間的推移而改變的。[80]

社會心理學取徑並不是像戈德哈根宣稱的那樣，假設加害者的意識形態、道德價值和對受害者的觀點不重要。[81] 但這個取徑顯然不適合將加害者意識形態、道德價值和對受害者的觀點簡單化約為一個單一因素，如反猶太主義。我同意戈德哈根的看法，當他說「服從的犯罪……取決於是否存在一個有利的社會及政治環境。」[82]但是社會及政治環境總是引進超出受害者認知及被害者身分的多種因素，並產生複雜多變的回應光譜或範圍。

簡言之，戈德哈根離準確地闡釋並接著「無可駁斥地」反駁幾個關鍵的「傳統解釋」還差得遠，[83]這些「傳統解釋」均不曾被聲稱是完全的解釋。因此，即使戈德哈根提到的五個傳統解釋都被「無可駁斥地」駁倒了，我們也不至於「別無選擇，只能接受」戈德哈根自己的詮釋。對於理解大屠殺加害者動機的尋求不會只限於一組有限的解釋。學者的探索不是一個複選題的考試。或者至少永遠都有另一個選擇：「以上皆非。」

在整場爭論中，戈德哈根一直聲稱他的取徑恢復了以往歷史學家的敘述中所缺少的道德面向。例如，他不久前在《新共和》（*The New Republic*）對批評者的回應中，他堅稱他承認了加害者的「人性」。他的分析是「以承認每個人都對如何對待猶太人做出了選擇為基礎的」，而這「恢復了個人責任的概念」。另一方面，他宣稱像我這樣的學者們「將加害者放在一個自己覺得舒適的距離外」並對待他們像「機器人或木偶」。[84]

戈德哈根的這些宣稱禁不起檢驗。首先，他輕慢地否定的社會心理學見解並沒有把個人當成可以機械地互換的零件來對待，它們也沒有摒除文化及意識形態因素。[85]如上所述，戈德哈根斷言心理社會學的取徑是「明顯錯誤的」，[86]乃是基於粗暴的誇大描述。其次，關於加害者的「人性」

以及沒有將他們「放在一個自己覺得舒適的距離外」，但正是戈德哈根自己告誡其他學者要擺脫第三帝國統治下的德國人「某程度上和我們一樣」，以及「他們的感性和我們的有些近似」的這類觀念。[87] 他宣稱要將加害者當成是「做選擇的負責任能動者」來對待，但是這很難與他決定論式的結論取得協調：「在納粹統治時期，甚至在更久之前，大多數的德國人就已經無法出現不同於他們社會的認知模式了……就和他們沒有接觸過羅馬尼亞語就不會說流利的羅馬尼亞語一樣。」[88]

與此相反，在我看來，心理社會學理論（以人性共通傾向的假設為基礎，但並未排除文化的影響）提供了瞭解加害者行為的重要洞見。我認為，加害者不只有能力做選擇，還能用各種不同方式來行使這些選擇，這些方式涵蓋了一個行為的光譜，從熱情參與，經過盡忠職守的、名義上的或帶著遺憾的順從，直到不同程度的逃避。我們的二種取徑中哪一種是基於加害者的人性與個體性，並在對他們選擇的分析中允許道德面向的存在呢？

戈德哈根與我都同意，第一〇一後備警察營代表著「普通德國人」，而從各行各業中隨機徵召的「普通德國人」成了「心甘情願的劊子手」。但我不認為他對該營的描繪具有代表性。他當然是對的，有許多尋找殺人機會的熱中殺人者，他們在實施可怕的酷刑中得到滿足，並大肆慶祝自己的所作所為。在這本書和他的書中都可以找到太多這類行為的駭人例子。但戈德哈根將行為的其他層次縮到最小或予以否認，而這些行為層次對於理解種族滅絕殺戮單位的動態卻是重要的，這令人對於他的主張：該營全營都對其執行的大規模屠殺具有「自豪感」並予以「原則性贊同」，產生了懷疑。因為他誤認為部分代表全部，因此使他的描繪出現了偏差。

這是他整本書中反覆出現的一個缺陷。例如，我同意反猶太主義在十九世紀的德國是一道強勁的意識形態潮流，但我不接受戈德哈根的斷言：在納粹之前的德國，反猶太主義「某程度支配了公民社會的意識形態生活」。[89] 我同意，到了一九三三年時，反猶太主義已經成為德國右派「常識」的一部分，但我不會因此下結論說，整個德國社會在猶太人問題上都跟希特勒「一體同心」，「反猶太主義在該黨世界觀、綱領與修辭中的中心地位……反映了德國文化的情緒。」[90] 我同意，一九四二年的殺人者中普遍有反猶太主義，即對猶太人的負面刻板印象、去人性化及仇視，但我不同意將這種反猶太主義主要視為一種「既存的、壓抑的」反猶太主義，而希特勒做的只是將它「釋放」及「鬆綁」而已。[91]

簡言之，根本問題不是去解釋為什麼普通的德國人——身為一個與我們十分不同的民族的成員，並被一種除了想成為種族滅絕劊子手外，不允許他們以其他方式思考及行動的文化所形塑——為何會渴望一有機會就殺死猶太人。根本問題是去解釋為何普通人——受到一種擁有自身特殊性卻仍屬於西方、基督教及啟蒙傳統主流的文化所形塑——為何會在特定境況下心甘情願地執行人類史上最極端的種族滅絕。

我們對於第一〇一後備警察營的描繪與所得結論哪一個接近真實，這件事為何重要？如果戈德哈根是正確的，那會非常令人安慰，因為只有極少數社會才具備了犯下種族滅絕罪行的長期、文化—認知前提，只有當人民對種族滅絕的優先性、正義及必要性壓倒性地一體同心時，政權才可能這麼做。如果他是對的，我們可以生活在一個更安全的世界裡，但我對此並不那麼樂觀。我擔憂我們生活在一個戰爭及種族主義無所不在的世界裡，政府進行動員及正當化的力量十分強大，並且與日俱增，個人責任感日益受到專業化及科層化的削弱，同儕團體對行為施加巨大壓力並制定道德規範。在這樣的世界裡，我擔憂，希望從事大規模屠殺的現代政府，他們的努力將很難因無法誘使「普通人」成為他們「心甘情願的劊子手」而失敗。

致謝

我非常感謝狄奧多・拉斐爾（Theodore Raphael）、麥可・麥瑞斯（Michael marrus）、索爾・弗蘭德、勞倫斯・藍爵（Lawrence Langer）、埃隆・艾舍（Aaron Asher）、E・韋恩・卡普（E.Wayne Carp）以及馬克・簡森（Mark Jensen），感謝他們為改善這份手稿提出了許多深思熟慮的建議。當然，仍存在的不足之處是我自己的責任。

二十五年後

《普通人》在一九九二年首次出版，一九九六年戈德哈根的《希特勒心甘情願的劊子手們》出版，隨後我們就彼此的不同詮釋取徑及關於問題證據使用的方法論展開辯論。一九九八年《普通人》再版，並在新增的後記中總結了我在這場爭議中的主張。如今，在初版問世二十五年後，似乎是適合再次進行評估的時候了。我將檢視四個領域，成果豐碩的歷史研究在這四個領域都增加了我們對於《普通人》最初出版時提出問題的認識與見解。首先，已有許多針對其他秩序警察營的研究，使得我們得以在一個更完整的比較脈絡中認識到第一〇一後備警察營的典型及代表性，以及它的獨特性所帶來的啟發。其次，對於最終解決方案中之「普通」參與者動機的研究已經取得了進一步的進展。第三，對於該營的盧森堡成員已經有了一份典範性的研究，可以讓我們對該單位中的德國人及非德國人進行比較。第四，對於有關第一〇一營的新舊影像證據已經有了一份更仔細的研究。

其他秩序警察營

在《普通人》第三、四章中，我簡短地提到了在比亞維斯托克的第三〇九和三二二警察營、在烏克蘭的第四十五後備警察營、在斯盧茨克的第十一警察營，以及在東加利西亞的第一三三後備警察營。戈德哈根也討論了在比亞維斯托克的第三〇九警察營，以及一九四一年時在波羅的海、一九四二年時在波蘭南部的第六十五警察營。從一九九〇年代開始，針對這些單位中的一些單位以及許多其他單位進行的進一步研究終於陸續發表。首先是新聞記者利希滕斯坦（Heiner Lichtenstein）的《希姆萊的綠衣助手：第三帝國中的治安警察及秩序警察》（*Himmlers grüne Helfer: Die Schutz-und Ordnungspolizei im "Dritten Reich"*），該書回顧了針對不同秩序警察單位、尤其是警察營的司法調查，以及德國法院除了少數幾項定罪之外不曾取得任何成果的敗績。[1] 隨後很快地就出現了針對第三二二警察營及其第三連的三個不同研究，這三個研究是基於難得倖存的「戰爭日誌」，這些日誌是布拉格軍隊檔案館（Military Archive）所收藏的一系列黨衛隊文件的一部分。[2] 一九四一年七月，該營在比亞維斯托克展開其謀殺活動，接著移往今日的白羅斯境內活動，參與了在明斯克和莫吉廖夫的重大殺戮行動，以及許多其他較小規模的集體殺戮。

一九九六年，納赫特威（Winfried Nachtwei）研究了主要從不同萊茵（Rhineland）城市招募的五個不同警察營。除了戈德哈根研究過的第六十五及第三〇九兩個營之外，他還研究了第三〇七和三一六營（和第三二二營一樣，屬於一九四一年七月在比亞維斯托克殺戮行動期間由曼圖亞上校〔Colonel Mantua〕指揮的警察團），最後則研究了因承擔華沙猶太人區警衛任務而惡名昭彰的第六十一後備警察營。[3] 布雷特曼（Richard Breitman）在他的書《官方機密》(*Official Secrets*) 中曾簡短地談到了第三二二及第十一警察營，以及南方警察團（Police Regiment South，由第四十五、第三〇三及第三一四營組成）。[4]

在這些相當粗略的描寫之後出現了二項尤其重要的研究。一九九八年，魏斯特曼（Edward Westermann）發表了他對第三一〇警察營的研究，他在這項研究中主要關注該單位與第一〇一後備警察營之間的「驚人差異」。[5] 第三一〇警察營在波蘭停留了一年又四個月（自一九四一年十月至一九四二年二月，譯按：原文如此），學習一個占領國的主人種族的行為方式，然後才被調到蘇聯領土，並在列寧格勒前線遭遇了重大傷亡。該營的警察大多出生於一九〇五至一九一二年間，來自一個納粹化更高的年齡組；超過四〇%的人擁有黨員身分，約一〇%為黨衛隊成員。魏斯特曼的研究以其敘述為核心，其根據是倖存下來的報告，以及針對該營在一九四二年八月至十月期間執行肅清行動的司法審訊，在這些行動中，該營參與了非系統性的「隨機」殺戮行動，即殺害猶太人、斯拉夫人（Slavs／Ostmenschen，譯按：直譯為東方人）、「吉普賽人」，以及各種「非社會人」（asocials）類別——簡言之，即整個國家社會主義意識形態鎖定的敵人範圍。魏斯特曼主張，歷史學家可以從第三二〇警察營成員的言行、黨員身分、年齡組別、思想灌輸經驗，以及殘暴程度來「推斷」動機，他的結論是，應該將這群人視為「意識形態戰士」，而不是「普通人」。

不過一年後（一九九九年），瑪爾曼（Klaus-Michael Mallmann）就發表了對來自盧貝克的第三〇七警察營的研究。[6] 一九四一年七月，在結束於波蘭為期九個月的占領工作後，該營在布雷斯特—里托夫斯克參與了對成年猶太男性的大規模殺戮行動，以及隨後在白羅斯的殺戮行動。結束一九四二年春天及夏天在盧布林區的猶太人區淨空行動後，接著，從一九四二年秋天至一九四四年夏天則在白羅斯從事反游擊隊活動。瑪爾曼指出，在最初的布雷斯特—里托夫斯克屠殺中，所有槍手均是從人數充足的志願者中選出的。因此他認為強制、殘暴化及政治宣傳均不是適當的解釋。瑪爾曼運用的是（和戈德哈根一樣的）「認知模式」概念，警察透過這模式觀察並理解他們的世界，他援引了他稱為的「敵人形象的情境式激進化」。生物上、政治上、意識形態上的敵人，以及如今的真實敵人，全都混合成為一個「虛擬現實」，將殺戮猶太人正當化為「必要的自衛」。先前的反猶太主義態度結合了情境式翻轉，將德國的進攻詮釋為自認為的自衛，驅動了上升至大規模屠殺的質性飛躍。

二〇〇〇及二〇〇一年問世的二本書均收錄了不同作者針對不同秩序警察單位所撰寫的一系列文章，這二本書讓焦點回到了德國司法體制的失敗，甚至無法將少數穿著綠制服的大屠殺加害者送上法庭，更別說是定罪了。[7]在擴大對秩序警察在大屠殺中作用的學術認識方面，最重要的是二篇由克蘭普（Stefan Klemp）撰寫的文章，涉及了分散於東部前線的兩個營。第九警察營的四個連一對一地被分配到四個特別行動隊。在這個案例中，該營的二百四十七名成員均在一九四七年一月被英國交付給蘇聯當局。他們一般均被判處了二十五年的徒刑，但在一九五六年獲釋。[8]克蘭普也研究了第六十九後備警察營，該營被分為幾個小型分隊，並在一九四一年八月被分派到東部前線，擔任托特組織（Organisation Todt）建築工事的警衛工作，但經常被派去殺害附近的猶太人。[9]

這些關於不同警察營的大量文章多半將焦點放在確立他們在戰爭期間殺戮活動的事實，以及他們在戰後幾乎完全沒有承擔司法後果，在這些文章問世後，還有更近期出版的五本書特別一提。二〇〇五年，維爾澤（Harald Welzer）出版了《加害者：正常人如何變成大規模屠殺者》（*Täter:*

Wie aus ganz normalen Menschen Massenmörder werden），這是個研究普通人如何變成大規模屠殺者的社會心理學研究，其經驗基礎是第四十五後備警察營的司法審訊資料。[10] 同年，魏斯特曼出版了《希特勒的警察營：在東方實施種族戰爭》（*Hitler's Police Battalions: Enforcing Racial War in the East*），這本書探究德國秩序警察的「組織文化」及這如何反映在其成員在東歐的後續行為上。[11] 二〇一一年，施奈德（Karl Schneider）出版了《遠離家鄉：布萊梅警察營與大屠殺》（*Auswärts eingesetzt: Bremer Polizeibataillone und der Holocaust*），這是對來自布萊梅的兩個警察營（第一〇五及第三〇三）進行的深入研究。[12] 最後是庫里拉（Wolfgang Curilla）出版的兩大卷參考書，其條目包含了所有駐紮在波羅的海國家和白羅斯的秩序警察單位，同時也一一列出它們對大屠殺的參與。[13] 我將在稍後回到維爾澤和魏斯特曼的書，以說明它們對於關於動機的辯論的貢獻，現在我將聚焦於施奈德及庫里拉的書，以探討它們對於與第一〇一營相關的比較框架做出了哪些補充。

施奈德仔細重建了第一〇五後備警察營及第三〇三警察營的構成，顯示這兩個警察營與第一〇一營有相當大的不同。一九三九年秋天，最初被命名為第一〇五營的這個警察營組建完成。其基層由一九〇五至一九〇九年這個年齡組中選出（也就是年齡三十至三十七歲的人），他們已在一九三七至一九三九年擔任過後備役警察。幾乎三分之二的基層警察來自工人階級；三分之一為中產或中下階級。他們在戰前擔任後備役警察時，已在週末訓練課程中接受了成為德國警察的部分思想灌輸及社會化，一九三九年底及一九四〇年初，他們也接受了廣泛的軍事訓練及一些額外的意識形態教育，然後在挪威執行了相當愉快並令人懷念的占領任務，並在一九四一年一月被重新命名為後備警察營。該營接著在一九四一年夏天和秋天波羅的海服役（執行了多次反游擊隊行動），一九四二年至一九四四年則待在尼德蘭（協助將荷蘭猶太人送至奧許維茲）。[14]

戰爭爆發後，為了交換被調到軍隊中的大量訓練有素警察，第三〇三警察營的基層警察從一九〇九至一九一二年此年齡組的志願者中被選出（即二十七到三十歲的人）並提供給黨衛隊和警察。正如魏斯特曼所指出的，這是個高度納粹化的年齡組，因此黨衛隊及警察可以從這些供過於求的志願者中選擇他們想要的人選。他們接受了廣泛的訓練，然後在一九四一年六月入侵烏克蘭前被派去波蘭執行了為期九個月的占領任務，他們在波蘭參與了多次包括娘子谷大屠殺在內的屠殺猶太人行動。[15]

一九三九及一九四〇年，第一〇一後備警察營在波蘭執行它的第一及第二次任務，在這段期間它的結構十分類似於一九四一年時的第一〇五營或其他蘇聯領土上的殺人後備營，如在烏克蘭的第四十五營以及在東加利西亞的第一三三營。但是在第一〇一營於一九四一年返回漢堡後，它的第一代成員，如今已經驗老道的後備警察被重新分派，重新組建的基層警察們來自最高年齡可達五十四歲（也就是最早是在一八九六年出生的人）的年齡組，平均年齡從三十歲出頭變成了將近四十歲。已經沒有精挑細選的奢侈了。施奈德引用了布萊梅警察總長的話，關於隨戰事推進而出現的人力短缺，他說該市「已完全被榨光了」。[16]漢堡也不例外。而且在這個階段，訓練和思想灌輸也變得更馬虎了事。簡言之，希望用這些理由（也就是所有與大多數警察營皆相關的因素）：高度納粹化年齡層的產物、招募時的刻意挑選、接受強力訓練和思想灌輸，以及在蘇聯領土上服役前曾因在波蘭執行長達數月的納粹種族政策而遭到腐化，來解釋警察營殺戮紀錄的人都必須面對一個事實，那就是這些因素對第一〇一營均不存在，既不是解釋其殺戮紀錄的必要因素，也不是充分因素。

第一〇一營的殺戮紀錄與其他營相比如何？庫里拉的詳盡研究如今讓我們得以建立一個圖表，對各營的殺人紀錄進行排名。[17]前十二名排名如下：

第六十一營	殺死一千一百人，驅逐三十萬人至死亡營
第九營	殺死十八萬七千六百人
第一三三營	殺死三萬一千九百人；驅逐七萬四千人
第一〇一營	殺死三萬八千人；驅逐四萬五千二百人
第五十三營	殺死一萬三千二百人；驅逐六萬五千人

第三二〇營	殺死六萬六千七百人
第四十五營	殺死六萬五千人
第三營	殺死六萬二千五百人
第四十一營	殺死三萬六千八百人；驅逐一萬八千五百人
第一三一營	殺死一萬四千九百人；驅逐三萬五千五百人
第三〇四營	殺死四萬四千三百人
第三〇三營	殺死四萬一千六百人

考慮到第六十一及第五十三營參與了華沙猶太人區的大規模驅逐行動，第九和第三營隸屬於特別行動隊，第一〇一營的殺戮紀錄就更加突出，甚至超出任何的三百級「菁英」營，也就是由精心挑選、高度納粹化、接受過強力訓練及思想灌輸的年輕人所組成的警察營。簡言之，第一〇一營作為一個具有啟發性的案例，其部分重要性並非來自它是個典型或具有代表性的警察營，正好相反。它在年齡、選擇性、納粹化、訓練及思想灌輸方面是非典型，卻創下了所有警察營中第四高的殺戮紀錄。

動機

如果許多關於警察營的出版物首先尋求的是記錄下它們在大屠殺中的參與，其次才是揭露戰後司法清算全然不足，那麼另一組出版物則聚焦在關於動機的持續辯論。[18]歷史學家如何才能最好地解釋為何這些秩序警察會表現出這樣的行為？如果這些警察不是被迫違背自己的意願行事，那麼他們為何選擇殺人？他們如何將他們的行為認知為合理，即一方面是雖然不愉快，但卻必須，另一方面則是具有正當性，甚至值得讚許？

在《普通人》一書中，我引用了米爾格蘭關於順服或服從權威的經典著作，以及津巴多關於角色適應的經典著作。此外，在嘗試理解第一〇一營成員的行為並解釋該營的群體動態時，我還相當程度強調了從眾性，我原本也應該引用艾許（Solomon Asch）的作品才是。但戈德哈根認為對於社會心理學的援引，一方面意義不大，另一方面則是在為這些警察的道德責任開脫。在《成為邪惡：普通人如何犯下種族滅絕及大規模屠殺惡行》（*Becoming Evil: How Ordinary People Commit Genocide and Mass Killing*）中，瓦勒（James Waller）想要透過一種「四管齊下的模式」來解釋「普通人」如何犯下「異常邪惡」的惡行。[19]首先是通過演化進程而出現的、與生俱來、具有普遍性的人性面向，瓦勒稱為族群中心主義（ethnocentrism）、排外心理以及對社會支配地位的渴望。其次則是形塑加害者性格的因素：文化信念體系、道德解離，以及理性自利。第三是創造出直接社會脈絡的因素：職業社會化、群體約束，以及個人與角色的融合。第四是形塑加害者如何定義或感知他們的受害者的因素：我人－他人思維、去人性化，以及責備受害者。顯然這是一個廣泛而普遍主義的取徑，但這個取徑也允許歷史特殊性的解釋。這是對任何單一因果取徑的全面否定，因為後者會將過多的解釋權重放在單一面向，不是放在加害者民族的文化信念體系（如反猶太主義）的這一面，就是放在社會脈絡（像是群體約束中的從眾性）的一面。這種模式也認為文化及情境因素是互補及相互增強的，而不是對人類行為的二分對立或彼此互斥的解釋。

在我看來，社會心理學家的第二個關鍵貢獻來自紐曼（Leonard S. Newman）。[20]他特別提到了戈德哈根對於社會心理學的輕蔑對待，同時也清楚說明該學科對解釋加害者行為的廣泛貢獻。紐曼和瓦勒一樣也拒絕了將認知與情境或性格與脈絡的解釋對立起來的「虛假二分法」。紐曼指出，個人／性格與情境間有一種動態關係。如果態度可以形塑行為，反之亦然。根據認知失調理論，當人們從事的活動與他們的信念及態度相矛盾時，就會感到不適。尤其是當人們處在一個難以改變其行為的位置時，他們就傾向減少行動與信念間的差距，即透過正當化及合理化自己的行為來改變信念。當人們處在一個「誘導服從」（透過從眾及同袍情誼的微妙壓力）而不是直接強迫服從的位置時，就更容易受此影響。

尤其當有關行為涉及到傷害他者時，施加傷害者很可能將受害者感知為罪有應得——這一心理反應被稱為「公正世界現象」(just world phenomenon)。這個過程又會回過頭來形成一個惡性循環，其形式是傷害的殘酷性及殘暴性的不斷升級，以及對受害者的去人性化／價值貶低。透過「基本歸因謬誤」(fundamental attribution error)，人們往往忽視他們自身行動對他人的影響，並將受害者的降級、悲慘的地位當作受害者固有的劣等性，甚至不算是人（sub-humanity，譯按：名詞為sub-human，下或直譯為次人類）的進一步證明。

除了行為可以改變態度的事實之外，性格與情境間動態關係的另一面向是情境本身不是靜態或客觀的，而是主觀的，因為是身在其中的人去感知、解讀與詮釋情境。尤其，紐曼指出一點，透過他稱為「多數人的無知」(pluralistic ignorance)的現象，許多人可能會順從某種「幻想的規範」，認為營裡幾乎每個人都支持殺害猶太人，即使大部分人在自己行動時絕不會去傷害猶太人。一個群體的集體行為不只是個人性格的加總結果，而是受到群體成員如何感知這整個群體，以及感知彼此與他們集體所處的這個情境所形塑。

魏斯特曼和馬泰爾斯（Jürgen Matthäus）這兩位學者特別處理了關於這些警察如何感知秩序警察的制度規範及自身所處情境——身在東歐的占領者及納粹種族政策執行者——的議題。他們檢視了秩序警察的「組織文化」及思想灌輸方法。根據魏斯特曼的說法，「組織文化設定了可接受行為的界線，確立了組織目標，並界定了群體成員的標準。」[21]隨著所有秩序警察在一九三六年集中歸於希姆萊指揮，他和秩序警察頭子達呂格力圖透過軍事化及納粹化雙管齊下的過程，達成秩序警察與黨衛隊的制度合併及組織文化轉型。納粹化的核心是建立反猶太主義及反布爾什維克主義為制度性規範，而軍事化則創造了職責、同袍情誼及絕對服從的精神特質。透過擴大「可接受及被期望的行為的界線」並讓大規模屠殺意識形態敵人成為「可接受及被期望的」行為，這二個過程共同將警察轉變成了「意識形態戰士」。[22]簡言之，儘管戈德哈根將「心甘情願的劊子手」的產生歸因於幾世紀以來德國文化內在固有的對於淘汰性反猶太主義的系統性思想灌輸，但魏斯特曼卻認為這些「意識形態戰士」是在納粹化及軍事化的德國警察制度文化中，經過精心策劃的短期產物。

馬泰爾斯也主張，秩序警察的思想灌輸未被充分檢視，並太快否定其可作為解釋警察行為的一個因素。[23]然而，在實際檢視被使用的思想灌輸教材後，他最終得到了一個關於這些教材影響的結論，此一結論較魏斯特曼的基本「態度—行為一致性」模式更為複雜，魏斯特曼認為「意識形態戰士」只是執行了制度上植入的意識形態信念而已。馬泰爾斯指出，警察與一九三三年的新政權間存在著一種「意識形態親近性」(ideological affinity)，當面對來自納粹黨激進分子的各種攻擊時，警察一般拒絕保護猶太人。隨著德國警察於一九三六年中央集權化，秩序警察接受了黨衛隊內部準備的思想灌輸教材，這些教材將猶太人描繪成德國人民最危險的敵人，並認為這一敵人形象（image of the enemy／Feindbild）應為自由主義、馬克思主義／布爾什維克主義、剝削式資本主義、共濟會、和平主義，以及「政治化」的教會的負起責任。種族原則的「冷靜的客觀性」，而非情緒，導致了納粹的猶太人政策是一種「自衛」。到了一九三八年末、一九三九年初，黨衛隊的出版物提到透過重新安置（resettlement／Umsiedlung）或消滅（annihilation）的「總體解決方案」來解決猶太人問題。到了一九四一年，一個這類型的出版物預測戰爭結束時，將會出現一個沒有猶太人的歐洲。與此同時，其他的訓練教材也力圖維持警察一絲不苟、專業性、清廉、理想性及正派的自我形象。

馬泰爾斯認為，除了極少數惡名昭彰的案例，如第三〇九警察營在比亞維斯托克犯下的那些最初的暴行之外，歷史學家很難證明思想灌輸與參與大規模屠殺間存在「直接因果關係」。但他確實認為思想灌輸從許多方面「促進了」警察的參與。它降低了「抑制」並為那些尋求合理化或正當化殘暴的大規模屠殺的人提供「正當化」，因為它將他們的行動描繪成「艱難的職責」及「歷史性任務」，而客觀的種族原則表明這是種必要的自衛。對那些覺得這還不夠充分的人，它將屠殺猶太人與其他正當的任務，例如反游擊隊之戰或擊潰共產主義等連結在一起。它還為其他的動機（貪婪、虐待狂、不受懲罰地刑求和殺人的機會）提供了一個「假象」或掩護，這些動機是人們想要對自己隱瞞的。簡言之，這些思想灌輸教材提供了應有盡有的反猶太主義口號及主張，警察們可以從中選擇，幫助他們減輕及對抗許多人在大規模屠殺開始時出現的認知失調。

在一篇關於秩序警察作為東部最終解決方案之「嘍囉」的開創性文章中，瑪爾曼也主張秩序警察處在蘇聯領土上的情境與納粹種族意識形態的展現，二者間存在著密切關係。[24] 根據瑪爾曼的說法，秩序警察思想灌輸被「過分高估了」。它的影響與其說是產生了意識形態狂熱主義或他稱為的「意識形態基本教義」，不如說是透過將基督教價值貶損為人道主義的蠢話、將傳統關於軍人的騎士精神概念貶損為軟弱、缺乏男子氣概，從而更廣泛地改變了這些人的心態與態度。它鼓勵警察用「主人種族」及「次人類」、德國人優越性及當地人劣等性的種族範疇來思考，這可能包含了從厭惡和鄙夷到仇恨及渴望毀滅的一系列程度不等的反猶太主義態度，但也推動了警察們在東部大規模屠殺非猶太受害者。

瑪爾曼也強調形塑警察生活的群體動態。以強硬堅韌為基礎的男子氣概，以及對被視為弱者或懦夫的壓倒性恐懼是他們共同的精神世界的一部分，其起源比國家社會主義的時間更早。身為構成了他們社會世界的單位或主要群體的成員，他們害怕孤立，渴望同袍情誼及歸屬感，他們付出的代價則是對殘暴性的從眾，或更具體地說，與其他人一起開槍。「道德上的解脫」是在集體身分認同中找到的。對瑪爾曼而言，只有相互補充及增強的「認知及情境因素的複雜結合」，才能解釋身為大屠殺加害者的警察們的行為。但是，和馬泰爾斯一樣，他最終仍得出了結論：「意識形態因素……不是最初的驅動力，而是後來的鎮定劑，不是真正的推動力，而是事後的麻醉藥。」[25]

如果魏斯特曼探究的是秩序警察的組織文化及其對警察行為的假定影響，而馬泰爾斯和瑪爾曼聚焦於在巴巴羅薩行動的情境脈絡中發揮作用的反猶意識形態，那麼維爾澤及庫內（Thomas Kühne）則力圖闡述更廣泛的、涵蓋整個社會的框架，這一框架造成或使得警察能珍視並欣然接受他們所做之事。事實上，他們主張戈德哈根提出了正確的問題：為何對德國人而言，作為一種社會（而不僅僅是受到思想灌輸及特殊情境因素形塑的秩序警察單位）參與到最終解決方案中是合理的，但是他提供了錯誤的答案。

維爾澤結合了對第四十五後備警察營的個案研究、社會心理學理論化以及歷史背景，提出了兩個大問題：一九三三年後，德國的「規範性參考框架」如何以及為何轉變得如此迅速而徹底，以及為何幾乎所有在第四十五營這類單位中的「普通人」都心甘情願地殺人，即使他們是懷著不同程度的熱情、冷漠或厭惡而這樣做？[26]對維爾澤而言，納粹革命的核心就是對人類義務共同體的重新定義，從一個以啟蒙運動之人性概念為基礎的包容的共同體，到以種族主義及反猶太主義為基礎的排斥的共同體。此一對德國共同體成員身分的激進重構之所以可能，有部分是因為對猶太人的排除與貶低從根源上為所有被納入這一「種族共同體」（racial community／Volksgemeinschaft）

的人，提供了地位提升的心理滿足感以及物質收益的機會，即使是那些來自社會梯階最底層的人。對維爾澤來說，一九三三年，而不是一九三九或一九四一年，才是確立這些新社會規範的關鍵轉折點。而日常社會實踐（超越任何對納粹意識形態及政治宣傳的有意識接受）所體現出的將猶太人排除於人類義務共同體外的程度，就意味著對一種新「納粹道德觀」更廣泛的接納。此一「納粹道德觀」的關鍵要素是：即使是透過激進的手段，解決猶太人問題仍是「好的、有意義的」；這個方向的「工作」雖然艱困，但回報是值得的；以及最終目標是要創造出一個沒有猶太人的共同體。無論一開始如何地無法想像，但最終這一排除使得普通德國人能將對猶太人的剝奪及謀殺與任何犯罪感或不道德感脫鉤。

維爾澤接著考察了第四十五後備警察營的「普通人」如何成為心甘情願的殺人者。和戈德哈根一樣，維爾澤也主張，加害者在面對他們的殺人任務時並不需要克服道德顧慮或禁令，因為他們已經將這種屠殺猶太人與犯罪脫鉤的新「參考框架」內化。他們的殺人行動基本上反映了他們在過去多年裡所採納的信念。但他們還是必須適應他們正在做的事情。他在這裡同時援引了情境與過程的解釋。這些人在面對大規模屠殺猶太人的任務時，經過了一個職業化及常態化的過程，將大規模屠殺轉變成「工作」。他們中的許多人仍認為自己的「工作」令人不快，但卻是個必要的歷史任務，對此他們在當時或後來都不感到內疚。

庫內主張，在解釋基層德國士兵及警察在大屠殺中的廣泛參與，必須要綜合人類學—社會及意識形態因素。[27] 他並不否認反猶太主義、反布爾什維克主義以及反斯拉夫主義是因素，但他認為這些因素的解釋並不充分。他認為，瞭解穿制服的普通德國人行為的關鍵是同袍情誼（comradeship／kamerdschaft）及共同體（community／Volksgemeinschaft）「迷思」。這些強有力的「迷思」必須按照德國人對它們的認識來理解，因為德國人透過這些透鏡來觀看這個世界、建構他們的現實，並從中衍生出一個反過來形塑了他們行為的道德框架。

共同體的迷思源自德國對超越階級、黨派及信仰的同一體的狂喜感與集體記憶，正如德國皇帝在一九一四年時所宣布的。由於德國人在一九一八年戰敗及大蕭條中受到了創傷，納粹能利用這種迷思的情緒渲染力量，將其本質從政治、社會及宗教包容性轉變成種族的排他性。不僅猶太人及其他外來種族被排除了，那些行為構成內部威脅或對日耳曼民族潛在背叛的人也在排除之列。簡言之，從眾是歸屬感的主要成分。納粹分子也利用了同袍情誼的迷思，這一迷思的基礎是在戰壕中達成德國國家統一的理想，而不是如雷馬克（E. M. Remarque）在《西線無戰事》（*All Quiet on the Western Front*）中闡述的，那種所有身為戰爭受害者的士兵們所展現出的四海一家。這二個迷思所體現的情感力量及歸屬感需求使得納粹得以成為一場「道德革命」的主導者，在這場革命中，以罪感文化（guilt culture）為基礎，強調普遍主義、人性及個人責任的西方傳統被一種恥感文化（shame culture）所取代，它將對群體的忠誠及在群體中的地位抬高成為德國社會的新道德支點。無論是作為全體的共同體或德國人在其中戰鬥的一個小單位，「群體是道德主權的所有者。」[28]

恥感文化將從眾變成了首要的美德，驅使著穿著制服的普通德國人寧可犯下可怕的罪行，也不願背負上懦夫及弱者的汙名，承受被同袍孤立及疏遠的「社會性死亡」。其他幾種因素也強化了這種動態。首先，從高度歸屬感中獲得的同袍情誼的「樂趣」以及「和睦共處的喜悅」可以因為違反了群體外成員的規範而得到進一步強化。「沒有什麼比一起犯罪更能讓人們團結在一起了，」庫內說到。[29]其次則是庫內稱為「不道德的道德觀」的納粹有害發明。[30]希特勒和不同的軍事指揮官都曾提出強制性的零和道德論述，即對敵人的憐憫與寬大及無法克服個人的顧慮是對同袍及未來世代的「罪」。這種種因素結合起來在各單位內創造出「追求冷酷無情的競爭」以及「殘暴性的文化」。[31]對一般德國人而言，「結果是大規模屠殺的民族手足情誼——希特勒的共同體。」[32]

庫內為這種對一致性、從眾性及犯罪的陰暗描繪設了重要的限定條件。對所有人來說，「倫理道德不會在短短幾年內就改變，」他說。因此「在殘暴性文化中沸騰的不確定感和不同意見的信念」以及「良知的折磨」持續存在著。[33]庫內引用了一名華沙安全警察及保安局成員的證詞，他在談到加害者的態度及參與程度的光譜及分布時說道：「絕對的劊子手約占三〇%，反群體的人約占二〇%，然後是介於中間的一群人，他們堅持用喝酒鬧事者的方法。」[34]因為「一個不同的價值體系」持續彼此共存，一些穿制服的德國人因此感到懷疑、羞恥與尷尬。然而許多人還是加入了大規模屠殺的行列，並掩飾自己的真實感受，避免明顯表現出不合群。其他沒有參與的人則接受了軟弱及沒有男子氣概的汙名，並因此證實了他們同袍的強硬道德觀。雖然人們可以抱怨單位被指派執行的「髒活」，但幾乎沒有人敢與受害者站在一起、責備他們的戰友，或批評納粹政權。[35]

儘管在一些方面存在著差異，但幾乎所有這些學者均同意，任何對殺人者動機的解釋都必須是要複雜、多面性的，而不是單一因果解釋。他們結合並綜合了情境和性格因素及文化與意識形態因素，而不是將它們在虛假的二分法中對立起來。與刻意兩極化的「意圖論—功能論」辯論導致了豐碩的學術成果，以及各式各樣有關納粹決策及政策制定的「共識模式」一樣，更複雜的綜合各種觀點的嘗試也取代了這場戈德哈根辯論中鮮明的兩極化立場。

盧森堡人

一九九六年四月八日，戈德哈根在美國納粹大屠殺紀念博物館舉辦的一場研討會上發表了他的書《希特勒心甘情願的劊子手們》，我是四位回應者之一。[36]我在我的評論中提到，第一〇一後備警察營有十四名盧森堡警察，都是二十歲出頭的年輕人，在盧森堡被併入第三帝國後才被納入德國警察，他們提供了一個機會，可以評估相似情境因素對來自不同文化及國族背景的人的影響。遺憾的是，只有一名德國證人詳細描述了盧森堡人在該營活動中的參與情況。他們身為布赫曼中尉指揮的第一連成員，雖然出現在約瑟烏夫，但任務只是護送被帶到盧布林從事勞動的猶太人。儘管在特拉普發表講話時、圍捕猶太人時，以及挑選過程中他們都在場，但他們在那個場合中並未擔任槍手。在那之後，根據這名證人的陳述，這些盧森堡人不僅沒有得到豁免，而且因為他們年輕即受過專業訓練，還被刻意選出來執行任務。「一般來說，老的人都留在後面，」但「其實每個行動都有盧森堡人，因為這些人是從盧森堡來的職業警察，全都是二十歲出頭的年輕人」。[37]

盧森堡歷史學家多斯特（Paul Dostert）提醒我注意到第一〇一營的這十四名盧森堡成員中其中二人出版於一九八六年的戰後敘述。他們的敘述有幾個十分突出的面向。首先，他們將自己描繪成德國徵兵及戰爭恐怖下的受害者。其次，他們將盧森堡人的行動描繪成從頭到尾就不支持德國人的事業。羅傑．維多（Roger Vietor）聲稱，他冒著極大的危險，向波蘭反抗軍提供了即將執行的搜查及逮捕行動的資訊，還有槍枝和彈藥。[38]尚．海寧（Jean Heinen）聲稱，被派去執行機關槍任務的盧森堡人沒有在行動中開槍，並假裝槍枝故障了。從一九四四年六月起，有五名盧森堡人成功地逃兵，另外二人在嘗試投靠俄國人時被殺。[39]最關鍵的是，這二個敘述中都沒有提及猶太人的存在，更沒有提到該營參與了大規模屠殺猶太人。面對這二個敘述，我提出了二個從緘默中得到的論點，也就是我從他們沒有說的事情中得出了推論。首先，維多和海寧詳細描述了異議行為的不同面向，以便將自己描繪成德國人的受害者，而非協力者；如果他們是不開槍者，他們不會在戰後的敘述中聲稱這是值得讚揚的嗎？如果許多德國證人在二十年後還記得營裡的不開槍者，但就這點上卻沒有評論到盧森堡人，這是不是因為他們在一九四二年時表現得就像他們的大多數德國同袍一樣？從緘默得到的論點是暗示性的，而不是決定性的。它們只是關於可能性的間接證據，而不是確實證據。因此盧森堡人在第一〇一營中的角色雖然耐人尋味，但仍懸而未決。

當我關於第一〇一營中的盧森堡人的數篇評論在一九九八年於德國發表時，[40]曾經得到了幾家盧森堡報紙的報導。這又回頭導致了尚．海寧在《盧森堡言論報》（*Luxemburger Wort*）上的強力回應。[41]他承認第一〇一營第一連曾射殺猶太人，但是他「沒有看到是否有盧森堡人開槍」。他從未提到他的單位參與殺害猶太人是因為他不是「歷史學家」，也因為「他關心的是盧森堡人群體的命運，而不是猶太人的不幸命運」。

海寧承認他曾經參與過兩次驅逐行動，從猶太人區護送猶太人前往火車站，但他沒有提到這類猶太人區淨空行動伴隨的例行殘暴行為及槍決。有一次他伴護一列火車，到哪裡他不知道，但「目的地可能是特雷布林卡」。由於第一連參與了六次目的地為特雷布林卡的驅逐行動，兩次從拉津到緬茲熱茨以及從科克到武庫夫的大規模迫遷行動，海寧似乎可能參與了不只兩次的驅逐行動。

海寧承認一九四三年十一月的兩次大規模槍決行動他都在場，他對在馬伊達內克和波尼亞托瓦發生的豐收節大屠殺的描述與其他的證詞吻合。他承認他在第二天短暫離開了他的警戒線崗位，親眼目睹集體墓穴的槍決活動及成堆的屍體。「我在那裡看到的恐怖景象，我無法描述，因為我找不到適當的字眼可以表達，」他寫到。但他否認曾參加過任何其他槍決行動，雖然第一連在賽羅科姆拉、塔爾辛和科克，以及武庫夫，都曾執行槍決。他承認在一九四二年底時參與了帕切夫森林掃蕩行動，但宣稱這次行動和其他的巡邏都只是反游擊隊行動，不是「獵殺猶太人」。

簡言之，就像許多德國證人一樣，海寧承認他的單位某種程度參與了殺害猶太人，但他一方面否認他自己或他的盧森堡同袍曾個人參與了殺人行動，另一方面則很可能極力最小化及淡化他的單位的參與程度。他寫給編輯的信承認的事比他或任何其他盧森堡人之前承認的要多得多，但他還是堅稱我「愚弄了自己」，因為我暗示之前曾有保持沉默的祕密約定存在。接下來的研究是否能讓我們更瞭解第一〇一營中的盧森堡人以及他們之前的沉默呢？

多斯特發現，在漢堡對沃勞夫、霍夫曼及其他人的審判做出裁定後，針對該營幾名其他成員的調查仍在繼續，包括第一連的漢斯・凱勒中士在內。在一九六四年七月一場冗長的審訊中，他否認記得發生在一九四二年八月之前的任何事件（如約瑟烏夫），但承認他的單位參與了帕切夫和緬茲熱茨的猶太人區淨空行動，以及好幾百名猶太人在該次行動中遭到槍殺。在賽羅科姆拉及塔爾辛—科克的殺戮行動中，他被安排去執行警戒線任務，並詳細地描述了前者的情況。他承認在一九四二年底對帕切夫森林的最初二次掃蕩行動針對的是逃亡的猶太人，只有到一九四三年春天時，在那裡的巡邏任務才針對非猶太人游擊隊員。他參與了其他三次「獵殺猶太人」，在明確的「射殺令」下執行對所有發現的猶太人的獵殺行動。[42] 接下來他否認了他曾經承認過的一切。

一九七三年二月，凱勒前往盧森堡並說服三名他單位中的前盧森堡人簽署了一份聲明，他精心起草了這份聲明，試圖洗脫自己（因此也包括他單位中的盧森堡人）在波蘭參與暴行的罪名。在波蘭的最初幾個星期，他們看守一家鋸木廠，並對約瑟烏夫的事一無所知。他們又被派去執行遠距離的守衛任務，他們聽說了一場大規模驅逐行動（可能是帕切夫），同樣的，他們也沒有出現在塔爾辛或賽羅科姆拉，因為他們被派去巡邏了。他們不知道從科克出發的驅逐行動（雖然他們被派駐在那裡）。帕切夫的掃蕩是針對游擊隊員的一次沒有收穫的搜尋行動。[43]

隔年十二月，在接受德國司法當局訪問時，這三人都再次否認了曾經參與任何的槍決或驅逐行動。二人承認他們曾被派去緬茲熱茨，但是被派去看守一家為德國國防軍（Wehrmacht）生產的皮革工廠，他們幫助那裡的猶太經理從圍捕中救出了他的猶太工人，為了感謝他們，他們每人都得到了一些皮革作為回報。正如一名盧森堡人的證詞：「我們從來就沒有跟猶太人搭上關係。我們從來沒有圍捕他們，或把他們從一個地方帶到另一個地方。我們只是一直騎著我們的腳踏車在田野和森林裡搜尋游擊隊員，我們從來沒有在巡邏中遇到過猶太人。」[44]德國調查員再次訪問了和盧森堡人來自同一單位的五名德國證人。他們的意見是一致的，那就是盧森堡人從來沒有被免除過任何任務，包括反猶太人行動。[45]更具體的是，一名證人回憶，凱勒曾不斷地糾纏著他，要他改變證詞，最後他只好拒絕讓他進門。[46]另一名證人指出，連上的一名軍官是盧森堡人的「特別的朋友」，為了找樂子，他們會在晚上停電後進入科克，射熄屋子裡還亮著的燈。[47]第三人則聲稱，在排長布蘭德的命令下，一名盧森堡人曾射殺了一名被發現庇護猶太人的孕婦。[48]

如果那三個盧森堡人串通起來供述可輕易識破的虛假證詞，而接下來維多和海寧的書面陳述中則根本沒有提到猶太人，這還不構成盧森堡人之間默許的「無聲的合謀」的話，那麼這個詞就沒有任何意義了。盧森堡人作為一個群體明顯參與了該營的活動，包括反猶太行動，如海寧後來承認的，即使沒有可證明個人合謀的相關證據。然而，多斯特針對盧森堡人被納入德國警察的歷史背景的調查確實表明，這些人進入第一〇一營的管道與他們的德國同袍有極大差異，因此無法進行任何比較而不產生問題。[49]

在一九四〇年五月被納粹德國征服前，由四百五十五名人組成的自由軍（Freiwellegekompanie），是小小的盧森堡軍隊。由於服滿三年兵役後有資格繼續從事警職，申請加入自由軍的人遠多於限定的名額。因此許多合適的申請人往往被推遲接受申請。一九四〇年九月，希姆萊造訪盧森堡，他視察了志願軍，並決定應將那些被認為合適的申請者納入黨衛隊或德國秩序警察。在審核過程中（審查種族背景及政治可靠性），必然有相當多的盧森堡人被刷下，因為許多之前被延遲接受的申請人現在接到詢問是否仍有興趣，並獲邀加入。

漢堡的邦檔案館（Staatsarchiv）保存了第一〇一營的十四名盧森堡人其中十一人的人事檔案，但有一人的檔案並不完整。[50] 從其他十人的檔案中可以看出有五人在德國占領前就是自由軍成員，但其他五人則是在一九四〇年九月時獲邀加入的被推遲接受的候選人。簡言之，他們不是被自動轉入或違背意願地加入德軍。顯然盧森堡人的態度和反應的差異很大。雖然有些人在一九四〇年九月主動選擇加入，但是自由軍前成員的退役率也很高，而拒絕服役的代價同樣也很高。多斯特統計，在最初的四百五十五名成員中，有二百六十四名最後進了德國監獄或集中營，其中四十八人在戰爭結束前死亡。從一九四〇年十二月至一九四一年五月，當時在部隊的盧森堡人被帶到德國接受訓練及國家社會主義思想灌輸。儘管承諾是他們會回到盧森堡服役，但只有五十五名被重新分派到盧森堡。共有一百一十六人（包括未來的第一〇一營的那批人）被送到科隆（Cologne），然後在斯洛維尼亞（Slovenia）從事反游擊任務。許多人要求從警職退役但被拒絕。但當事實證明這支龐大的盧森堡人部隊不是靠得住的反游擊戰力後，他們就從斯洛維尼亞被調走，分成小群後分散到其他德國部隊。一九四二年六月，這十四個人就這樣來到了第一〇一營。

然而，有四十四人不是拒絕接受重新分派，就是另行對元首進行了宣誓並被送到位於布亨瓦爾德（Buchenwald）、薩克森豪森（Sachsenhausen）、諾因加默（Neuengamme）以及達浩（Dachau）的集中營。第一〇一營的十四名盧森堡人中，有五人在戰爭的最後二年被殺，三人在一九四四年休假未歸，並在盧森堡轉入地下活動而成為逃兵，一人在一九四五年五月因自殘而結束服役。和被納粹德國占領的其他人民一樣，不同的盧森堡人在不同時間做出了不同選擇，並付出了不同代價。但和第一〇一營的德國警察不同的是，這十四名盧森堡人不是在戰爭中被自己國家隨機徵召效力的中年人。

攝影證據：洞見與局限

當我在二十世紀八〇年代末、九〇年代初研究及寫作《普通人》時，我曾向幾個檔案館詢問了大屠殺相關的照片。耶路撒冷的猶太大屠殺遇難者紀念館（Yad Vashem）、紐約的意第緒語言與文化研究中心（YIVO），以及華沙的猶太歷史研究所（Jewish Historical Institute）都慷慨地提供了他們所擁有的少量照片（有時是複製品），這些照片都被收錄在初版的書中，並附上我的簡短圖說，但未做進一步的評論或分析。部分原因是這些檔案館本身提供的照片相關訊息實在太少了。

二十五年後，情況已經在三個方面出現了相當程度的改變。照片的檔案保管員更仔細地研究了他們的收藏，並糾正了他們之前提供的一些錯誤說明。美國納粹大屠殺紀念博物館的照片檔案館獲得了一批私人家族相簿收藏，其中一本是一名第一〇一營成員在一九四〇至一九四一年第二次在波蘭出任務期間收集的。而第一〇一營案件中的漢堡檢察官所蒐集的照片，這批根據法律的證據標準進行了驗證的照片如今已經可以查閱。於是我得以在這一版的書中增加了許多照片，並為一些之前的照片做了額外的評論，也糾正了一個重大錯誤。

可悲的是，最具標誌性的照片往往被最粗心大意地使用。[51]最好的例子是我從三張系列照片中選擇作為《普通人》封面的照片，三個不同檔案館都保存了這些照片的多個副本，並按地點——即波蘭的武庫夫——模糊地標示這些照片，這三個檔案館分別是華沙的猶太歷史研究所、耶路撒冷的猶太大屠殺遇難者紀念館，以及紐約的意第緒語言與文化研究中心（當時尚未開館的美國納粹大屠殺紀念博物館現在也收藏了這些照片的副本）。這些照片沒有日期，也沒有任何一個德國人的身分被確認出來。根據意第緒語言與文化研究中心的說法，這組照片中的第一張（左頁上圖）是在一九四〇年代末由某個來自布朗克斯（Bronx）的人捐贈的，對方聲稱站在中間偏左位置的白鬍男子是家裡的一位親人：武庫夫的摩圖．赫許貝格（Motl Hershberg）。根據猶太大屠殺遇難者紀念館的說法，第三張照片（上圖）中跪著的猶太人被確認為武庫夫的伊澤克．維羅貝

勒（Izek Verobel）拉比，這張照片是戰後在武庫夫發現並送給了歸來的猶太人。然而，猶太大屠殺遇難者紀念館現在也指出，有一種同樣有據的對立說法是這些照片來自塔諾（Tarnow），但無論如何，該館並無充分證據以確定照片拍攝地點。[52]

在《普通人》的插圖部分，這組照片中的三張被謹慎地標示為：「武庫夫，或攝於一九四二年秋天。」但這三張系列照片並未得到應得的進一步分析。[53]這些照片並未在漢堡法庭起訴第一〇一營的案件中作為證據使用。照片中沒有指認出任何來自該營的人。讓我們將這些照片作為一個系列來檢視。第一張照片[54]特別有意思，因為除了穿著長大衣的人之外，還有三個人明顯穿著國防軍制服（最右邊及左邊數來第三位）。幾個人還沒有看鏡頭或是還在微笑，一名德國人似乎用他的手——好像他正握著一把手槍——指著跪著的猶太人之一，做出模仿槍決的樣子。在第二張照片[55]中，二個顯然是國防軍的人已經消失了，只有穿著長大衣的男子還在照片上。顯然拍照者提醒過這些人他要拍照了，因為所有人都直視鏡頭，還有一個人正在微笑。正是左邊那名德國人臉上那猥瑣的笑容吸引了我的注意，並使我選擇這張特別的照片作為書的封面。我不知道這是否是幸災樂禍的笑容，是對於受到屈辱的猶太人表達出令人毛骨悚然的快感，還是只是對著鏡頭微笑的反射性動作，但在我選擇這張封面照片的當時，我輕率地假定是前者。第三張照片[56]是在攝拍的場面散了之後才拍的。大部分的猶太人和幾個德國人已經轉身了，只有一個德國人仍看著攝影師。我們不知道第二和第三照片中間發生了什麼事，只知道那名跪著的猶太人已經不再戴著他的小帽，顯示他可能遭到身體上的粗暴對待。猶太大屠殺遇難者紀念館獲得了這張照片的六個不同副本的捐贈，意第緒語言與文化研究中心也收藏了幾個副本。最恐怖的是，意第緒語言與文化研究中心收藏的副本中有一張是明信片，背面還有留給書寫地址、郵戳和文字的空間。顯然第三張照片具有「標誌性」的地位，並在戰後的波蘭公開流通。

塔諾的對立說法只是說明為何這張照片中沒有人被指認是第一〇一營秩序警察的其中一個原因。在用優化技術研究了穿長大衣的人（之前認為他們是秩序警察成員）貝雷帽上的徽章之後，猶太大屠殺遇難者紀念館的檔案管理員現在得到的結論是，他們是國防軍的人。[57]簡言之，可能從時間（未確定）、地點（在塔諾，而不是武庫夫）及參與單位（國防軍，而不是秩序警察）來看，這些照片都與第一〇一後備警察營毫無關係。這些照片說明了我們已經知道的，也就是德國人在波蘭經常舉行羞辱儀式，並為他們的戰績拍攝戰利品照片。但它們並未提供個人參與的證據，更別說是讓人們瞭解第一〇一營成員的世界觀及反猶太主義信念。它們也提供了有用的一課，在四分之一個世紀前的檔案歸檔及歷史學家對於照片證據的使用，經常出現粗心和漫不經心的錯誤。

讓我們來看看美國納粹大屠殺紀念博物館所取得的三本相簿，這些相簿是由伯恩哈特・科爾伯格（Bernhardt Colberg）的漢堡家族所匯集的相簿，伯恩哈特・科爾伯格出生於一九〇〇年，是第一〇一營在一九四〇至一九四一年第二次在波蘭出任務期間的成員。前二本相簿以家族場景占了絕大部分，但第三本相簿則收集了許多伯恩哈特那次在波蘭出任務時拍攝的照片，顯示他是個熱中於攝影的人。[58]一些在一九三三年之前拍攝的照片中出現了國家旗團（Reichsbanner）的示威活動，這是威瑪共和時的社會民主黨（SPD）附隨組織。到了一九三〇年代中時，他的兒子參加了德國少年團（Deutschen Jungvolk，等於是給十到十四歲少年參加的希特勒青年團）。這顯示科爾伯格家族的成員，就像許多其他德國家庭一樣，可能已從與社會民主黨密切聯繫轉變為融合進納粹政權了。

一九四〇年十月一日至一九四一年四月七日，科爾伯格被派往駐在波蘭的第一〇一營服役。在許多擺拍的照片中，他自豪地展示著穿著制服的自己。[59]

只有一次，他記錄了德國的鎮壓措施，他拍下了正在進行公開絞刑的照片，現場有許多的旁觀者，接著是一張所有旁觀者均已離開，只留下吊著的屍體的照片——這一景象在納粹占領的歐洲並不少見。60

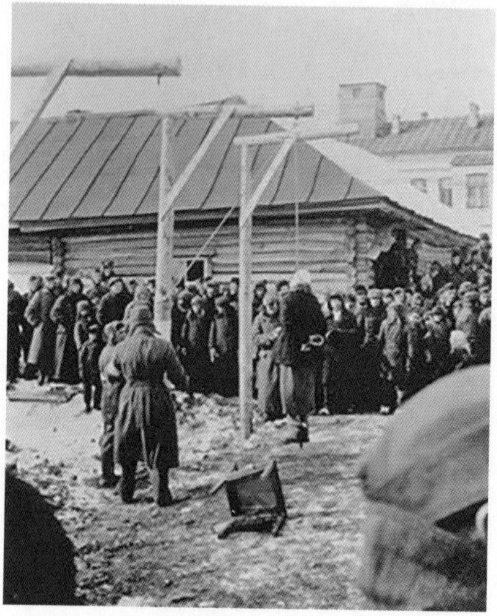

他似乎十分著迷於被戰爭毀壞的建築物的照片（左頁圖），這些照片偶然會展示出（在遠處）猶太工人正參與進行清理工作的畫面。61

少數幾張的猶太人特寫照片並未將他們負面地描繪成納粹宣傳中刻板印象的東方猶太人。有一張拍攝了一名十分好看的猶太工人；另一張則是一個坐在路邊休息的猶太人家庭（左頁圖）。[62]

最有意思的也許是科爾伯格拍攝沃茨猶太人區的照片（頁338圖），第一〇一營成員擔任那裡的外圍警衛工作。與其說科爾伯格的這些照片記錄下生活在骯髒與饑餓之中的難看猶太人，成了證實納粹刻板印象的「猶

太人區一遊」的範例，不如說他刻意拍攝了一個沒有猶太人的猶太人區。他感興趣是利用夜晚的燈光和猶太人區的圍籬來創造出攝影效果與構圖，而不是記錄猶太人區的生活。63

有一次猶太人出現在他拍攝猶太人區圍籬的照片中，這似乎是個少見的擺拍場景，在這張照片中，身著制服的猶太人區警察跪在雪地裡，與德國警察中間隔著圍欄。[64]

諷刺的是，科爾伯格相簿中的最後一張照片（下頁圖）拍攝的是再次穿上制服的自己，他在戰後德國北方的英國占領區擔任警察。這個在一九三三年後跟納粹達成適應和解的人，在一九四五年也與盟軍的占領達成了適應和解。

讓我們現在來看看檢察官為在漢堡的第一〇一營審判所製作的檔案中的照片集（photo collection／Lichtbildmappe）。其中一些照片是由受到審訊傳喚的該營成員所提供。其他照片則來自照片檔案館，尤其是在波蘭，並在審訊期間得到驗證。這些照片可分為四個類別：一，軍官及士官的官方人像照；二，該營成員的非正式「兄弟情」的團體照；三，非正式快照，記錄該營各種看似無惡意、「正常」的活動；四，（單獨一張或一系列）的快照，從各方面記錄該營參與的毀滅猶太人任務。

在這三十二張的官方人像照中，最典型也最重要是該營三名資深軍官：（圖片由左自右）威廉・特拉普少校、尤利烏斯・沃勞夫上尉，以及哈特維希・格納德中尉。[65]

在各種「兄弟情」團體照中，有一組廣泛收集了七張來自格納德中尉的第二連畢克麥爾班的照片，他們在一九四二年八月拍攝時駐紮在沃瑪濟。[66] 在下一頁的兩張照片中，第二張罕見地展現了與當地居民的友好關係。四個人中有二人抱著兩個孩子，後面站著一對可能是孩子父母的夫妻——其中一人在另一張照片中被指認為該單位的波蘭廚子。這是一九四二年八月十八日，當時該營即將從這裡前往執行或已執行完它對當地猶太人的最凶殘屠殺任務之一。這個照片集沒有確認這批畢克麥爾班照片的拍攝者，但照片中的一些人已經被確認身分。

在其他的團體照中有一張構圖較為正式的是特拉普少校與他的工作人員在拉津的集體合照（見上圖）。[67]

在該營的「正常活動」照片中，最引人注目的是一張來自一場戶外的軍官晚宴照（下頁圖），包括沃勞夫上尉以及布蘭德中尉的妻子維拉（Vera）及露西亞（Lucia）均在場。[68]在盧布林區的後方地區，軍官的妻子們可以探望她們的丈夫。一九四二年八月二十五、二十六日，維拉·沃勞夫在對波德拉斯卡緬茲熱茨鎮猶太人區的第一次大規模致命淨空行動（在這次行動期間有近千名猶太人被當場殺害，約一萬人被送往特雷布林卡）中出現在市場，令許多人感到不安。[69]露西亞·布蘭德則提供一分透露最多內情的證詞，說明在她探望她丈夫期間，該營內部已經形成了

一種殘暴心態。[70]

在「正常活動」照片裡，還有一組四張的照片（這裡出現了二張，左頁圖及頁346上圖），照片中的人們為一場戶外音樂會而聚集，音樂家們均穿著制服，他們的舞臺是一棟低矮房子的平臺。奇怪的樂器組合——包括二架手風琴、一把貝斯、一把小提琴及一把吉他——顯示這場演出是由該營成員組成的即興表演團體，不是更專業的巡迴康樂隊。[71]照片沒有標明日期或地點。在另一張單獨的照片中，該營的卡車司機被帶過來唱歌（頁346下圖）。[72]出於歷史的目的，這些照片證明，人們企圖為那些我們從其他證據得知、從事了完全「不正常」行為的人創造出某種「正常性」。在希姆萊一九四一年十二月十二日異乎尋常的備忘錄中，這名黨衛隊的全國領袖（Reichsführer-SS）建議在夜晚從事安靜的文化活動，作為舒緩大規模屠殺壓力的紓壓良藥及大量飲酒的最佳替代選項。希姆萊寫到，軍官們的「神聖職責」（sacred duty／heilige Pflicht）是確保沒有一個「必須執行這一艱困任務的人遭受到殘酷對待，或靈魂與性格上的損害」。（die diese schwere Pflicht zu erfüllen haben, jemals verroht oder an Gemüt und Charakter erleidet）。基於這個目的，在這類艱困任務的晚上就要舉辦「同志聯歡會」（comradely get-togetherness／kameradschaftliches Beisammensein），這些聚會絕不會「酗酒無度」，而讓音樂和戲劇演出引導人們回到「德國精神與內在生活的美麗園地」（die

schönen Gebiete deutschen Geistes-und Gemütslebens）。[73]這些照片顯示第一〇一營將希姆萊的訓示銘記在心並付諸行動。

當然，這不能排除包括大量飲酒活動的更正常狂歡夜娛樂形式，儘管和這位全國領袖的願望背道而馳。在切米爾尼基的第三連第一排成員們的照片就捕捉到了這樣的一個夜晚。[74]

最令檢察官和歷史學家感興趣的還是該營在行動中執行其致命任務的照片。在這方面，最引人注目的是一組五張攝於一九四二年八月十八日沃瑪濟行動（Aktion）的照片（頁348至350圖），一千七百名猶太人被集合到鎮上

的運動場，押送到森林，然後在一個集體墓穴中遭到殺害。[75]

在這五張照片中，頭二張提供了坐在運動場地上的猶太人的遠景和特寫照片。第三張上是更多坐著的猶太人，聚集在一片部分有樹木遮陰的田野上。第四張照片裡有九個沒穿上衣的強壯年輕人正在挖掘一個長方形的大坑。第五張照片中有十七名婦女，衣著仍完整，被往攝影師的方向驅趕，在她們身後可以看見一個戴著帽子的德國警察的臉。可以清晰看見帶頭的女性帶著大衛之星臂章。這些女性臉上的緊張表情顯示她們被迫以極快的步伐從運動場行軍到殺人坑。在所有這些照片中，重點顯然是放在受害者及這次的行動，只有在第一、第三和第五張照片中才偶然從遠處出現個別的德國人。[76]

如果沃瑪濟的照片描繪了大規模槍決前發生的事，一張來自波德拉斯卡緬茲熱茨（一個被重複淨空及補滿人的猶太人收集區〔collection ghetto〕）的照片則證實了對一九四二年十月六日發生在那裡的一場大規模槍決行動的描述。[77] 數千名猶太人在這一天被驅逐到特雷布林卡。儘管德國人盡了最大的努力，仍無法將所有預定的受害者塞進數量不夠的空車廂裡，格納德中尉於是下令將剩下的猶太人（多為婦孺）帶到附近的墓地，並在墓地的牆邊槍殺了他們（下頁圖）。[78] 這張照片（整個照片集中唯一一張真正顯示出該營謀殺的受害者屍體的照片）是一場臨時起意的槍決行動陰森可怕的證明，就連挖掘集體墓穴或收集受害者衣物的事前準備均付之闕如。

在一九四二年秋天北盧布林區的猶太人區淨空行動之後，第一〇一營成員參與了數次「獵殺猶太人」行動，追捕逃亡或躲藏起來的猶太人。[79]有二張保存下來的照片記錄了在緬茲熱茨鎮外的森林和田野裡巡邏的情況，這次入鏡的又是格納德中尉及第二連的警察們（左頁圖）。[80]

在一九四二至一九四三年冬天的長時間停頓過後，波德拉斯卡緬茲熱茨猶太人區於一九四三年五月一日及

二十六日承受了「第五次」及「第六次行動」。在「第六次行動」中約有一千名猶太人被送到位於盧布林郊區的馬伊達內克集中營，而不是送到特雷布林卡。此時格納德已在城外蓋了一個讓猶太人去除衣物的營房，被驅逐者在被裝上等待的車廂前會在這裡被剝除貴重物品及大部分的衣物。[81]許多照片捕捉了這場從緬茲熱茨出發的驅逐行動的四個不同階段：在鎮上廣場聚集、押送出鎮、在格納德的除衣房中接受脫衣搜身，以及裝進車廂。有二組照片（無法確定是同一位或是有二位拍攝者）的日期可以追溯到五月二十六日的「第六次行動」。這二組照片並非從該營成員的私人物品中找到，而是由波蘭的猶太歷史研究所寄給檢方，並在後續審訊過程中通過查核。一些其他照片也許也可追溯到這場行動，但有一些也似乎是在一個完全不同的時間拍攝。

一九四三年五月二十六日，當猶太人被集中在緬茲熱茨鎮的廣場並押送出鎮時，曾拍攝下一組共四張照片（頁354至356圖）。[82]

另一張似乎是在有長長影子的清晨拍攝的照片顯示，穿著厚重衣物的猶太婦女坐在鎮上廣場，照片中沒有任何德國人，拍攝時間很可能是在前一年的秋天（左頁圖）。[83]

另外有四張照片記錄了押送猶太人出鎮的過程。頁358的二張照片似乎是由同一位拍照者拍攝。[84]第三張照片中的德國人穿著都很類似，可能也是在同一天拍攝（頁359上圖）。[85]第四張照片顯示一些猶太人被裝上一臺農用馬車載出鎮，唯一的德國警

衛穿著較厚重的衣物，表示這是前一年秋天的一場驅逐行動（頁359下圖）。[86]

一組數量高達六張的照片拍下了格納德的除衣房。似乎很可能全部六張照片均是由同一名拍照者在同一時間所拍攝，也就是在一九四三年五月的某一次行動中拍攝的。這些照片中有五張拍下了德國警察和他們的猶太受害者之間最直接而親密的互動。[87]顯然拍照者的焦點是放在猶太婦女，而不是男人，包括：一，一張是在營房前，一名衣著完整的婦

女面向著三名德國警察；二，二名只穿著白色襯衣的婦女，當她和德國軍官（已被確認是格納德和一名巴伐利亞郡警察）直接交談時她將襯衣往自己身體上貼（左頁圖）；三，一名獨自一人、矮小、有些駝背的猶太婦女，周圍圍著一圈個頭比她高多了的德國警察（側影是格納德；巴伐利亞郡警則面對鏡頭），旁邊是除衣房。拍照者似乎對拍攝猶太男性的照片一點也提不起興趣（頁362圖）。[88]

驅逐過程的最後一個階段是將猶太人裝上火車車廂。有三張保存下來的照片並未被納入檢察官為第一〇一營的漢堡審判所蒐集的照片集中，但後來波蘭的調查納粹罪行主要委員會（Main Commission for the Investigation of Nazi Crimes）將這些照片寄給美國納粹大屠殺紀念博物館。美國納粹大屠殺紀念博物館的檔案說明文字表示，這些照片「可能是」一九四三年五月二十六日在波德拉斯卡緬茲熱茨鎮的「第六次行動」的照片（頁363至364圖）。[89]我覺得這個日期十分值得懷疑。這些猶太人多為婦女和一些兒童，而其他在這個日期拍攝的照片中則出現了很多男

人，並且沒有兒童。而且比起在格納德的除衣房中接受脫衣搜身後在五月下旬遭到驅逐的可能情況，這些猶太人似乎穿了太多的衣服。此外，這些照片沒有一張在漢堡審判中被當成證據使用，這也表示照片中沒有一個德國人可以被確認是來自第一〇一營。

這些照片沒有經過取景，第一張的焦點模糊，也沒有人看著拍照者，這些都暗示，這一系列三張照片很可能是偷拍的，拍照的人也許是個波蘭鐵路工人或某個非德國人的觀察者。因此，和武庫夫的照片一樣，從這些照片，我們很難證實它們所拍攝事件的確切時間、地點及情況，更別說是拍照者的身分了。

第一〇一營參與的最後一場大規模屠殺行動是一九四三年十一月盧布林勞動營的豐收節大屠殺。第一〇一營在十一月三日參加了馬伊達內克猶太人囚犯的清除行動，以及十一月四日波尼亞托瓦的清除行動。有一組十張來自波尼亞托瓦的照片並沒有拍到德國人或殺人的畫面，但卻再次不祥地記錄下這些準備階段的情況。[90] 它們連續顯示了猶太人工作的工廠，猶太人站在他們所住的木造營房外，一列猶太人扛著他們的包袱沿著一條兩邊有著高聳圍籬的路前進，背景裡有座瞭望塔，最後是猶太人或坐或站在一個被高大鐵絲圍籬包圍的空曠院子，背景的瞭望塔俯視著這座院子（頁366至367圖）。這系列照片的拍照者似乎可以自由走動並公開拍攝他正在看守的人。照片中的猶太人穿著平民的服裝，不是集中營的營服，因為波尼亞托瓦是個「強制勞動營」(forced labor camp／Zwangsarbeitslager)，而不是正式的集中營（concentration camp／Konzentrationslager），只有最後的三張照片（有鐵絲網跟瞭望塔的）可明顯看出是在營外拍攝。若我們能說這系列照片述說了一個不祥的故事，只因為我們從其他來源瞭解了事情的脈絡及結果。

波拉特（Dan Porat）認為，「為了瞭解一張照片中呈現的歷史事件，解說是必要的。」[91]為司法程序蒐集的照片有一個非常正面的好處是它們結合了攝影圖像、歷史背景的敘述，以及證人對具體詳情的證實。關於歷史照片，朱蒂絲．列文（Judith Levin）及烏濟爾（Daniel Uziel）曾指出，除了照片拍攝的時間、地點外，最好還能知道拍照者，照片中的人物，照片的出處，以及是單張攝影，還是一個照片集或相簿的一部分。[92]很少來自大屠殺的照片有如此豐富的紀錄，但至少在這個相片集中，其中一些問題有時候可以得到解答。在司法過程中，以一種互相補強的方式，歷史闡明了照片，而照片闡明了歷史。歷史學家在工作中幾乎總是使用著不完美、有問題的證據，照片證據自然也不例外。

列文和烏濟爾也寫到，「我們會期待一個深刻習染納粹意識形態的德國攝影師的鏡頭焦點不同於一個『普通』的德國人。」但即使是在德國東部占領區拍照的「普通德國人」，列文和烏濟爾也會「假定一個出發點是反猶太主義和政治宣傳對所有人民都產生了巨大的影響」，因此「按下快門的人們的意識形態覺知會呈現在他們拍攝或蒐集的照片中」。[93]從整體來看，科爾伯格相簿以及這個司法照片集中的照片是否廣泛地反映出一種普遍的反猶太主義氛圍影響，甚至反映了加害者這方無意識的納粹意識形態取景？

毫無疑問的，有許多照片，尤其是我們在本節一開始時討論的那些在武庫夫或塔諾的擺拍的儀式性羞辱照片，反映了那些被拍照者的反猶態度及種族優越感。但是在可以明確確認屬於第一〇一營的照片集中，並沒有找到這類明確反映納粹態度的擺拍照片。[94]事實上，其中一些照片可能是波蘭人為作為納粹在波蘭罪行的證據而拍攝，而不是德國人拍攝的納粹成就戰利品照片。我懷疑那張拍攝緬茲熱茨公墓牆邊死去的猶太婦女屍體的照片（照片中看不見德國人的身影），是德國殺人者離開後才拍攝的。我懷疑拍攝緬茲熱茨列車裝載情形的那張照片也是一名德國拍照者偷偷拍攝的。一些其他照片反映了某種看似「正常」的軍中生活，而我們知道這不正常，只是因為我們作為觀者在觀看照片時帶入了額外的知識。

但沃瑪濟和緬茲熱茨的照片又怎麼說呢？在引人注目的沃瑪濟系列照片中，猶太人受害者成為了照片的重心，而不是德國殺人者。這些是快拍的照片，不是擺拍的場景，其中一個圖說僅如實地將主題標示為「將被處死的猶太人」，但沒有進一步的貶抑評論。緬茲熱茨鎮廣場的猶太人聚集以及押送出鎮的照片中有許多德國人，但這些照片同樣是記錄現場的隨手快照。它們既不是擺拍，也沒有附上圖說，從它們的取景中也看不出有特別的慶功、慶祝或意識形態的意味。從拍照者可以自由走動並拍攝這些照片來看，他是個德國人。這些照片所拍攝的人不是在舉行慶祝活動，而是在工作。最令人感到不安的也許是拍照者在記錄沃瑪濟的大規模槍決和從緬茲熱茨出發的驅逐行動準備工作時表現出的實事求是態度。

在格納德的除衣房拍攝的這組照片同樣令人震驚，因為其中的幾張捕捉到成群的德國軍官與個別猶太婦女不尋常的近距離互動。這些照片無疑捕捉到德國人與猶太人之間的權力不對稱關係。此外，這些照片也有明顯性別化的一面，即個別、矮小的猶太婦女面對著一群群高大、仗勢欺人的男性。這些照片相當程度透露了德國人是如何對待緬茲熱茨的猶太婦女的。某個人拍下了這些照片以便保存，作為該營活動的合適紀錄，這件事說明了他們嚴重欠缺感受力。

圍繞第一〇一營的爭論之一始終是，該營熱心的、受到意識形態驅使的、反猶太主義殺人者究竟只是成員中狂熱的少數分子，還是占了大多數？列文和烏濟爾主張，即使是「普通」德國人的照片也會反映出普遍的反猶太主義及納粹政權的政治宣傳。當然，我們不知道有多少罪證程度極高的照片被祕密收藏或銷毀。但這個被找出來的第一〇一營照片集顯示了什麼？科爾伯格相簿中一九四〇至一九四一年的照片因普遍來說沒有反映出納粹化的態度而引人注目。這些照片記錄下該營在波蘭執行第三次任務時的毀滅工作，但它們似乎缺乏明顯的意識形態或宣傳式取景，而這些卻是來自武庫夫的擺拍和慶祝的國防軍照片中可以見到的。然而，它們確實反映了一種道德麻木、一種將毀滅當成日常工作的例行公事化，與其說這些照片說出了這些警察的動機，不如說它們顯示出他們的行動對其自身所產生的影響。

附錄一

第一〇一後備警察營槍殺的猶太人人數

地點	月／年	估計槍殺猶太人人數（最小值）
約瑟烏夫	7／1942	1,500
沃瑪濟	8／1942	1,700
緬茲熱茨	8／1942	960
賽羅科姆拉	9／1942	200
科克	9／1942	200
帕切夫	10／1942	100
孔斯科沃拉	10／1942	1,100
緬茲熱茨	10／1942	150
武庫夫	11／1942	290
盧布林區（各種圍捕行動）	自 7／1942起	300
盧布林區（獵殺猶太人行動）	自10／1942起	1,000
馬伊達內克	11／1943	16,500
波尼亞托瓦	11／1943	14,000
		總數 38,000

附錄二

第一〇一後備警察營驅逐到特雷布林卡的猶太人人數

地點	月／年	估計驅逐猶太人人數（最小值）
帕切夫	8／1942	5,000
緬茲熱茨	8／1942	10,000
拉津	10／1942	2,000
武庫夫	10／1942	7,000
比亞瓦		4,800
比亞瓦波拉斯卡縣		6,000
寇馬盧夫卡		600
沃辛		800
切米爾尼基		1,000
拉津		2,000
武庫夫	11／1942	3,000
緬茲熱茨	5／1943	3,000
		總數 45,200

附錄三

縮寫對照表

縮寫	原文（翻譯）
BA	bundesarchiv, Koblenz（德國聯邦檔案館，科布倫茨）
BDC	Berlin Document Center（柏林文獻中心）
BZIH	Biuletyn Z dyowskiego instytutu Historycznego（猶太歷史研究所通訊）
G	Investigation of G. and Others, Office of the State Prosecutor, Hamburg, 141 Js 128/65
HW	Invesgation and trial of Hoffmann, Wohlauf, and others, Office of the State Prosecutor, Hamberg, 141 js 1975/62
IMT	Trials of the Major War Criminals before the International Military Tribunal, 42 vols.
JNSV	Justiz und NS-Verbrechen. Sammlung Strafurteile wegen Nationalsozialistische Tötungsverbrechen 1945-1966, 20 vols.
NO	Nürnberg document relating to party organizations（與黨組織有關的紐倫堡文件）
NOKW	Nürnberg document relating to the military（與軍隊有關的紐倫堡文件）
YVA	Yad Vashem Archives, Jerusalem（猶太大屠殺遇難者紀念館，耶路撒冷）
ZStL	Zentrale Stelle der Landesjustizverwaltungen, Ludwigsburg（納粹罪行司法調查聯合中心，路德維希堡）

（Lieutenant Dreyer）站在這些營房前的照片。

89 USHMM 51233–5.

90 USHMM 57702–11; included here are 57704, 57708, 57709, and 57711.

91 Porat, The Boy. A Holocaust Story, p. 11.

92 Judith Levin and Daniel Uziel, "Ordinary Men, Extraordinary Photographs," *Yad Vashem Studies* XXVI (1998), pp. 267–268.

93 Ibid., pp. 266, 289–290.

94 Goldhagen, *Hitler's Willing Executioners*, p. 245 中有一張經典的剃鬍儀式照片，所有權屬於中央辦公室，他的標題聲稱主要加害者是一名第一〇一警察營的成員。然而，和武庫夫的照片一樣，這張照片並不在檢方的照片集中，加害者也沒有被單獨指認出來。考慮到我們現在對武庫夫照片的瞭解，我們對這個案例顯然也應該保持謹慎的態度。

72 USHMM 57701/Lichtbildmappe 90.

73 Himmler Order, December 12, 1941, printed in: *Einsatz im Reichskommissariat Ostland : Dokumente zum Völkermord im Baltikum und in Weissrussland 1941–1944*, ed. by Wolfgang Benz, Konrad Kweit, and Jürgen Matthäus (Berlin: Metropol, 1998), pp. 28–29.

74 Lichtbildmappe 17.

75 USHMM 57620–4/Lichtbildmappe 26–30). 格納德的第二連的一名成員賀伯特・庫爾特・F・（Herbert Kurt F.）為檢方指認了這些照片，但顯然不是在他接受第一次審訊時指認的，當時他只指認了第二連後來駐紮在緬茲熱茨時的照片。LG Hamburg 141 Js 1957/62, pp. 1383–1393. (interrogation of Herbert Kurt F., July 1, 1963). 這系列的照片似乎直到一九六五年中才被用於審訊中 (p. 2061, interrogation of Heinrich B., June 1, 1965).

76 Daniel Goldhagen, *Hitler's Willing Executioners*, pp. 224–225，認為由於在第一張照片中，遠處的德國警衛面對鏡頭並背對坐著的猶太人，他在表明他「對自己的行動感到自豪，不想掩蓋自己正在參與一場種族滅絕行動的形象，而希望將它保留下來給後代子孫」。我認為這是對於照片證據的過度延伸。在那個距離，很可能他根本不知道自己正成為拍照的對象。

77 USHMM Photo Archive 89352/Landgericht Hamburg 141 Js 1957/62, Licht- bildmappe 39 and 69.

78 Browning, *Ordinary Men*, pp. 108–109.

79 Ibid., pp. 121–132.

80 USHMM 57627/Lichtbildmappe 91–92

81 Browning, *Ordinary Men*, p. 134.

82 USHMM 57625/Lichtbildmappe 33 and 59; USHMM 89237/Lichtbildmappe 58; USHMM 46321/Lichtbildmappe 36 and 60; USHMM 89328; Lichtbildmappe 37.

83 Lichtbildmappe 78.

84 USHMM 89329 and 8329A/Lichtbildmappe 62 and 63).

85 USHMM 89330.

86 Lichtbildmappe 79.

87 USHMM 89347/Lichtbildmappe 40 and 66; USHMM 61538 and 79067/Lichtbildmappe 41 and 64; USHMM 89349/Lichtbildmappe 38, 67, and 74; USHMM 89351/Lichtbildmappe 42; USHMM 89350/Lichtbildmappe 68 and 76.

88 USHMM 89346/Lichtbildmappe 32 and 70. 這裡沒有放上一張德雷爾中尉

52 Emails from Daniel Uziel, Photo Archives, Yad Vashem, May 12 and 15, 2011, concerning the rival claims of Łuków and Tarnow. 猶太大屠殺遇難者紀念館僅擁有第二和第三張照片，但沒有第一張。

53 無論圍繞著丹尼爾・戈德哈根的《希特勒心甘情願的劊子手們》的其他爭議為何，他的書確實有個優點，那就是廣泛分析了第一〇一營的相關照片。然而，在這個特定情況裡，戈德哈根相當不謹慎地給這一系列的第二和第三張照片下了這樣的標題：「在將武庫夫猶太人驅逐到特雷布林卡赴死前不久，第一〇一警察營的警察們抽出時間來強迫一群猶太人擺出拍照的姿勢。」(p. 260).

54 USHMM 49189/YIVO Łuków 1.

55 USHMM 49198A/Yad Vashem 117FO3a.

56 USHMM 18604/YIVO Łuków 2/Yad Vashem 117EO6, 74CO7, 4613/523, 2746/13, 68091/39, 8030/16.

57 Email from Daniel Uziel, May 15, 2011.

58 USHMM, Acc. 1999.99.1–3 O'Hara Collection. 我非常感謝俞爾根・馬泰爾斯對這些相簿的研究與分析。Jürgen Matthäus and Christopher R. Browning, "Evidenz, Erinnerung, Trugbild. Fotoalben zum Polizeibatallion 101 im 'Osteinsatz,' " *Naziverbrechen: Täter, Taten, Bewältigungsversuch*, ed. by Martin Cüppers, Jürgen Matthäus, and Andrej Angrick (Darm- stadt: Wissenschaftliche Buchgesellschaft, 2013), pp. 135–190, esp. 163–181.

59 USHMM 47432 and 47430.

60 USHMM 47441 and 47442.

61 USHMM 47438 and 47439.

62 USHMM 47453 and 47454.

63 USHMM 47447 and 47444.

64 USHMM 47436.

65 USHMM 57619/Lichtbildmappe 1;Lichtbildmappe 2; USHMM 57619/Lichtbild-mappe 4.

66 Lichtbildmappe 18–22, 24–5; as examples here, 21 and 24.

67 Lichtbildmappe 15.

68 Lichtbildmappe 16.

69 Christopher R. Browning, Ordinary Men, pp. 92–95.

70 Ibid., pp. 127, 149.

71 USHMM 57629–32/Lichtbildmappe 85–88

Buchgesellschaft, 2003), p. 120.

35 Kühne, *Belonging and Genocide*, pp. 83–7, 112–117.

36 "The 'Willling Executioners'/'Ordinary Men' Debate," Occasional Paper of the United States Holocaust Research Institute, USHMM, 1996.

37 Testimony of Heinrich E. Landgericht Hamburg 141 Js 1957/62, pp. 2167, 2169, 2172, 3351.

38 Roger Vietor, "Ich hatte eine Beschützer," *Freiwellegekompanie 1940–1945*, ed. by L. Jacoby and R. Trauffler (Luxembourg: St. Paul, 1986), pp. 220–221.

39 Jean Heinen, "Das Schicksal einer Gruppe," *Freiwellegenkompanie 1940–1945*, pp. 207–219.

40 Christopher R. Browning, "Goldhagen's willige Vollstrecker," *Der Weg zur "Endlösung": Entscheidungen und Täter* (Bonn: Dietz, 1998), pp. 161–181, esp. 169–171.

41 Jean Heinen, "Die Luxemburger im Reserve-Polizeibataillon 101," *Luxemburger Wort*, August 3, 7, and 10, 1996.

42 Landgericht Hamburg 141 Js 1957/62, pp. 2245-67 (testimony of Hans K.)

43 Staatsarchiv Hamburg, Bestand 213-12, A 81/95D, Verfarhungssignatur 0022/003, pp. 1955–1956, 1970–1973 (signed statements of Johann Weber, Marcel Jean Speller, and Emil Konsbrueck, February 22–23, 1972).

44 Staatsarchiv Hamburg, Bestand 213–12, A 81/95D, Verfahrungssignatur 0022/003, pp. 1948–1954, 1956–1969 (interviews of Weber, Speller, and Konsbrueck, December 1973).

45 Staatsarchiv Hamburg, Bestand 213–12, A 81/95D, Verfahrungssignatur 0022/003, pp. 1986–2006, 2040–2044 (interrogations of Heinrich H., Heinrich F., Hans Karl P., Helmut S., and Friedrich B., January/February 1974).

46 Testimony of Frederick B., pp 2040–2044.

47 Testimony of Henrich H., pp. 1986–1989.

48 Testimony of Helmut S., pp. 2000–2006.

49 Paul Dostert, "Die Luxemburger im Reserve-Poloizei-Bataillon 101 und der Judenmord in Polen," *Hémecht: Zeitschrift für Luxemburger Geschichte* 52 (2000), pp. 81–99, esp. pp. 84–89.

50 Staatsachiv Hamburg: Bestand 331-8, Polizeiverwaltung ersonalakten, Nr. 792–802.

51 關於最具「標誌性」的其中一張大屠殺照片所引起的爭議，參見：Dan Porat, *The Boy. A Holocaust Story* (New York: Hill and Wang, 2010).

2000), pp. 100–124; "An vorderster Front: Voraussetzungen für die Beteiligung der Ordnungspolizei an der Shoah," *Die Täter der Shoah: Fanatische Nationalsozialisten oder ganz normale Deutsche?*, ed. by Gerhard Paul (Göttingen: Wallstein Verlag, 2002), pp. 137–166; "Die 'Judenfrage' als Schulungsthema von SS und Polizei: 'Inneres Erlebnis' und Handlungslegitimation," *Ausbildungsziel Judenmord? "Weltanschauliche Erziehung" von SS, Polizei und Waffen-SS im Rahmen der 'Endlösung,'* ed. by Jürgen Matthäus, Konrad Kwiet, Jürgen Förster, and Richard Breitman (Frankfurt am Main: Fischer Taschenbuch Verlag, 2003), pp. 35–86.

24 Klaus-Michael Mallmann, "Vom Fussvolk der 'Endlösung.' Ordnungspolizei, Ostkrieg, und Judenmord," *Jahrbuch für deutsche Geschichte* 26 (1997), pp. 355–391.

25 Ibid., pp. 386–391.

26 Harald Welzer, *Täter: Wie aus ganz normalen Menschen Massenmörder werden* (Frankfurt am Main: S. Fischer Verlag, 2005). 亦請參見：Harald Welzer, "Wer waren Täter? Anmerkungen zur Täterforschung aus sozialpsychologischer Sicht," *Die Täter der Shoah*, pp. 237–253; and "On Murder and Morality: How Normal People Become Mass Murderers," *Ordinary People as Mass Murderers: Perpetrators in Comparative Perspectives*, ed. by Olaf Jensen and Claus-Christian W. Szejnmann (Basingstoke: Palgrave Macmillan, 2008), pp. 165–181.

27 Thomas Kühne: *Kameradschaft. Die Soldaten des nationalsozialistischen Krieges und das 20. Jahrhundert* (Göttingen: Vandenhoeck & Ruprecht, 2006); Male Bonding and Shame Culture: Hitler s Soldiers and the Moral Basis of Genocidal Warfare, *Ordinary People as Mass Murderers: Perpetrators in Comparative Perspective*, ed. by Olaf Jensen and Claus-Christian W. Szejnman (Blasingstoke: Palgrave Macmillan, 2008), pp. 55–77; and *Belonging and Genocide: Hitler Community, 1918–1945* (New Haven: Yale University Press, 2010).

28 Kühne, *Belonging and Genocide*, p. 64.

29 Ibid., pp. 6–7, 73.

30 Ibid., p. 63.

31 Ibid., pp. 67 and 71.

32 Ibid, p. 171.

33 Ibid., p. 83.

34 Ibid., p. 87 (Künhe's translation, cited from *Deutscher Osten 1939–1945*, ed. by Klaus-Michael Mallmann, Volker Riess, and Wolfram Pyta (Darmstadt: Wissenschaftliche

17 Curilla, *Die deutsche Ordnungspolizei und der Holocaust im Baltikum und in Weissrussland*, pp. 828–833; Curilla, *Der Judenmord in Polen und die deutsche Ordnungspolizei*, pp. 838–845. 我把庫里拉的統計數字四捨五入到最近的百位數。

18 關於一般性加害者研究文獻的更廣泛回顧，參見：Thomas Kühne, "Der nationalsozialistische Vernichtungskrieg und die 'ganz normalen' Deutschen: Forschungsprobleme und Forschungstendenzen der Gesellschaftsgeschichte des Zweiten Weltkrieges," *Archiv für Socialgeschichte 39* (1999), pp. 580–662; Gerhard Paul, "Von Psychopathen, Technokraten des Terrors und 'ganz gewöhnlichen' Deutschen: Die Täter der Shoah im Spiegel der Forschung," *Die Täter der Shoah: Fanatische Natoinalsozialistischen oder ganze normale Deutsche?*, ed. by Gerhard Paul (Göttingen: Wallstein Verlag, 2002), pp. 13–90; Donald Bloxham, "Perpetrators and Perpetration," *The Holocaust: Critical Historical Approaches*, ed. by Donald Bloxham and Tony Kusher (Manchester: Manchester University Press, 2005), pp. 61–175; Claus-Christian W. Szejnmann, "Perpetrators of the Holocaust: A Historiography," *Ordinary People as Mass Murderers: Perpetrators in Comparative Perspective*, ed. by Olaf Jensen and Claus-Christian W. Szejnmann (Blasingstoke: Palgrave Macmillan, 2008), pp. 25–47.

19 James Waller, *Becoming Evil: How Ordinary People Commit Genocide and Mass Killing* (Oxford: Oxford University Press, 2002), p. xiv. 瓦勒對這個模式做了一個簡要的總結，參見"Becoming Evil: A Model of How Ordinary People Commit Genocide and Mass Killing," *Lessons and Legacies*, vol. VII: *The Holocaust in International Perspective, ed. by Dagmar Herzog* (Evanston: Northwestern Uni- versity Press, 2006), pp. 142–155.

20 Leonard S. Newman, "What Is a 'Social-Psychological' Account of Perpetrator Behavior? The Person versus the Situation in Goldhagen's *Hilter's Willing Executioners*," *Understanding Genocide: The Social Psychology of the Holocaust*, ed. by Leonard S. Newman and Ralph Erber (Oxford: Oxford University Press, 2002), pp. 43–67.

21 Edward B. Westermann, *Hitler Police Battalions: Enforcing Racial War in the East* (Lawrence: University of Kansas Press, 2005), p. 7.

22 Ibid., pp. 237–239.

23 Jürgen Matthäus: "Ausbildung Judenmord? Zum Stellenwert der 'weltanschaulichen Erziehung' um SS und Polizei im Rahmen der 'Endlösung,' " *Zeitschrift für Geschichtswissenschaft* 47, no. 8 (1999), pp. 673–699; " 'Warum wird über das Judentum geschult?' Die ideologische Vorbereitung der detuschen Polizei auf den Holocaust," *Die Gestapo im Zweiten Weltkrieg: 'Heimat' und besetzten Europa* (Darmstadt: Primus Verlag,

3 Winfried Nachtwei, " 'Ganz normale Männer.' Die Verwicklung von Polizei- bataillonen aus dem Rheinland und Westfalen in den nationalsozialistischen Vernichtungskrieg," *Ville Ten Hompel: Sitz der Ordnungspolizei im Dritten Reich*, ed. by Alfons Kenkmann (Münster: Agenda Verlag, 1996), pp. 54–77.

4 Richard Breitman, *Official Secrets: What the Nazis Planned, What the British and Americans Knew* (New York: Hill and Wang, 1998), pp. 45–53, 63–66, 79–80.

5 Edward B. Westermann, " 'Ordinary Men' or 'Ideological Soldiers'? Police Battalion 310 in Russia, 1942," *German Studies Review* 21, no. 1 (1998), pp. 41–68.

6 Klaus-Michael Mallmann, "Der Einstieg in den Genozid. Das Lübecker Polizeibataillon 307 und das Massaker in Brest-Litovsk Anfang July 1941," *Archiv für Polizeigeschichte 1999*, pp. 82–88.

7 *Wessen Freud und wessen Helfer? Die Kölner Polizei im Nationalsozialismus*, ed. by Harald Buhlan and Werner Jung (Köln: Emons Verlag, 2000). *Im Auftrag: Polizei, Verwaltung, und Vernichtung*, ed. by Alfons Kenkmann and Christoph Spieker (Essen: Klartext Verlag, 2001).

8 Stefan Klemp, " 'Ab nach Siberien?' Zur Sanktionierungspraxis gegenüber Polizeibeamten des Dritten Reiches: Der Fall des Polizeibataillons 9," *Im Auftrag*, pp. 278–300.

9 Stefan Klemp, "Ermittlungen gegen ehemalige Kölner Polizeibeamte in der Nachkriegszeit: Die Verfahren gegen Angehörige des Reservepolizeibataillons 69 und der Polizeireservekompanie Köln," *Wessen Freund und wessen Helfer?*, pp. 602–618.

10 Harald Welzer, Täter: *Wie aus ganz normalen Menschen Massenmörder werden* (Frankfurt am Main: Fischer, 2005).

11 Edward B. Westermann, *Hitler Police Battalions: Enforcing Racial War in the East* (Lawrence: University of Kansas Press, 2005).

12 Karl Schneider, *Auswärts eingesetzt: Bremer Polizeibataillone und der Holocaust* (Essen: Klartext, 2011).

13 Wolfgang Curilla, *Die deutsche Ordnungspolizei und der Holocaust im Baltikum und in Weissrusssland 1941 1944* (Paderborn: Ferdinand Schöningh, 2006) and *Die Judenmord in Polen und die deutsche Ordnungspolizei 1939 1945* (Paderborn: Ferdinand Schöningh, 2011).

14 Schneider, *Auswärts eingesetzt*, pp. 118–177.

15 Ibid., pp. 413–417.

16 Ibid., p. 137.

82 Goldhagen, *Willing Executioners*, 383.

83 戈德哈根最近期的所謂反駁技巧（參見“Letter to the Editor,” 5）相當具有原創性，而且非比尋常。他發明或想像了一個與同儕壓力有關的逐字證詞，這一證詞是假設性的，或者說違反事實的，然後他宣布正是因為沒有這種特定的逐字證詞，因此證明了同儕壓力這個因素完全不存在。

84 Goldhagen, "A Reply to My Critics," 38–40. 戈德哈根在他的書中提出了同樣的主張：「傳統解釋……否認了加害者的人性，也就是他們是道德施為者，能夠進行道德選擇的道德存有。」*Willing Executioners*, 399–92.

85 史丹利．米爾格蘭測試了「對權威的服從」是種跨文化現象而不是只是假設而已，他也明確承認對於受害者的偏見及思想灌輸無疑會強化受試者對受害者施加痛苦的意願。津巴多刻意排除有偏見的受試者，正是因為他們的參與會明顯造成結果的扭曲。凱爾曼和和彌爾頓證實，例如對受害者的負面態度等文化因素，會促使人們遵從正當權威許可大規模屠殺的政策。

86 Goldhagen, *Willing Executioners*, p. 389.

87 Goldhagen, *Willing Executioners*, 27, 269.

88 Goldhagen, *Willing Executioners*, 34.

89 Goldhagen, *Willing Executioners*, 106.

90 Goldhagen, *Willing Executioners*, 399, 85.

91 Goldhagen, *Willing Executioners*, 443.

二十五年後

1 Heiner Lichtenstein, *Himmlers grüne Helfer: Die Schutz- und Ordnungspolizei im Dritten Reich* (Köln: Bund-Verlag, 1990).

2 Konrad Kwiet, “From the Diary of a Killing Unit,” *Why Germany?*, ed. by John Milfull (Oxford: Berg, 1991), pp. 92–110, and “Auftakt zum Holocaust. Ein Polizeibataillon im Osteinsatz,” *Der Nationalsozialismus. Studien zur Ideologie und Herrschaft*, ed. by Wolfgang Benz, Hans Buchheim, and Hans Mommsen (Frank- furt am Main: Fischer, 1993), pp. 191–208. Andrej Angrick, Martina Voigt, Silke Ammerschubert, and Peter Klein, “Da hätte man schon ein Tagebuch führen müssen. Das Polizeibataillon 322 und die Judenmorde im Bereich der Heeresgruppe Mitte während des Sommers und Herbstes 1941,” *Die Normalität des Verbrechens: Bilanz und Perspektiven der Forschung zu den nationalsozialistischen Gewaltverbrechen*, ed. by Helge Grabitz, Klaus Bästlein, and Johannes Tuchel (Berlin: Edition Hentrich, 1994), pp. 325–386.

62 Goldhagen, *Willing Executioners*, 240.

63 Goldhagen, *Willing Executioners*, 241.

64 Bruno P., HW 1925–26. 還應指出的是這一事件的證人自由地提供了大量顯示有罪的證詞，並經常被戈德哈根在這些其他的論點上引用，因此他總體而言的可靠性是沒有問題的。

65 戈德哈根也認為我對證據的選擇和使用是有傾向性且具誤導性的，這自然不用說。我常覺得他的觀點是吹毛求疵，但它們有時候也言之有理。例如，他正確地指出我應該提供特拉普在觀察到「對猶太人的虐待行為」後所做的告誡的完整引文和準確出處，即警察們「的任務是槍決猶太人，不是毆打和虐待他們」。Goldhagen, "Evil of Banality," 52.

66 Heinz Buchmann, HW 2439–40.

67 Goldhagen, *Willing Executioners*, 249–50.

68 Heinz Bechmann, HW 2441.

69 Heinz Buchmann, HW 4416.

70 Goldhagen, *Willing Executioners*, 248.

71. Goldhagen, *Willing Executioners*, 235–36; Hermann B., HW 3066–67, 3214, 3515.

72 Bruno D., HW 1874.

73 Wilhelm E., HW 2239.

74 Coldhagen. "Reply to My Critics," 38.

75 Goldhagen, *Willing Executioners*, 381–82.

76 這些是戈德哈根認為有助於拆解戰後德國文化中的反猶太主義的因素。Goldhagen, *Willing Executioners*, 582, 593–4.

77 Goldhagen, "Reply to My Critics," 40.

78 Herbert C. Kelman and V. Lee Hamilton, *Crimes of Obedience: Toward a Social Psychology of Authority and Responsibility* (New Haven, 1989).

79 納粹有時也理解，對於大多數加害者的心態而言，保有這種區分有其必要。儘管沒有審判拒絕槍決猶太人的人，但是即使是在大屠殺最血腥的一年，也就是一九四二年，也有針對「擅自殺害猶太人」的調查，其中一例甚至是謀殺案審判。例如：Military Archiv Prague, Varia SS, 124: Feldurteil in der Strafsache geger Johann Meisslein, Gericht der kdtr. des Bereiches Proskurow (FK183), March 12, 1943.

80 James Waller, "Perpetrators of the Holocaust: Divided and Unitary Self Conceptions of Evidoing," *Holocaust and Genocide Studies* 10, no.1 (Spring 1996), 11–33.

81 Coldhagen, *Willing Executioners*, 13.

Administration Main Office (Wirtschaftsverwaltungshauptamt)," Ph.D. dissertation, University of Pennsylvania, 1995.

42 Yehoshua Büchler, "First in the Vale of Affliction: Slovakian Jewish Women in Auschwitz, 1942," *Holocaust and Genocide Studies* 10, no. 3 (1996), 309.

43 Goldhagen, *Willing Executioners*, 410–11.

44 Goldhagen, *Willing Executioners*, 398, 410.

45 Henry Friedlander, *The Origins of Nazi Genocide: From Euthanasia to the Final Solution* (Chapel Hill, 1995), 110, 寫道：「當那裡被害的病人人數達到一萬名時，哈達瑪爾的工作人員安排了一個慶祝儀式。在醫生的指令下，全體工作人員聚集在地下室的火葬場，參加焚燒第一萬名受害者的過程。一具赤裸的屍體躺在擔架上，上面鋪滿了鮮花。管理者邦格（Bünger）發表談話，一名裝扮成牧師的工作舉行了儀式。每個工作人員都得到一瓶啤酒。」

46 Friedlander, *Origins of Nazi Genocide*, 389.

47 Primo Lai, *The Drowned and the Saved*, (Vintage edition: New York, 1989), 125–26; Gita Sereny, *Into The Darkness* (London, 1974),101.

45 Fred E. Katz, *Ordinary People and Extraordinary Evil: A Report on the Beguilings of Evil* (Albany, 1993), 29–31, 83–98.

49 Goldhagen, *Willing Executioners*, 408.

50 Goldhagen, *Willing Executioners*, 409.

51 隨後發表為 Browning, "Daniel Goldhagen's *Willing Executioners*," esp. 94–96.

52 Goldhagen, *Willing Executioners*, 463.

53 Goldhagen, *Willing Executioners*, 467.

54 Goldhagen, *Willing Executioners, 464.*

55 Goldhagen, *Willing Executioners*, 601, fn. 11.

56 Goldhagen, *Willing Executioners*, 467.

57 Goldhagen, *Willing Executioners*, 221.

58 在第五百三十七頁的腳注中他提到Ernest G., G 383的證詞。他沒有提到與這方面有關的證詞有：George A., HW421; Alfred L., HW1351; Bruno P. HW 1915; Heinz B., HW 4415; Henry L., G 225; August Z., G 275 and Hans K., G 363.

59 Georg A., HW 439; and Erwin N., HW 1685.

60 Friedrich B., HW 439; Bruno R., HW 1852; Bruno D., HW 1874; Bruno P., HW 1915; and Bruno G., HW 2019.

61 Oskar P., HW 1743.

(Princeton 1984); Robert Gellately, *The Gestapo and German Society: Enforcing Racial Policy, 1933–1945* (Oxford, 1990). 相形之下，參見Michal Kater, "Everyday Anti-Semitism in Prewar Nazi Germany," *Yad Vashem Studies* (1984), 129–59.

25 Friedländer, *Nazi Germany and the Jews*, 298, 327–28.

26 Bankier, *German the Final Solution*, 151–20.

27 Kulka and Rodrigue,"German Population and the Jews,"435.

28 Kershaw, "Persecution of the Jews," 288.

29 Kulka and Rodrigue,"German Population and the Jews," 450–435.

30 Goldhagen, *Willing Excutioners*, 439–440, 592.

31 Goldhagen, *Willing Executioners*, 279, 185.

32 Goldhagen, "Reply to My Critics," 40.

33 Goldhagen, *Willing Executioners*, 279.

34 Goldhagen, *Willing Executioners*, 241, 231, 451.

35 Goldhagen, *Willing Executioners*, 386, 414.

36 Goldhagen, *Willing Executioners*, 416,392.

37 In addition to his "Reply to My Critics" and "Letter to the Editors" in the *New Republic*, see also his "Letter to the Editors," *New York Review of Books*, Feb 6, 1997,40.

38 正如許多批評者所指出的，戈德哈根沒有對德國與非德國的反猶太主義進行比較。但這並不妨礙他斷言，「沒有哪個國家的反猶太主義曾經如此普遍，以致成為一種文化公理……德國反猶太主義自成一類。」*Willing Executioners*, 419.

39 Goldhagen, *Willing Executioners*, 348–351. 在大部分敘述中，戈德哈根都將這些警衛當成一個不存在區別的整個群體來談論，往往只用「德國人」來稱呼他們。但他自己卻提供了有說服力的細節，指出情境、制度及代際區別的存在。相較於那八到十名年輕的德裔警察，那十八至二十名年齡較大的男警衛（根據一名倖存者說法）「絕大多數時候都是好聲好氣的，沒有毆打或以其他方式折磨我們」。當然，在帝國境外招募德裔人士是由黨衛隊來負責。年輕的女警衛——清一色都很殘酷（雖然有六個人很快就拋棄這工作了）——都想以警衛作為她們的職業。(Willing Executioners, 335, 360).

40 這些統計數字引自Danuta Czech, *Kalendarium der Ereignisse im Konzentrationslager Auschwitz-Birkenau 1939–1945* (Hamburg, 1989), especially 196–132, 179; Steven Paskuly, ed., *Death Dealer: The Memoirs of the SS Kommandant at Auschwitz Rudolph Höss* (New York, 1996), 132–34.

41 Michael Thad Allen, "Engineers and Modem Managers in the SS: The Business

14 John Weiss, *Ideology of Death: Why the Holocaust Happened in Germany* (Chicago, 1996).

15 Shulamit Volkov, "Anti-Semitism as a Cultural Code," *Leo Baeck Institute Yearbook*, 23 (1978), 25–46. 亦請參見：Peter Pulzer, *The Rise of Political Anti-Semitism in Germany and Austria* (London, 1964).

16 History of Anti-Semitism List, 5.15.96.

17 Gavin Langmuir, "Prolegomena to any Present Analysis of Hostility Against the Jews," reprinted in *The Nazi Holocaust*, vol. 2, ed. by Michael Marrus (Westport, Conn., 1989), 133–171, esp. 150–154; and "From Anti-Judaism to Anti-Semitism," *History, religion, and Antisemitism* (Berkeley, 1990), 175–305, esp. 289–97.

18 Saul Friedländer, *Nazi Germany and the Jews* (New York, 1997), 73–112.

19 Goldhagen, "Reply to My Critics," 41.

20 Goldhagen, *Willing Executioners*, 399, 85.

21 William Sheridan Allen, *The Nesi Seizure of Power* (Revised Edition: New York, 1984), 84.

22 Goldhagen "Reply to My Critics," 41.

23. Ulrich Herbert, *Best: Biographische Studien über Radikalismus, Weltanschauung und Vernunft 1903–1983* (Bonn, 1996).

24 Ian Kershaw, "The Persecution of the Jews and German Public Opinion in the Third Reich," *Leo Baeck Institute Yearbook* 26 (1981), 261–89. *Popular Opinion and Political Dissent in the Third Reich: Bevaria 1933–1945* (Oxford, 1983); *The Hitler "Myth": Image and Reality in the Third Reich* (Oxford, 1987). "German Popular Opinion and the 'Jewish Ouestion,' 1933–1943: Some Further Reflections," *Die Juden im Nationalsozialistischen Deutschland:1933–1943* (Tübingen, 1986), 365–85. Otto Dov Kulka, "'Public Opinion' in Nazi Germany and the 'Jewish Question,'" *Jerusalem Quarterly* 25 (1982), 121–44 and 36 (Winter 1982), 34–45; and Otto Dov Kulka and Aaron Rodrigue, "The German Population and the Jews in the Third Reich: Recent Publications and Trends in Research on German Society and the 'Jewish Question,'" *Yad Vashem Studies* 16 (1954), 421–35. David Bankier, "The Germans and the Holocaust: What Did They know," *Yad Vashem Studies* 20 (1990), 69–98; and *The German and the Final Solution: Pubic Opinion Under Nazism* (Oxford, 1992). 亦請參見：Marlis Steinert, Hitler's War and the Germans (Athens, Ohio, 1977); Walter Laqueur, "The German People and the Destruction of the European Jews," *Central European History* 6, no. 2 (1973), 167–01; Sarah Gordon, *Hitler, Germans and the 'Jewish Question"*

willing Excutioners," History & Memory 8/no. 1 (1996), 88–108; "Human Nature, Culture, and the Holocaust," *Chronicle of Higher Education* (Oct. 18, 1996), A72. 我們也曾在一九九三年十二月美國大屠殺遇難者紀念館的開幕學術研討會進行意見交流，雖然這些論文尚未發表。

2 至少有兩本對於《希特勒心甘情願的劊子手們》的回應文集已經出版：Julius H. Schoeps, ed., *Ein Volk som Mördern?* (Hamburg, 1996); Franklin H. Littel, ed., *Hyping the Holocaust: Scholars' Answer the Holocaust* (Merion Station, Pa., 1997). 顯然還有更多回應即將問世。對《希特勒心甘情願的劊子手們》最詳盡、堅定的批評是：Ruth Bettina Birn, "Revising the Holocaust," *Historical Journal* 40/no. 1 (1997), 195–215; Norman Finkelstein, "Daniel Goldhagen's 'Carzy' Thesis: A Critique of *Hitler's Willing Executioners,"* *New Left Review* 224 (1997): 39–87. 另一篇非常詳盡的評估文章是：Dieter Pohl. "Die Holocaust-Forschung und Goldhagen's Thesen," *Vierteljahrshef Für Zeitgeschichte* 45/1 (1997), 1–48.

3 Raul Hilberg, *The Destruction of the European Jews*, cited from the revised and expanded edition (New York, 1985), 1011, 994.

4 Herbert Jäger, *Verbrechen unter totalitärer Herrschaft* (Frankfurt/M., 1982), 81–82, 97–122, 158–60.

5 Goldhagen, *Willing Executioners*, 106.

6 Goldhagen, *Willing Executioners*, 85.

7 Goldhagen, *Willing Executioners*, 399, 443.

8 Goldhagen, *Willing Executioners*, 39, 43.

9 Goldhagen, *Willing Executioners*, 532, fn 38; 593–94, fn 53.

10 Goldhagen, *Willing Executioners*, 35–36.

11 Goldhagen, *Willing Executioners*, 444.

12 Hans-Ulrich Wehler, *The German Empire* (Leamington Spa, 1985). James Retallack, "Social History with a Vengeance? Some Reactions to H-U Wehler's 'Das Kaiserreich,'" *German Studies Review*, 7/no. 3 (1984), 423–50. Roger Fletcher, "Recent Developments in West German Historiography: The Bielefeld School and Its Critics," *German Studies Review* 7/no. 3 (1984), 451–80.

13 George Mosse, *The Crisis of German Ideology* (New York, 1964); Fritz Stern, *The Politics of Cultural Despair* (Berkeley, 1961); Jeffrey Herf, *Reactionary Modernism: Technology, Culture and Politics in Weimar and the Third Reich* (Cambridge, 1984), and "Reactionary Modernism Reconsidered: Modernity, the West and the Nazis," forthcoming.

37 BA, R 19/308 (staff plan for National Socialist instruction, January 14, 1941).

38 BA, R 19/308 (guidelines for carrying out ideological training of the Order Police in wartime, June 2, 1940).

39 YVA, 0–53/121 W (KdO, Police Regiment 25, December 17, 1942, Christmas/New Year's greetings and recognitions, signed Peter).

40 BA, RD 18/15–1, Gruppe A and 2, Gruppe B: *Politscher Informationsdienst, Mitteilungsblätter für die weltanschauliche Schulung der Oro.*

41 BA, RD 18/15–1, Gruppe A, Folge 16, June 10, 1941.

42 BA, RD 18/15–1, Gruppe A, Folge 27, December 1, 1941.

43 BA, RD 18/15–2, Gruppe B, Folge 22, September 20, 1942.

44 BA, RD 18/42, *Schriftenreihe für die weltanschauliche Schulung der Ordnungspolizei*, 1941, Heft 5, "Die Blutsgemeinschaft der germanischen Völker and "Das grossgermanische Reich."

45 BA, RD 19/16, 1942, Heft 4 "Deutschland ordnet Europa neu!"; RD 18/19, 1942, Sonderheft, "SS.Mann und Blutsfrage."

46 BA, RD 19/41,1943, Heft 4–6. "Rassenpolitik."

47 BA R 19/305 (chief of Order Police guidelines for combatting partisans, November 17, 1941).

48 Bruno, D. UW 2992.

49 Gusta, M., G 169.

50 Primo Levi, *The Drowned and the Saved*, Vintage edition (New York, 1989), 36–69.

後記

1 Daniel Jonah Goldhagen, "The Evil of Banality." *New Republic* (July 13 & 20, 1992) 49–52; Daniel Jonah Goldhagen, Hitler's Willing Executioners: Ordinary Germans and the Holocaust (New York, 1996), 這本書有超過三十個腳注在討論我的作品。Daniel Jonah Goldhagen "A Reply to My Critics: Motives, Causes, and Alibis," *New Republic* (Dec. 23, 1996), 37–45; "Letter to the Editor," *New Republic* (Feb. 10, 1997), 45.

一九八九年五月，我結束在漢堡檢察署的研究工作，丹尼爾．喬納．戈德哈根則在幾個月後開始了他在這裡的紀錄研究工作。他最遲是在一九九九年秋天得知我以第一〇一後備警察營為主題的研究工作。

我也反過來批評戈德哈根的研究：Christopher R. Browning , "Daniel Goldhagen's

這個過程。」(134)

15 Bauman, 166–68.

16 Craig Haney, Curtis Banks, and Philip Zimbardo. "Interpersonal Dynamics in a Simulated Prison," *International Journal of Criminology and Penology* 1(1983):69–97.

17 Haney, Banks, and Zimbardo, "The Stanford Prison Experiment: Slide show and audio cassette."

18 Gustav M., 169–70; Heinz B., HW 2438–40.

19 Herbert Jäger, *Verbrechen unter totalitärer Herrschaft* (Frankfurt 1982), 81–82, 95–122, 158–60.

20 Stanley Milgram, *Obedience to Authority: An Experimental View* (New York, 1974), 1. 關於對米爾格蘭實驗的反應，參見Arthur G. Miller, *The Obedience Experiments: A Case Study of Controversy in the Social Sciences* (New York, 1986).

21 Milgram, 13–26.

22 Milgram, 32–43, 55–72, 93–97, 113–22.

23 Milgram, 135–47.

24 Milgram, 148–52.

25 Milgram, 7, 177.

26 Milgram, 9, 176–77.

27 Milgram, 113–15.

28 Stanley Milgram, "Group Pressure and Action Against a Person," *Journal of Abnormal and Social Psychology* 9 (1964):137–43.

29 Milgram, *Obedience to Authority*, 142.

30 Milgram, *Obedience to Authority*, 177.

31 Bernd Wegner, *Hitlers Politiche Soldaten: Die Waffen-SS 1939-1945* (Paderborn, 1982); Krausnick and Wilhelm.

32 BA, R 19/467 (RFSS and chief of German police directives of October 27, 1942, and April 6, 1943, signed by Winkelmann).

33 BA, R 19/308 (guidelines for training of police battalions, January 23, 1940).

34 BA, R 19/308 (guidelines for training police reserves employed in the Schutzpolizei of the Reich and the communities, March 6, 1940).

35 BA, R 19/308 (training of Order Police formations and Reserve Police on precinct duty, December 20, 1940).

36 BA, R 19/308 (six-day officer education plan).

（Army Distinguished Service Cross）。Dower, 330, n. 94.

4 Dower, 11.

5 Richard Rubenstein, *The Cunning of History* (New York, 1978) 以及 Zygmunt Bauman, *Modernity and the Holocaust* (Ithaca, 1989) 這二本書均詳細說明了希爾伯格在這方面的研究的意義。在 *Eichmann in Jerusalem: A Report on the Banality of Evil* (New York, 1965) 中，漢娜・鄂蘭（Hannah Arendt）將艾希曼（Eichmann）描述成一個「平庸的官僚」，科層體制機器中的一個小齒輪。儘管艾希曼其實不是「平庸官僚」的最佳例子，但此概念對於理解許多大屠殺的加害者仍是有效的。希爾伯格及其他人無疑記錄了普通官僚如何使得大屠殺成為可能，他們用和履行他們其他的專業職責完全無異的例行方式履行了對大規模屠殺計畫至關重要的職能。邪惡並不平庸，但加害者卻肯定是平庸的。鄂蘭試圖用她的「邪惡的平庸性」概念來銜接的，正是那道存在於「行為不可言說的恐怖與實施者不可否認的荒謬之間」（54）的鴻溝。

6 Hans-Heinrich Wilhelm, unpublished manuscript.

7 Bettina Birn, Die Höheren SS- und Polizeiführer (Düsseldorf, 1986), 363–64; ZStL, II 208 AR-Z 74/60 (Staatsanwaltschaft Hamburg, 141 Js 573/60, indictment of Birmes),62–65.

8 Sereny, 83–88.

9 T.W. Adorno et al., *The Authoritarian Personality* (New York, 1950), 1–10.

10 Adorno et al., 222–279.

11 Bauman, 153.

12 John M. Steiner, "The SS Yesterday and Today: A Sociopsychological View," in *Survivors, Victims, and Perpetrators: Essays on the Nazi Holocaust*, ed. Joel E. Dimsdale (Washington, 1980), 431–31, 443.

13 Ervin Staub, *The Roots of Evil: The Origins of Genocide and Other Group Violence* (Cambridge, 1989), 18, 1981–41.

14 Staub, 26, 126. 斯托伯講述了一個越南退伍軍人的故事，他的故事和第一〇一後備警察營警察們的經驗相似，這些最初在約瑟烏夫曾感到痛苦不堪的人很快就習慣了殺人：「他坐在一臺直升機上飛越一群平民時，收到了向他們開火的指令，他沒有聽從這個命令。直升機盤旋在該地區的上空，他再次收到了開火的命令，他還是沒有照做。負責的長官於是威脅要把他送上軍事法庭，這讓他在下一圈飛行時開了火。他嘔吐了，感到極度的痛苦。但那名退伍軍人說，在很短的時間裡，向平民開火就變得像在打靶一樣稀鬆平常，而他開始享受起

17 Ernst Hd., HW 3088–89.
18 Georg W., HW 1733.
19 Gerhard K., HW 3083.
20 Friedrich Bm., HW 2097.
21 Karl G., HW 2200.
22 Erwin N., HW 1690.
23 Friedrich Bm., HW 2103; Hellmut S., G652.
24 Hans K., HW 2265.
25 Friedrich P., G 247; Wilhelm K., G 517–18; Walter N., HW 3354.
26 Oskar P., HW 1742.
27 Wilhelm J., HW 1322; Friederick V., HW 1540; Emil S., HW 1737; Ernst Hr., HW 2717.
28 Wolfgang Hoffmann, HW 2294.
29 Rudolf B., HW 407; Friedrich B., HW 1592; Martin D., HW 1609; Heinrich E., HW 2171; Georg K., HW 2640; August Z., G 285; Karl S., G 663.
30 Gustav M., G 169.
31 Bruno P., HW 1924.
32 Bruno P., HW 1918–19.
33 Wilhelm J., HW 1324.
34 Friedrich Bm., HW 2104; Anton B., HW 2709–10; August Z., HW 3367, G 286.
35 Bruno G., HW 3301; Hans K., HW 2265.
36 August Z., HW 3365, 3367.
37 Anton B., HW 2710–11.

18. 普通人

1 John W. Dower, *War Without Mercy: Race and Power in the Pacific War* (New York, 1986), especially 3–15 ("Patterns of a Race War") and 33–73 ("War Hates and War Crimes").
2 該鎮的波蘭語名字是比得哥什（Bydgoszćz）。居住在這裡的德裔人在戰爭剛開始幾天就被殺害了，接下來的那個月占領該地的德國人執行了強力的處決及驅逐行動。參見 Krausnick and Wilhelm, 55–65; Tadeuz Esman and Wlodjimierz Jastrzebski, *Pierwsje Miesiac Okupacji Hitlerowkiej w Bydgoszcz* (Bydgoszcz, 1967).
3 至於公開鼓勵，在用機關槍掃射水中的日本士兵長達一個多小時後，刺鮁號（Wahoo）潛艇指揮官獲頒了海軍十字勳章（Navy Cross）及傑出服役十字勳章

30 Alfred L., HW 1354; Johannes L., HW 1444; Bruno R., HW 1856; Bruno P., HW 1928.
31 Martin D., HW 1611–13.
32 Wilhelm Gb., HW 2155.
33 Karl E., HW 900.
34 Johannes L., HW 1445; Eduard D., HW 433–34.
35 Wilhelm K., HW 1777–78.

16. 後來的事

1 Wolfgang Hoffmann, HW 768; Kurt D., HW 1224.
2 Heinrich Bl., HW 469.
3 Wolfgang Hoffmann, HW 790, 2922–24.
4 Heinz B., HW 649, 825; Arthur K., HW 61.

17. 德國人、波蘭人與猶太人

1 Wolfgang Hoffmann, HW 780.
2 Heinz B., HW 826.
3 Bruno P., HW 1919.
4 Lucia B., G 597.
5 Wolfgang Hoffmann, HW 2299.
6 Walter H., G 602.
7 Bruno P., HW 1925–26.
8 Wolfgang Hoffmann, HW 2921.
9 Kurt D., HW 2886–87.
10 Alfred K., G 582; Ernst R., G 608, 612d; Georg S., G 635.
11 Hermann Bn., HW 3067, 3214–15, 3512, 3515; Radolf B. and Alfred B. HW 3514.
12 Erwin G., HW 2503; Alfred B., HW 2520.
13 August Z., HW 3368.
14 Erwin G., HW 1640, 2504; Conrad M., HW 2682; Anton B., HW 2710; Kurt D., HW 4338; Hermann Bg., G 101.
15 Bruno D., HW 1876; Anton B., HW 4347; Kurt D., HW 4337; Wilhelm Gb., HW 2149.
16 Rudolf G., HW 2491.

11 Memo of May 21, 1963, HW 1348; Arthur S., HW 1165; Otto-Julius S., HW 1955; Friedrich Bm., HW 2105; Heinrich E., HW 2161; Joseph P., HW 2756; Otto I., HW 3522; Ernst Hn., G 505.

12 Herbert R., HW 2112; Karl G., HW 2201; Ernst Hr., HW 2715.

13 Georg L., HW 1430; Erwin G., HW 1644; Friedrich B., HW 3143. BDC, files of Friedrich B., Hermann F., Erwin G., Ernst Hr., Erwin N., Ernst R., and Walter Z.

14 Heinrich H., HW 973; Bruno D., HW 1880.

15 Rudolf B., HW 409.

16 Himmler Aktenvermerk, October 2, 1942, Hoffmann/Wohlauf indictmet, 320–22.

17 Trawniki indictment, 104–6.

18 關於豐收節行動，參見Helge Grabitz and Wolfgang Scheffler, *Letzte Spuren: Ghetto Warschau-SS-Arbeitslager Trawniki-Aktion Erntefest* (Berlin, 1988), 262–72, 328–34; Jozef Marszalek, *Majdanek: The Concentration Camp in Lublin* (Warsaw, 1986), 130–34; ZStL, 208 AR-Z 268/59 (Staatsanwaltschaft Wiesbaden 8 Js 1145/60, Indictment of Lothar Hoffmann and Hermann Worthoff, kdS Lublin case):316–31, 617–35, 645–51; Trawniki indictment, 159–97; YVA, TR-10/1172 (Landgericht Düsseldorf, judgment against Hachmann et al.; hereafter Majdanek judgment): 456–87.

19 Werner W. (KdO liaison to SSPF Lublin), HW 600–601.

20 Majdanek judgment, 459; Marszalek, 130; Grabitz and Scheffler, 328–29.

21 Majdanek judgment, 459; Werner W., HW 601–2.

22 Helmuth H., HW 2206.

23 Rudolf B., HW 409–10; Herbert F., HW 1392; Martin D., HW 1610.

24 關於一九四三年十一月三日在馬伊達內克遭到槍決的猶太人人數，參見ZStL, II 208 AR-Z 74/60 (Staatsanwaltschaft Hamburg, 141 Js 573, indictment of August Birmes):126–29; Majdanek judgment, 456–57, 471.

25 Rudolf B., HW 410; Herbert F., HW 1392; Martin D., HW 1610; Paul H., HW 1655; Bruno R., HW 1856; Bruno P., HW 1928; Otto H., HW 2229; Wilhelm Kl., G 109.

26 Fritz B., HW 804–5; Otto H., HW 2228–29.

27 Heinrich Bl., HW 467–68.

28 ZStL, 208 AR-Z 268/59 (Staatsanwaltschaft Wiesbaden, 8 Js 1145/60, indictment of Lothar Hoffmann and Hermann Worthoff, KdS Lablin case): 633–35.

29 Heinrich BI., HW 468; Alfred L., HW 1354; Martin D., HW 1610; Bruno R., HW 1856; Wilhelm Kl. G 109.

34 Hugo S., G 474.

35 Bruno P., HW 1925.

36 Arthur R., HW 1938-39.

37 Martin D., HW 3213.

38 Henry J., G 415.

39 Friedrich P., G 248.

40 YVA, 0–53/121 II w(May 1963); 0–5/122 X I (June 1943); 0–53/122 X II (July and August 1943); 0–53/123 Y I (September and October 1943).

41 YVA. 0–53/115/2–170, 673–725. 亦請參見YVA, TR-10/970 (Staatsanwaltschaft Hamburg, 147 Js 8/75, Indictment of Arpad Wigand):103–7.

42 ZStL, Ord. 410, 994–96, 498, 500–501 (weekly reports of Fifth Company Reserve Police Battalion 133, Police Regiment 24 November 7-December 12, 1942).

15. 最後的大屠殺：「豐收節」

1 Krüger decree of October 28, 1942, in *Faschismus -Ghetto-Massenmord* (Berlin, 1960), 342–44.

2 Karl E., HW 896.

3 Jakob A., HW 1064.

4 Excerpts from memoirs of Feiga Cytryn and J. Stein, in ZStL, 8 AR-Z 236/60 (hereafter KdS Radzyń case), 1:6–7.

5 Testimony of Lea Charuzi, KdS Radzyń case, volume of miscellaneous testimony, 30.

6 Johannes R., HW 1811; Karl M., HW 2660; Wilhelm K., G 106–8.

7 Testimony of Rywka Katz, KdS Radzyń case, volume of miscellaneous testimony, 18.

8 關於更多德國人的描述，參見Herbert F., HW 1389; August Z., G 287–89. 關於猶太人的敘述，參見Berl C., HW 1094; Rywka C., HW 1113–14; and Kds Radzyń case, Moshe Feigenbaum, 1:4–5; Liowa Friedmann, 1:10; volume of miscellaneous testimony, Feigenbaum, 6: Rywka G., 24; Moshe Brezniak, 18; Mortka Lazar, 28. 關於特拉夫尼基人員的參與，參見ZStL, II 208 AR 643/71 (Staatsanwaltschaft Hamburg, 147 Js 43/69, indictment of Karl Streibel; hereafter Trawniki indictment) :104.

9 關於五月初及五月下旬驅逐行動的目的地，證詞中存在著混淆之處。我根據的是Brustin-Berenstein, table 10.

10 Trawnik Indictment, 104; Jakob A., HW 1063.

15 Wilhelm K., HW 1774, 2379; Bruno G., HW 2033–34.

16 Alfred S., HW 300–301.

17 Martin D., HW 1600; Erwin N., HW 3321–22.

18 Friedrich Bm., HW 2101; Hans K., HW 2263–64.

19 Friedrich Bm., HW 2102.

20 關於第一連，參見Arthur S., HW 1164; Max F., HW 1531; Friedrich Bm., HW 2101; Heinrich E., HW 2175; Hans K., HW 2262–66; Hans Pz., HW3256; Friedrich B., HW 3531; Alfred K., G 580; Ernst R., G 612; Karl S., G 663. 關於第二連，參見 Rudolf B., HW 403, 407–8; Adolf B., HW 442–43; Max D., HW 1346; Heinrich S., HW 1573; Erwin G., HW 1641–42; Peter Ö., HW 1743–44; Wilhelm G., HW 2153–56; Helmuth H., HW 2207; Otto H., HW 2206–7; Walter Z., HW 2267–68; Georg K., HW 2639–40, 3344–45; Anton B., HW 2708–11; Ernst Hr., HW 2731; August Z., HW 3006–67, G 286; Richard Gm., HW 3545; Walter N., HW 3553; Wolfgang H., HW 3563–64; Paul M., HW 3935; Hermann Bg., G 100–111; Gustav M., G 169; Walter L., G 192; Friedrich P., G 248. 關於第三連，參見Karl E., HW 897; Walter F., HW 903; Martin D., HW 1600–1601, 1609, 3321; Erwin N., HW 1689, 1693–95; Richard M., HW 1890; Bruno P., HW 1916, 1924–25; Arthur R., HW 1938–39; Bruno G., HW 2030–34; August W., HW 2046–48, 3304; Alfred S., HW 2067; Friedrich S., HW 2072–73; Herbert R., HW 2011–12.

21 Erwin N., HW 1693.

22 Bruno P., HW 1917.

23 Hans Kl., HW 3565.

24 Wolfgang H., HW 3564.

25 Lucia B., G 598.

26 Ernst Hn., G511.

27 Adolf B., HW 2532.

28 Heinrich B., HW 3615.

29 Walter Z., HW 2629.

30 Otto-Julius S., HW 4577–78.

31 Adolf B., HW 442–43.

32 Gustav M., G 169. 另一名警察（Hero B.. HW 890）也把自己只有一次被選中參加猶太人行動歸因於他在政治上不可靠以及好爭執的名聲。

33 Heinrich F., G 445–46.

1693–94, 3319–20; Wilhelm K., HW 1776, 3345–49; Bruno G., HW 2030–31, 3301, 3347; Bruno R., HW 2086; Erwin H., HW 1167.

17 Hoffmann letter of January 30, 1943, HW 523–24.

18 Trapp letter of February 23, 1943, HW 509–10.

19 Hofmann "complaint" of May 3, 1943, HW 509–15.

20 Rheindorf to police president of Hamburg, July 2, 1943, HW 538–39.

21 Wolfgang Hoffmann, HW 788–89.

14.「獵殺猶太人」

1 YVA, TR-10/970 (Staatsanwaltschaft Hamburg, 147 Js 8/75, indictment of Arpad Wigand): 81–92. 亦請參見Christopher R. Browning, "Genocide and Public Health: Cerman Doctors and Polish Jews, 1939-41," *Holocaust and Genocide Studies* 3, no. 1 (1988):21–36.

2 YVA TR-10/970 (Staatsanwaltschal Hamburg 147 Js 875, indictment of Arpad Wigand 92–99, Ferdinand H, HW 3257–58, Diensttagebuch, 456.

3 YVA, TR-10/542 (Staatsanwaltschaft Augsburg, 7 Js 653/53, indictment of Cünther Waltz).

4 Heinrich S., HW 1573.

5 Kurt D., HW 1623.

6 Arthur S., HW 1164.

7 Georg L., HW 1429; Friedrich B., HW 1552; Paul H., HW 1653; Johannes R., HW 1812; Bruno G., HW 2030; August W., HW 2048; Heinrich E., HW 2177; Heinrich B., HW 2206; Hans K., HW 2261–62; Wilhelm K., HW 2379; Anton B., HW 2708; Ernst Hr., HW 2731; Martin D., HW 3213; Walter L., G 192; Friedrich P., G 247; Hugo S., G 474; Alfred K., G 580.

8 Erwin G., HW 4400.

9 Paul H., HW 1653.

10 Georg L., HW 1428–30.

11 Peter Ö., HW 1794; Otto H., HW 2227; Hans K., HW 2261.

12 Alfred S., HW 302.

13 Heinrich H., HW 975–76; Rudolf B., HW 408; Heinrich E. HW 2178; Hans K., HW 2261; Karl S., G 664.

14 Rudolf B., HW 403; Franz G., HW 1192.

行動的一週前回到了漢堡。由於記憶十分清晰以及來自不同工作成員的證詞，其中有些人曾和他在拉津和武庫夫共事過一段時間，對他十分瞭解，布赫曼似乎是無意識地壓抑了對這次事件的記憶，要不就是向審訊者蓄意隱瞞此事。

35 Heinrich H., G 456.

36 Heinrich H., G 455–56; Hans Pz., HW 3525.

37 Hans S., G 328; Ernst S., G 330; Paul F., HW 2242.

38 Heinrich H., G 456–57; Hans Pz., HW 3525; Henry J., G 411–12.

39 Hans S., G 330; Ernst S., G 334–335; Paul F., HW 2243.

40 Henry J., G 413–14.

41 Heinz B., HW 648, 824–25, 2438, 2441, 4417.

13. 霍夫曼上尉奇怪的健康狀況

1 Hoffmann's "complaint" of May 3, 1963, HW 509.

2 Bruno G., HW 2026.

3 Erwin H., HW 1168; Martin D., HW 1602; August W., HW 2043.

4 Alfred S., HW 298; Erwin H., HW 1169; Martin D., HW 1602; Peter C., HW 1865; August W., HW 2043–44.

5 Martin D., HW 1602; August W., HW 2043–44.

6 August W., HW 2045.

7 Erwin H., HW 1169; Wilhelm J., HW 1323; Georg L., HW 1427; Friederick V., HW 1542; Martin D., HW 1603; Peter C., HW 1865; Bruno G., HW 2015; August W., HW 2044–45.

8 Martin D., HW 1605.

9 Friederick V., HW 1542.

10 Martin D., HW 1605–6.

11 Alfred S., HW 299; Georg L., HW 1428; Martin D., HW 1603; Bruno G., HW 2025–26; August W., HW 2045, 3305–6.

12 Amandus M., HW 1631–32.

13 Friederick V., HW 1592.

14 August W., HW 2045.

15 Hoffmann's "complaint" of May 3, 1943, HW 513; Wolfgang Hoffmann, HW 2304, 2925.

16 Friederick V., HW 1541; Martin D., HW 1605–6, 3212–13, 3319; Erwin N., HW

17 Kurt D, HW 1268, 2968, 4390.

18 Friedrich P., G 244.

19 August Z., HW 3367–68, G 288.

20 Alfred H. (HW 45,282) 最初作證說驅逐了六千至一萬人，但後來將他的估計降為一千人，Kurt D. (HW 1621) 也同樣給出了一千這個數字。但所有證人均同意，一支志願者部隊被派來協助秩序警察執行這個十月初的行動。考慮到有整整一個連的秩序警察可供差遣，不太可能會為規模這麼小的行動派出一支頗具規模的志願者部隊。再想想前幾週才在緬茲熱茨集中了好幾千名的猶太人，被驅逐者的人數這麼少是不可能的。

21 Helmuth H., HW 991; Stephan J., HW 1041–43; Tauba T., HW 1069; Friedrich B., HW 1585.

22 Kurt D., HW 1270–71, 2790, 4391; Max F., HW 1389–90; Johannes R., HW 1012; Franz K., HW 2479.

23 Lucia B., G595–96; Hoffmann letter of May 5, 1943, HW 512.

24 Julius Wohlaul, HW 752, 762–64.

25 Heinrich H., HW 972; Rudolf B., HW 406–7; Max D., HW 1347.

26 August Z., G 286; Konrad H., G404–5; Wilhelm K., G 568.

27 Wilhelm Gs., HW 2466.

28 Bürger judgment, 18.

29 Alfred K., G 579.

30 Bürger judgment, 20; Aviram J., HW 1059–60; Gedali G., HW 1080; Friedrich Bm., HW 2100; Hans K., HW 2262–63. 根據漢斯·K的說法，尤里錫在跟猶太人委員會主席在就一臺縫紉機發生爭執時，向對方的頭開槍。

31 Bürger judgement, 20.

32 Georg W. HW 1731–32.

33 Brustin-Berenstein，見表十，只列出一次十一月在武庫夫發生的槍決行動，槍決了二百個猶太人。但警察們的證詞指出共有二次。Bürger judgment, 20–21，證實了在武庫夫發生過二次槍決行動，分別在十一月十一日和十四日，均有五百名受害者，這是德國法院所估計的傷亡人數高出其他資料來源的罕見例子。

34 一個關鍵例外是布赫曼，他曾在一九六〇年代時聲稱（Heinz B., HW 822, 824, 3942, 4417），他指揮的單位沒有槍殺過猶太人，在約瑟烏夫之後，除了拉津的猶太人區清除行動外，他沒有親眼目睹過任何其他猶太人行動，他雖駐紮在拉津但並未接到任何任務。事實上，他在十一月四日，也就是第一次武庫夫槍決

12. 恢復驅逐行動

1 Brustin-Berenstein, 21–92.

2 YVA, 0-53/121 W I/124–25 (order of Kintrupp, August 27, 1942, effective September 2, 1942).

3 Testimony of survivors Jozef B., HW 1122, and Sara K., HW 3250. 根據Brustin-Bernstein的說法，見表二，一九四二年九月二十三至二十四日，約有六千名猶太人從比亞瓦波拉斯卡縣的小村子被驅逐到緬茲熱茨。她將九月二十六日及十月六日的驅逐行動（約四千八百名猶太人），列為從比亞瓦波拉斯卡本鎮直接前往特雷布林卡，但根據倖存者證詞指出，至少九月從比亞瓦出發的驅逐行動首先是前往緬茲熱茨。

4 根據Brustin-Bernstein，見表一，從寇馬盧夫卡出發的猶太人人數為六百一十人，從沃辛出發的為八百人，從切米爾尼基出發的為一千零一十九人。

5 Johannes R., HW 1810–11; Kurt D., HW 1621; Anton B. HW 2705–6.

6 Paul M., HW 2659.

7 根據Brustin-Bernstein，見表十：一千七百二十四人來自阿達莫夫（Adamów）、四百六十人來自斯塔寧村（Stanin gmina）、四百四十六人來自烏蘭村（Ulan gmina）、二百一十三人來自沃伊切什科夫（Wojcieszków）。

8 YVA, TR-10/710 (Landgericht Dortmund, 8 Ks 1/70, judgment against Josef Bürger):10, 16 (hereafter Bürger judgment).

9 關於拉津郡安全警察及郡警察的警力估計數字，參見ZStL, 8 AR-Z 236/60 (investigation of KdS Aussenstelle Radzyń), 1:28 Braumüller), 113 (Bürger), 120 (Käser); 2:176–79 (Reimer), 209–10 (Brämer), 408 (Behrens), 420 (Kambach); 4:550 (Schmeer), 715 (Avriham); and Sonderband testimony of Rumminger, Schoeja, and Waldner), no pagination.

10 Brustin-Bernstein, table 10.

11 Helmuth H., HW 317–20, 991: Heinz B., HW 823; Heinrich E., HW 2176; Richard G. 389.

12 Heinrich S., HW 1573–74; Max D., HW 2536.

13 Alfred H., HW 45, 279–80.

14 Kurt D., HW 1266, 2966–67, 4391; Paul M. HW 2663.

15 Alfred H. HW 45, 280–82.

16 Peter Ö., HW 1790; Walter L., G 189–90; Friedrich P., G 244.

Sereny, *Into That Darkness* (London, 1974), 156–64; Arad, 89–96, 119–23.

11. 九月下旬的槍決

1 Ferdinand H., HW 3257–58.
2 Hans K., HW 2256.
3 關於賽羅科姆拉槍決行動的最重要證詞是 Friedrich B., HW 1586–89, 3534; Hans K., HW 2256–60; Ernst R. G 612a–b; Karl S., G 661–62.
4 Friedrich P., HW 3534.
5 Hans K., HW 2258.
6 Albert D., HW 3539; Arthur S., HW 3540.
7 Heinrich BI., HW 464; Hans K., HW 2255; Friedrich Bm., HW 2096.
8 Heinrich E., HW 2173.
9 Hans K., HW 2256.
10 Ernst Hn., G 509.
11 Ernst Hn., G509; Friedrich B., HW 1590.
12 Heinz B., HW 826.
13 Georg W., HW 1733.
14 Gerhard H., G 541.
15 Hans K., HW 2255; Friedrich Bm., HW 2097; Hellmut S., G 648.
16 Alfred H., HW 286.
17 Heinrich BI., HW 464–65.
18 Friedrich Bm., HW 2097–98; Hans K., HW 2255–56; Hellmut S., G 648–49; Karl S.. G 662.
19 Trapp report to Police Regiment 25. September 26, 1942, HW 2548–50.
20 Heinz B., HW 648, 822, 824, 2438, 2440–41, 3941, 4415.
21 Heinrich E., HW 2172.
22 Hans K., HW 2242; Kurt D., HW 2678; Arthur S., HW 3539; Alfred K., G582; Ernst R., G 612d.
23 Heinrich E., HW 2174.
24 Heinz B., HW 648, 2438.
25 Heine B., HW 2441.
26 Heinrich E., HW 2174.

白證詞的人）記得八月的緬茲熱茨驅逐行動。因此，我認為很可能第二連的第一、第二排並未出現在這一場合。

12 Ernst Hn., G 512; Heinrich R., G 625.

13 Heinrich H., HW 976, 3219. 亦請參見Friedrich B., HW 1582, 3529; Hans K., 2252, 3220.

14 H. 在一九四〇年十二月六日及一九四一年三月三十一日的評價，見於HW 565–67.

15 R. 在一九四一年四月十日的評價，見於HW 569.

16 特拉普在一九四一年七月二十一日的評價，見於HW 574–80.

17 Hans Pg., HW 1945; Ernst Hr., HW 2713.

18 Heinrich E., HW 3351, 3354.

19 Heinz B., HW 4414.

20 Julius Wohlauf, HW 750–51, 760.

21 Friedrich B., HW 1582; Friedrich Bm., HW 2099; Heinz B., and Arthur K., HW 3357; Emst R., G610; Heinrich R., G 627.

22 關於緬茲熱茨驅逐行動的最詳盡敘述是Heinrich H., HW 976–78; Friedrich B., HW 1582–83; Hans K., HW 2253–54; Ernst Hn., G 512–13; Ernst R. G 610–12; Karl S., G 659–60.

23 Hans K., HW 2253.

24 Karl S., G 659.

25 Heinrich R., G 610.

26 Friedrich B., HW 3529.

27 Friedrich B., HW 1583; Ernst Hn., G 512.

28 Heinrich H., HW 978, 3219; Hans K., HW 3220; Ernst R., G 611.

29 Heinrich H., HW 977; Friedrich B., HW 1584; Hans K., HW 2254; Ernst Hn., G 513; Ernst R., G 612.

30 Heinrich H., HW 977–78.

31 lse de L., HW 1293.

32 Heinrich H., HW 978; Hans K., HW 2254.

33 Berl C., HW 1091.

34 YVA 0–53/106/III (reports of the Warsaw Judenrat).

35 ZStL, 8 AR-Z 236/60 (investigation of KdS Aussenstelle Radzyń) 3:464 (Ostbahn travel plan of August 25, 1942). 關於特雷布林卡運作停擺的更多訊息，參見Gitta

31 Anton B., HW 4374.

32 August Z., G282.

33 Ernst Hr., HW 2727-28; August Z., G284.

34 Ernst Hr., HW 2727.

35 Georg K., HW 2638.

36 Paul M., G 206, 209.

37 Adolf B., HW 441.

38 Anton B., HW 2703-4.

10. 八月，將猶太人驅逐至特雷布林卡

1 Heinrich S., HW 1569.

2 Georg K., HW 2637; Joseph P., HW 2747.

3 Erwin G., HW 1642, 2507.

4 Hans K., HW 2251; Georg K., HW 2636.

5 關於第一連擔任「搜索部隊」的角色，參見Paul H., HW 1652; Hans K., HW 2251

6 關於帕切夫驅逐行動的整體情況，參見Heinrich S., HW1569–73, 4383; Erwin G., HW 1641–42, 2507; Paul H., HW 1652; Bruno D., HW 1876–77; Heinrich E., HW 2170; Otto H., HW 2220; Hans K., HW 2251–52; Max D., HW 2536; Heinrich B., HW 2008; Georg K., HW 2636; August Z., HW 3366, G 278–79; Alfred K., G 575–76.

7 Heinrich S., HW 1572. 史坦梅茲會承認是個例外。更常見的情況是，警察們在審訊中否認他們對即將降臨在被驅逐猶太人身上的命運有過任何想法。

8 Heinrich B., HW 2608; August Z., G 279.

9 在幾乎所有警察的記憶中，八月從緬茲熱茨出發的驅逐行動都被壓縮為一天的事。只有一名警察（Heinrich R., G 626）以及所有猶太人證人（Tauba T., HW 1066–67; Berl C., HW 1092; Rywka G., HW 1112; ZStL, 8 AR-Z 236/60 [investigation of KdS Aussenstelle Radzyń], 1:3–4 [excerpt from Feigenbaum]）記得此行動為期二天。考慮到被驅逐的猶太人數量，幾乎可以肯定需要二天的時間。

10 YVA, TR-10/710 (Landgericht Dortmund 8 Ks 1/70 judgment against Josef Bürger), 16.

11 第一連和第三連的警察均作證第二連也參與了此次行動。但在第三排以外，沒有一個第二連的成員（即使是那些對於沃瑪濟和約瑟烏夫行動提供了相當坦

HW 4368; August Z., G 273.

9 Fritz S., G 303–4. 亦請參見Bernhard S., HW 1717; Ernst Hr., HW 2723; Heinrich B., HW 2985; Friedrich P., G 240.

10 Ernst Hr., HW 2723; Joseph P., HW 2749–50; Walter L., G 185; Paul M., G 208.

11 Gustav M., HW 1709.

12 關於這句話，參見Max F., HW 1386；關於這一距離，參見Heinrich B., HW 2501; Walter L., G 185.

13 Max F., HW 1386; Paul M., G 207.

14 Walter Z., HW 2624; Georg K., HW 2638; Anton B., HW 4372.

15 Anton B., HW 2700–2701.

16 Wilhelm Gb., HW 2150; Karl G., HW 2197; Heinrich B., HW 2600; Georg K., HW 2638; Joseph P., HW 2750; Hermann Bg., G 98; Walter L., G 185; Paul M., G 207; August Z., G 282; Fritz S., G 313.

17 Kurt D., HW 4335, 4368–70; Anton B., HW 2703, 3960, 4348; Joseph P., HW 2750; Henry D., HW 3071; Walter N., HW 3927; Ernst Hr., HW 3928; Heinz B., HW 3943; Walter Z., HW 3954. 關於格納德的唯一相反證詞是Ernst Hr., HW 3929; Walter Z., HW 3954; Wolfgang Hoffmann, HW 4318.

18 Wilhelm I., HW 2239.

19 Friedrich P., G 241–42. August Z., HW 3519充分證實了這個敘述。

20 Hermann Bg., G 98; Joseph P., HW 2750.

21 Walter Z., HW 2625; Georg K., HW 2638.

22 Friedrich P., G 241–42.

23 Ernst H., HW 2725.

24 Johannes R., HW 1810; Rudolf K., HW 2650; Joseph P., HW 2750–51; Kurt D., HW 4368; Paul M., G209.

25 Ernst Hr., HW 2725–26.

26 Ernst Hr. HW 2256.

27 Ernst Hr., HW 2256–57; Kurt D., HW 4368; August Z., G282; Joseph P., HW 2750–51; Walter L., G 186–87; Max F., HW 1388.

28 Bernhard S., HW 1717.

29 Rudolf B., HW 405; Bruno D., HW 2535; Heinrich B., HW 2613–14; August Z., HW 3365–66, G 284.

30 Fritz S., G 303–4; Paul M., G 209; Bernhard S., HW 1717.

84 Friedrich Bm., HW 2093–94. 亦請參見Karl G., HW 2194.

8. 對一場屠殺的反思

1 Heinz B., HW 4413; Kurt D., HW 4339.
2 妮查馬・泰克（Nechama Tec）在對波蘭救援者的分析中也指出幫助猶太人的最初決定是一時衝動及直覺反應，而非深思熟慮的結果，參見 *When Light Pierced the Darkness: Christian Rescue of Jews in Nazi-Occupied Poland* (New York, 1986), 188.
3 Anton B., HW 2693.
4 Bruno D., HW 2535, 2992.
5 August W., HW 4592.
6 Erwin G., HW 1640, 2505, 4344.
7 Friedrich M., HW 1708.
8 IMT 29:151 (1919-PS).
9 Karl G., HW 2194.
10 Hans Pz., HW 3938.
11 Hero B., HW 890.
12 Arthur S., HW 1165.
13 Hermann W., HW 1947.
14 Gustav M., G 169–70.
15 Heinz B., HW 2439–40.
16 Heinrich Br., HW 3050.
17 Heinrich R., G 624; August W., HW 3303.
18 Heinz B., HW 647, 822, 2438, 3940–41.

9. 沃瑪濟：第二連的墮落

1 YVA, 0–53/121/27–31 (order of Kintrupp. KdO Lublin, July 9, 1942).
2 Brustin-Berenstein, table 2.
3 Kurt D., HW 1230, 4368; Anton B., HW 4371.
4 Heinrich B., HW 2600, 2985.
5 Kurt D., HW 1230, 1232, 2892, 4368; Ernst Hr., HW 2732.
6 Paul M., G 207.
7 Max F., HW 1387; Ernst Hr., HW 2722; Walter L., G 184; Fritz S., G 303.
8 Anton B., HW 2698–99,4371; Ernst Hr., HW 2722; Wolfgang H., HW 2211; Kurt D.,

55 Walter Z., HW 2619-20; Erwin G., HW 4345.

56 Heinrich S., HW 1567, 4364; Georg K., HW 2634.

57 Joseph P., HW 2743–45.

58 Paul M., G 206–7.

59 Gustav M., G 168.

60 Hans D., HW 1336, 3542.

61. Walter N., HW 3926, G 230.

62 August Z., G 277.

63 Georg K., HW 2634.

64 Otto-Julius S., HW 4579; Friederick V., HW 1540.

65 Rudolf B., HW 2434, 2951, 4357.

66 Franz K., HW 2483–86.

67 除了上述案例外，還有一個警察在射完幾個回合後神經再也承受不住而要求解除職務，他是Bruno D., HW 1876, 2535, 4361.

68 Erwin G., HW 2505; 得到Rudolf K., HW 2646–47的證實。

69 Anton B., HW 2691–93, 4348.

70 Willy R., HW 2085.

71 Alfred B., HW 440; Walter Z., HW 2621; Georg K., HW 2635; August Z., 278.

72 Friedrich B., HW 1581.

73 Julius Wohlauf, HW 758.

74 Heinrich B., HW 2984.

75 Alfred B., HW 441.

76 August W., HW 2042.

77 Otto-Julius S., HW 1955.

78 證人接二連三地使用了震驚（erschüttert）、沮喪（deprimiert）、痛苦（verbittert）、心灰意冷（niedergeschlagen）、鬱悶（bedrückt）、不安（verstört）、憤怒（empört）及負擔沉重（belastet）來描述警察們在那個晚上的感受。

79 Friedrich Bm., HW 2093; Hellmut S., G 647.

80 Heinrich Br., HW 3050.

81 Wilhelm J., HW 1322.

82 Willy S., HW 2053. 亦請參見Wolfgang Hoffmann, HW 774–75; Johannes R., HW 1809; Bruno R., HW 2086.

83 Karl M., HW 2546, 2657.

28 August W., HW 2042.

29 Martin D., HW 1597.

30 Anton B., HW 2658–59.

31 Heinz B., HW 821–22. 在漢堡接受審訊的警察沒有人是該護衛隊的成員，因此布赫曼的敘述是關於這些工作猶太人命運的唯一說法。關於組成該護衛隊的盧森堡人，參見Heinrich E., HW 2167.關於對工人的篩選以及布赫曼將他們押送出約瑟烏夫的情況，其他的說法參見Wilhelm K., HW 1768; Hermann W., HW 1948; Friedrich Bm., HW 2092–93; Ernst Hn., G 507.

32 關於第一連槍手的證詞，尤其是參見Friedrich B., HW 1580–81; Friedrich Bm., HW 2091–93; Ernst Hn., G 507–8; Heinrich R., G 623; Hellmut S., G 646–47; Karl S., C 658–59.

33 Paul H., HW 1648–49.

34 Heinrich H., G 453.

35 Wilhelm L., HW 2237.

36 Friedrich Bm., HW 2092.

37 Hellmut S., G 647.

38 Heinrich Bl., HW 462.

39 Hermann W., HW 1948.

40 Alfred L., HW 1351.

41 Bruno R., HW 1852.

42 Erwin N., HW 1686.

43 Bruno D., HW 1870; Anton B., HW 4347; Wilhelm Gb., HW 4363; Paul M., G 202.

44 Ernst Hr., HW 2717.

45 Erwin G., HW 1640, 2505.

46 Friedrich Bm., HW 2092.

47 Wilhelm G., HW 2149.

48 Ernst Hr., HW 2718.

49 Wilhelm Gb., HW 2538.

50 Ernst Hr., HW 2719.

51 Ernst Hr. HW 2720.

52 Wilhelm Gb., HW 2539, 2149.

53 Erwin G., HW 1639–40, 2504; Alfred B., HW 2518.

54 Anton B., HW 4348. See also Max D., HW 2536.

始終一致地這樣做），這令我相信他們的說法比其他任何說法都更有可能發生。

10 很可能第三連的第一、二排在特拉普發表講話之前就已經被派駐到村子周圍的警戒線上了。這二個排的人都不記得這次的講話，一個證人（Bruno G., HW 2020）作證說這兩個排當時不在現場。

11 Heinrich S., HW 1563; Martin D., HW 1596; Paul H., HW 1648; Ernst N., HW 1685; Wilhelm K., HW 1767, 2300; Bruno G., HW 2019; August W., HW 2039; Wilhelm Gb., HW 2147; Heinrich B., HW 2596; Walter Z., HW 2618; Anton B., HW 2656; Ernst Hr., HW2716; Joseph P., HW 2742, Kurt D., HW 2888; Otto I., HW 3521; Wolfgang H., HW3565; August Z., G 275; Eduard S., G 639; Hellmut S., G646; Karl S., G 657.

12 Georg G., HW 2182.

13 Hellmut S., G 647.

14 Friedrich E., HW 1356.

15 Bruno R., HW 1852.

16 Harry L., G 223.

17 Ernst G., G 383.

18 Hans Kl., G 363.

19 Oskar P., HW 1743.

20 Erwin G., HW 2503.

21 Georg K., HW 2633; Karl S., G 657.

22 Wilhelm K., HW 1769; Friedrich Bm., HW 2091; Ernst Hn., G506. For other accounts of the search, see Max D., HW 1345–46; Alfred L., HW 1351; Friederick V., HW 1539l Friedrich B., HW 1579; Bruno D., HW 1875; Hermann W., HW 1947–48; Otto-Julius S., HW 1954; Bruno G., HW 2019; August W., HW 2040; Bruno R., HW 2084; Hans Kl., HW 2270; Walter Z., HW 2168–69; Anton B., HW 2687; Ernst Hr., HW 2716; Joseph P., HW 2742; August Z., G275; Karl Z., G318; Eduard S., G 640.

23 Friedrich B., HW 1579; Bruno G., HW 2019; August W., HW 2041.

24 Ernst Hr. HW 2716–17.

25 Walter Z., HW 2618. 證實此事的證詞，參見 Anton B., HW 2688; Joseph P., HW 2742.

26 Hermann W., HW 1948.

27 Ernst Hn., G 507. 兩名證人（Eduard S., G 642; Hellmut S., G 647）記得連士官長但不記得醫生。

6 Johannes R., HW 1807.

7 關於第一〇一後備警察營各單位在整個一九四二年間的駐紮情況，參見 Hoffmann/Wohlauf indictment, 208–12.

8 Alfred S., HW 294–95; Albert D., HW 471: Arthur S., HW 1161; Friedrich B., HW 1581–82; Martin D., HW 1598–99; Wilhelm K., HW 1770; Herbert R. HW 2109; Heinrich E., HW 2169; Walter Z., HW 2622; Bruno G., HW 3300; Ernst N., HW 1648; August W., HW 2039.

7. 大規模屠殺啟動：約瑟烏夫大屠殺

1 由於特拉普、他的副官哈根或格納德中尉都沒能活到一九六〇年代接受司法審訊，這場會議的唯一直接證人是沃勞夫上尉。由於他的說法有太多不同版本，且過度偏向自己，在證詞的其他關鍵方面又受到其他證人一面倒的反駁，因此根本不能取信於他。

2 Heinz B., HW 819–20, 2437, 3355, 4414.

3 Julius Wohlauf, HW 4329–30.

4 Friedrich Bm., HW 2091.

5 Hans S., C 328.

6 Bruno D., HW 1874.

7 Alfred B., HW 440.

8 Rudolf B., HW 3692.

9 Otto-Julius S., 1953–54, 4576–79; August W., HW 2041–42,3298, 4589. S. 和W. 是這樣回憶起特拉普的提議的唯一兩個證人。其他幾個人一開始記得的是徵求志願者加入行刑隊（Alfred B., HW 439–40, Franz G., HW 1189–90; Bruno G., HW 2020）。當被問到關於這件事時，其他人要不勉為其難地承認特拉普曾提出該提議的「可能性」（Anton B., HW 2693; Heinz B., HW 3356–57, 4415）或至少說他們不會質疑或否認這件事曾發生。特拉普提出的「老兵」條件出現在S.的證詞中（HW 1953, 4578）。W.在其他方面最明確證實了S.的證詞，但他並未提到這個條件限定，並聲稱年輕人也可以站出來。但他似乎理解特拉普的提議是向年紀較大的後備役人員提出的。當被要求說明為何他自己沒有站出來時，他說他是相對較年輕的志願者，一個「現役的」警察，也就是說他不是被徵召的後備役人員（HW 2041–42, 4592）。S.和W.的證詞更為精確且生動翔實，而該營的軍官及士官們隨後的行為也與特拉普的提議一致（也就是說，那些後來才要求解除行刑隊職務的人——如果沒有指揮官的事前許可，軍官和士官不可能

20 Staatsanwaltschaft Hamburg, 141 Js 1957/62 (indictment of Hoffmann and Wohlauf):206 (hereafter Hoffmann/Wohlauf indictment).

21 Ernst G., HW 1835.

22 BDC, Wilhelm Trapp party card. Julius Wohlauf, HW 2882, 4326; Wolfgang Hoffmann, HW 2930, 4318–19, 4322.

23 Hoffmann/Wohlauf indictment, 47–49.

24 Hoffmann/Wohlauf indictment, 49–1.

25 Staatsanwaltschaft Hamburg. 141 Js 1457/62, Sonderband: DC-Unterlagen.

26 第一〇一後備警察營的這個統計分類是根據漢堡檢察官在一九六〇年代進行的二百一十次審訊中所得到訊息。軍官、行政官及士官不包括在內，這些審訊提供了來自基層一百七十四個人的樣本基礎。儘管所有審訊均包括年齡資料，但不是所有審訊均包括了關於就業的充分訊息。有些人只提供了戰後的就業狀況，其中許多人（考慮到年齡組）僅被列為撫卹金領取者。因此就業樣本只有一百五十五人。

27 這些黨員身分統計數字是根據柏林文獻中心所收藏的黨員卡。

6. 抵達波蘭

1 一九四一年九月和十月，奧許維茲主要集中營（main camp／Stammlager，或稱奧許維茲一號營〔Auschwitz I〕）開始進行齊克隆B（Zyklon-B）毒氣試驗。一九四二年二月十五日，附近的比克瑙（奧許維茲二號營〔Auschwitz II〕）開始系統性地使用由農舍改建的新毒氣室。Danuta Czech, *Kalendarium der Ereignisse im Konzentrationslager Auschwitz-Birkenau 1939–1945* (Reinbeck bei Hamburg, 1959), 116, 174–75.

2 整個總督府總共有三千名特勤隊員。其中只有二五%的人說德語，從這一事實可以看出許多人顯然只是虛有其表地聲稱自己是德裔人士的波蘭協力者。*Diensttagebuch,* 574.

3 關於在盧布林區遭殺害的猶太人的日期及數量，我根據的是這本書：Yitzhak Arad, *Bełżec. Sobibór, Treblinka: The Operation Reinhard Death Camp* (Bloomington, Ind., 1987), 383–87, 390–91. Tatiana Brustin-Berenstein, "Martyrologia, Opór I Zagłada Ludnósci Żydowskiej W Distrykcie Lubelskim, "*BZIH* 21 (1957): 56–83; and various German court cases.

4 *Diensttagebuch*, 511 (Polizeisitzung, June 16, 1942).

5 Hoffmann/Wohlauf indictment, 205–6.

7 該文件的德文版已發表於Adalbert Rückerl, NS-*Vernichtungslager im Spiegel deutscher Strafprozesse* (Munich, 1977), 56–60. 來自蘇聯檔案館的該份報告副本可見於ZStL, USSR Ord. No. 116, Bild 508–10.

5. 第一〇一後備警察營

1 ZStL, 3 AR-Z 52/61, in HW 1–6; Kurt A., HW 11; Ernst Hr., HW 2712.

2 BA, R 20/51/3–7 (activity report of Reserve Police Battalion 101, May 5. 1960-April 7, 1941).

3 Bruno P., HW 1912–13.

4 Alfred H., HW 43–44; Georg L., HW 1425; Heinrich S., HW 1561; Walter Z., HW 2683; Ernst Hr., HW 2712; Emst R., G 607.

5 Paul H., HW 1647.

6 BA, R 20/51/3–7 (battalion activity report).

7 Bruno G., HW 2017

8 YVA, TR-10/462 (Landgericht Dortmund, judgment 10 Ks 1/53):3–4.

9 Bruno P., HW 1913–14.

10 Hans K., HW 2246; Ernst Hr., HW 2713.

11 Anton B., HW 2684; Wolfgang Hoffmann, HW 4319.

12 YVA, 0–53/141/4378–86 (Jäger report of EK 3, Kovno, December 1, 1941); Schneider, 23–30.

13 關於沃茨的驅逐列車，參見YVA, BD 23/4 (International Tracing Service Lists), and *Dokumenty i Materiały Do Dziejów Okupacji* W Polsce, vol. 3, *Ghetto Łódzkie* (Warsaw, 1946): 203–5 (*Erfahrungsbericht,* November 13, 1941；關於駛往明斯克的驅逐列車，參見*JSNV* 19, no. 552 (Landgericht Koblenz, judgment 9 Ks 2/61):190；關於駛往里加的驅逐列車，參見 Schneider, 155.

14 Heinrich Ht, HW 1173; Wilhelm J., HW 1320; Hans K., HW 2246; Franz K., HW 2475; Anton B., HW 2689.

15 Otto G., HW 955.

16 關於沃茨，參見 Arthur K., HW 1180；關於明斯克，參見Bruno P., HW 1930–32；關於里加，參見Hans K., HW 2246, and Max F., HW 1529.

17 Hans K., HW 2246.

18 Bruno P., HW 1930–31.

19 Salitter report, December 26, 1941, cited in Krausnick and Wilhelm, 594.

29 *JNSV* 18, no. 546a (Landgericht Kassel, judgment 3a Ks 1/61):786–87, 835.

30 我找到的關於秩序警察參與一九四二年俄羅斯猶太人處決的唯一文獻是一份秩序警察的報告，內容是關於兩個警察營在十月二十九日至十一月一日間在平斯克猶太人區對一萬五千名猶太人執行最終清除行動時扮演的角色。(YVA, 0–53/129/257–58, USSR 199A). 這一文件引發的德國司法調查揭露了一個更廣泛的處決模式。第三〇六警察營，連同分別來自第三一〇和第三二〇警察營的兩個營以及一個騎警隊參與了在平斯克的行動。在一九四二年的整個九月間，第六十九及第三〇六警察營各單位以及該騎警隊也參與了對拉赫瓦(Lachwa，二至三百人)、魯尼涅茨(Luninets，一千至一千五百人)、斯托林(Stolin，五千人)、亞諾(Janow，二千人)，以及德羅霍欽(Drohotschin，一千五百人)猶太人區的清除行動。參見 Staatsanwaltschaft Frankfurt, 4 Js 90/62, indictment of Kuhr, Petsch, et al., 66–107.

31 NO-2861 (Daluege report for Order Police activities in 1942).

32 NO-600 (Grawitz to Himmler, March 4, 1942).

4. 秩序警察及最終解決方案：驅逐猶太人

1 關於從德國出發的驅逐行動的最近期分析，參見 Henry Friedlander, "The Deportations of the German Jews: Post-War Trials of Nazi Criminals, *Leo Baeck Institute Yearbook* (1984): 201–26.

2 *IMT* 22:534–36 (3921-PS: Daluege to inspectors of the Order Police, October 27, 1941); YVA, 0–51/63/4, 6 (Butenop, KdSchupo Wien, October 24, 1941, to local Orpo units: Bombard memorandum on the evacuation of the Jews, October 4, 1941).

3 這個數字不包括每次人數不到一百人的小規模運輸行動，這類規模的行動相當多。從第三帝國出發的驅逐列車的完整清單尚未編纂。

4 YVA, TR-10/835(Staatsanwaltschaft Düsseldorf, 8 Js 430/67, indictment of Ganzenmüller):177–78. 關於維也納秩序警察接管從保加利亞開往特雷布林卡的運輸行動，參見 YVA, 0–51/63/109 (note by Butenop, KdSchupo, March 26. 1943). 這個檔案涵蓋了維也納秩序警察的通信，內容涉及從一九四二年春天至一九四三年夏天護衛猶太人驅逐列車前往波蘭、明斯克(馬力－特羅斯特內茲〔Maly-Trostinez〕)以及特萊希恩施塔特等地的情況。

5 Gertrude Schneider, *Journey into Terror Story of the Riga Chetto* (New York, 1979), 195–211; Krausnick and Wilhelm, 591–95.

6 YVA, 0–51/63/42-43 (Fischmann report, June 20, 1942).

7 YVA, TR-10/823 (Landgericht Wuppertal judgment 12 Ks 1/67):29–30

8 YVA, TR-10/823 (Landgericht Wuppertal, judgment 12 Ks 1/67): 40–65.

9 War diary, 15, entry of June 10, 1941.

10 War diary, 28, entry of July 2, 1941.

11 War diary, 35–41, entries of July 5, 7 and 8. 1941.

12 War diary, 40–42 entries of July 8 and 9, 1941.

13 YVA, 0–53/128/219 confidential order of Colonel Montua, July 11, 1941).

14 關於第三二二警察營，參見 *JNSV* 19, no. 555 (Landgericht Freiburg, judgment 1 AK 1/63) 437–8. 關於第三一六警察營，參見 YVA, TR-10/721 (Landgericht Bochum, judgment 15 Ks 1/66) 142–77.

15 War diary, 53, entry of July 23, 1941.

16 War diary, 64, entry of August 2, 1941.

17 YVA, 0–53/128/80 (Riebel, 3d Company, to PB 322, August 10, 1941).

18 YVA, 0–53/128/81 (Riebel, 3d Company, to PB 322, August 15, 1941).

19 War diary, 79, entry of August 29, 1941.

20 War diary, 82, entry of August 30, 1941.

21 War diary, 83–85, entries of August 31 and September 1, 1941.

22 YVA, 0-53/128/87 (Riebel 9th Company, to 3rd Pol. Batl. Reg. "Mitte, September 1, 1941).

23 War diary, 116, 118, entries of October 2 and 3. 1941. 事實上，李貝爾的報告聲稱他的第九連槍決了五百五十五人。YVA, 0–53/86/150 (Riebel “Report on the Jewish action of October 2–3, 1941,” to 3d Pol. Batl. Reg. “Mitte”).

24 YVA, 0–53/128/242–75, 0–53/86/14-62 (incomplete collection of daily reports of HSSPF South, Friedrich Jeckeln, to RF-SS Himmler, August 19-October 5, 1941).

25 ZStL, II 204 AR-Z 1251–65 (Landgericht Regensburg judgment Ks 6/70):9–35 and 204 AR-Z 1251/65 2:370–77 (report of Bavarian State Criminal Office, Munich, September 10, 1968).

26 ZStL, 204 AR-Z 1251/65, 1:53-54, 58—60, 94-96 interrogations of Johann L., Franz P. and Karl G.); 3:591–95 (notes from Balek diary).

27 關於第十一警察營活動的有用背景資訊，參見一份有高度瑕疵的法律判決書：*JNSV* 18, no. 546a (Landgericht Kassel, judgment 3a Ks 1/61):786–835.

28 *MT* 27:4–8 (1104-PS:Gebietskommissar Carl in Slutsk to Generalkommissar Kube in Minsk, October 30, 1941).

2. 秩序警察

1 秩序警察的唯一制度史研究是 *Zur Geschichte der Ordnungspolizei 1936–1945* (Koblenz, 1967): part 1, Hans-Joachim Neufeldt, "Entstehung und Organisation des Hauptamtes Ordnungspolizei," and part 2, Georg Tessin, "Die Stäbe und Truppeneinheiten der Ordnungspolizei." 另一個研究Heiner Lichtenstein's *Himmlers grüne Helfer: Die Schutzpolizei und Ordnungspolizei in "Dritten Reich"* (Köln, 1990) 因出現得太晚而不及查閱。

2 Tessin, 7–8.

3 Tessin, 13–15, 24, 27, 49.

4 Tessin, 32–34.

5 Tessin, 15, 34.

6 NO-2861 (Daluege's annual report for 1942, presented to high-ranking Order Police officers in January 1943). 這本書給出的數字略有不同：*Das Diensttagebuch des deutschen Generalgouverneurs in Polen 1939–1945,* ed. Werner Präg and Wolfgang Jacobmeyer (Stuttgart, 1975), 574。一九四二年十一月二十一日，波蘭總督府的秩序警察指揮官報告的人力有一萬二千名德國警察、一萬二千名波蘭警察，以及一千五百至八百名的烏克蘭警察（推測在加利西亞）。安全警察指揮官報告的人力有兩千名德國人及三千名波蘭雇員。

3. 秩序警察及最終解決方案：一九四一年，俄國

1 Krausnick and Wilhelm, 146; Tessin, 96.

2 *IMT* 38:86–94 (221-L: Hitler conference of July 16, 1941, with Göring, Lammers, Rosenberg and Keitel).

3 Yehoshua Büchler, "Kommandostab Reichsführer-SS: Himmler's Personal Murder Brigades in 1941," *Holocaust and Genocide Studies* 1, no. 1 (1956): 13–17.

4 例如，一九四一年七月二十三日，第三二二警察營直接隸屬於黨衛警高級領導馮 德姆 巴哈－澤列夫斯基，「負責該營迫在眉睫的任務」。YVA, 0–53/127/53 (war diary of PB 322 entry of July 23, 1941; hereafter war diary).

5 NOKW-1076 (*Kommissarbefehl*, June 6, 1941).

6 *Gerichtsbarkeiterlass Barbarossa*, signed by Keitel, May 13, 1941, in Hans-Adolf Jacobsen, "Kommissarbefehl und Massenexekutionen sowjetischer Kriegsgefangener," *Anatomie des SS-States* (Freiburg, 1965), 2:216–18 (doc. 8).

注釋

前言

1 勞爾・希爾伯格估計，大屠殺的受害者有二五％以上死於槍決。超過五〇％死於配備有毒氣設施的六個主要集中營，其餘的人則被迫生活在猶太人區、勞動營和集中營等惡劣環境中。*The Destruction of the European Jews* (New York, 1985), 1219.

2 唯一針對個別殺人單位的其他主要研究是 Hans-Heinrich Wilhelm "Die Einsatzgruppe A der Sicherheitspolizei und des SD 1941–42: Eine exemplarische Studie, part 2 of *Die Truppe des Weltanschauungskrieges: Die Einsatzgruppen der Sicherheitspolizei und des SD 1938–1942,* by Helmut Krausnick and Hans-Heinrich Wilhelm (Stuttgart, 1981). 該研究所依據的當代文獻比現存關於第一〇一後備警察營的文獻更為豐富。但它沒有該單位的人員名冊。它對人員的研究因此只限於軍官。

3 Marc Bloch, *The Historian's Craft* (New York, 1964), 143.

4 Raul Hilberg, "The Bureaucracy of Annihilation," in *Unanswered Questions: Nazi Germany and the Genocide of the Jews,* ed. François Furet (New York, 1989), 124–26.

1. 一個約瑟烏夫的清晨

1 Adolf B., HW 440.

2 Erwin G., HW 2502–3; Johannes R., HW 1808; Karl F., HW 1868.

3 針對特拉普在這場演說中的行為：Georg A., HW 421; Alfred L., HW 1351; Bruno P., HW 1915; Walter N., HW 3927; Heinz B., HW 4415; August Z., G 275. On the contents of the speech: Georg A., HW 421; Adolf B., HW 439; Martin D., HW 1596; Walter N., HW 1685; Bruno D., HW 1874 Otto-Julius S., HW 1952; Bruno G., HW 2019; August W., HW 2039–40; Wilhelm Gb., HW 2146; Franz K., HW 2482; Anton B., HW 2655, 4346; Ernst Hn., C505. For the extraordinary offer, Otto-Julius S., HW 1953, 4577; August W., HW 2041–42, 3298, 4589.

Summit
春山之巔 017

普通人：第一〇一後備警察營與納粹在波蘭的最終解決方案
Ordinary Men: Reserve Police Battalion 101 and the Final Solution in Poland

作者　克里斯多福・布朗寧 Christopher R. Browning
譯者　陳雅馨
總編輯　莊瑞琳
責任編輯　夏君佩
行銷企畫　甘彩蓉
封面設計　鄭宇斌
內頁排版　張瑜卿
法律顧問　鵬耀法律事務所戴智權律師

出版　春山出版有限公司
地址　116臺北市文山區羅斯福路六段297號10樓
電話　(02) 2931-8171
傳真　(02) 8663-8233

總經銷　時報文化出版企業股份有限公司
地址　333桃園市龜山區萬壽路二段351號
電話　(02) 2306-6842

製版　瑞豐電腦製版印刷股份有限公司
印刷　搖籃本文化事業有限公司
初版　2022年10月
定價　520元

國家圖書館出版品預行編目（CIP）資料

普通人：第一〇一後備警察營與納粹在波蘭的最終解決方案
克里斯多福・布朗寧（Christopher R. Browning）作；陳雅馨譯
—初版．—臺北市：春山出版有限公司，2022.10
—面；公分．—（春山之巔；17）
譯自：Ordinary men：Reserve Police Battalion 101
and the Final Solution in Poland.
ISBN 978-626-96482-7-6（平裝）
1.CST: 納粹大屠殺 2.CST: 戰犯 3.CST: 第二次世界大戰 4.CST: 德國

740.274　111014753

春山出版
填寫本書線上回函

EMAIL SpringHillPublishing@gmail.com
FACEBOOK www.facebook.com/springhillpublishing/

World as a Perspective

世界做為一種視野